로펌비서 탐색과 취업전략

조현정
황정희
고윤정
권아름

Search for the
LEGAL
SECRETARY &
EMPLOYMENT
STRATEGY

도서출판 청람

머리말

이 책은 로펌비서를 희망하는 대학생 및 취업준비생들을 위해 만들어졌다. 법률시장 개방과 함께 다양한 형태의 로펌이 등장하고 로펌이 대형화되는 추세 속에서 로펌비서에 대한 수요가 증가하고 비서직에 관심 있는 많은 취업준비생들의 로펌비서에 대한 관심이 높아지고 있다.

그러나 로펌비서를 희망하는 취업준비생들이 로펌 조직이 어떠한 곳이며, 로펌비서가 로펌에서 어떤 일을 하고, 기업 비서와는 어떻게 다른지 구체적으로 파악하기에는 정보에 한계가 있다. 또한 로펌비서를 준비하는데 있어 구체적인 취업전략 또한 막연한 실정이다. 따라서 이 책은 전반적인 로펌 조직 구조, 로펌비서의 역할과 업무에 대해 상세히 기술하고 있으며, 로펌비서로 성공적인 취업을 하기 위한 전략들을 다루고자 하였다.

로펌 내 비서가 변호사의 역할을 대신 할 수는 없지만 변호사만큼이나 법률 용어 또는 법적 절차에 대해서는 익히 알고 있어야 한다. 기본적인 비서의 역할에 충실함은 물론이거니와, 자신의 상사가 처리하는 법률적 절차와 업무에 대해 정확히 파악하고 있는 것이 중요하다. 그런 의미에서 이 책은, 특히 일반인으로서는 알기 어려운 민·형사 소송과 조세 불복 진행 시 비서의 업무에 대해서도 상세히 기술하였다.

법률 용어라는 것이 익숙해지기 전까지는 누구나 어렵고 생소한 것이다. 이 책은 저자들의 오랜 실무와 로펌비서 교육의 경험을 바탕으로 실제 업무에서도 활용할 수 있도록 중점을 두었다. 특히, 법률시장 동향과 로펌비서 취업전략 파트를 통해 로펌비서를 준비하는 취업준비생들에게 실질적인 도움이 되도록 하였다.

이 책이 나오기까지 응원과 지원을 해준 여러 분들과 책이 나올 수 있도록 도움을 주신 도서출판 청람 사장님께 감사의 말씀을 올린다. 그동안 로펌비서에 대한 실무적인 지침서와 로펌비서로서 취업하는 데 도움이 될 만한 구체적인 전문서적이 없었기에 이 책을 통하여 변화하는 법률시장에서 취업의 길을 열어 법률분야의 전문비서로서 자신의 역량을 강화하고 실력을 향상할 수 있기를 바란다.

2018년 7월

저자 씀

차 례

I 로펌비서

민사소송

III 형사소송

IV

V 조세불복업무

VI 로펌비서 취업전략

부 록

I 로펌비서

1. 법률시장 개방
2. 로펌에 대한 이해
3. 로펌의 업무 영역
4. 로펌 조직
5. 로펌비서에 대한 이해
6. 로펌비서의 교육 과정

1. 법률시장 개방

법률서비스시장의 개방으로 법률서비스의 세계화가 시작되었으며, 이러한 법률서비스시장 개방에 대한 협상은 GATS(General Agreement on Trade in Service)에 의해서 본격적으로 다루어졌다. GATS는 모든 종류의 서비스 분야에 적용되고, 서비스 분야 개방을 위한 협상을 원활하게 하기 위하여 GATT 사무국이 작성한 서비스분야 분류표(Services Sectoral Classification List: MTN. GNS/W/120)에서 서비스를 11개 분야로 구분하고 있으며, 그 중 전문직서비스는 법률서비스(Legal Services), 회계서비스(Accounting, Auditing and Bookkeeping Services), 세무서비스(Taxation Services), 건축서비스(Architectural Services), 공학서비스(Engineering Services), 통합공학서비스(Integrated Engineering Services), 도시계획 및 조경서비스(Urban Planning and Landscape Architectural Services), 의료서비스(Medicas and Dental Services), 수의(獸醫)서비스(Veterinary Services), 준의료서비스(Services Provided by Midwives, Nurses, Physiotherapists, and Para-medical Personnel) 등으로 세분화된다.

GATS에 의해 규율되는 법률서비스는 변호사에 의한 법률서비스는 물론 변리사·법무사 등 유사 법조직역에 의한 서비스를 모두 포함하는 포괄적인 광의의 개념이나, 이 책에서는 로펌을 중심으로 한 법률서비스를 의미한다.

그리고 우리 정부는 세계무역기구(WTO) 도하개발아젠다(DDA) 과정에서 미국, 일본, 호주, EU로부터 외국법 자문사제도 도입을 요청받았으며 2013년 한-미, 한-EU FTA 체결로 해외 로펌의 영업이 시작되었고, 국내 로펌은 현재 법률시장 개방을 맞이하여 전문화, 대형화, 조직화를 실현하기 위해 노력 중이다.

법률서비스시장 개방에 의해 외국 로펌이 주재국 변호사와 동업 또는 합작하거나 주재국 변호사를 고용함으로써 자국법은 물론이고 주재국법 및 국제법에 대한 통합서비스를 제공함으로써 기업 등 법률서비스의 수요자는 이러한 원스톱 쇼핑을 통한 국제 수준의 법률서비스를 신속하고 편리하게 이용할 수 있는 기회를 제공받게 되었다. 또한 법률서비스시장을 개방함으로써 외국의 변호사 및 로펌의 국내 진출로 법률서비스 공급자가 증가함으로써 법률서비스의 비용을 감소시키는 효과를 기대할 수 있게 되었다.

우리나라는 법률시장의 개방을 3단계로 나누어 단계적 법률시장 개방을 시행하였다. 1단계 법률시장의 개방은 FTA 협정 발효 시, 법무부의 자격승인을 받은 외국변호사에게 취득한 자격국의 외국법 및 국제공법에 관한 자문을 허용하며, 외국 로펌이 외국법자문법률사무소를 개설할 수 있도록 허용하였다. 그러나, 국내 로펌과의 업무적 제휴가 불가능하며, 국내 변호사를 고용할 수는 없다. 1단계 개방을 위해서 2009년 9월 26일 외국법자문사법이 제정 및 시행되었다.

대상국가	약정 자유화 수준	진행상황	향후 일정
미국	3단계	1단계(2012.3.15.) 2단계(2014.3.15.)	2017.3.15. 3단계 개방 예정
EU	3단계	1단계(2011.7.1.) 2단계(2013.7.1.)	2016.7.1. 3단계 개방 예정
ASEAN[1)]	2단계	2단계(2011.4.30.)	–
페루	2단계	2단계(2013.8.1.)	–
인도	1단계	1단계(2010.1.1.)	–
EFTA[2)]	1단계	1단계(2006.9.1.)	–

1) 동남아국가연합(Association of South-Eastern Nations)으로서 라오스, 말레이시아, 미얀마, 베트남, 브루나이, 싱가포르, 인도네이사, 캄보디아, 태국, 필리핀 등 10개국임.
2) 유럽자유무역연합(European Free Trade Association)으로서 노르웨이, 리히텐슈타인, 스위스, 아이슬란드 등 4개국임.

현재 외국법자문사법으로 인가를 받은 로펌은 2012년 롭스 앤 그레이 외국법자문법률사무소(Ropes & Gray LLP), 쉐퍼드 멀린 릭터 앤 햄튼 외국법자문법률사무소(Sheppard, Mullin, Richter & Hampton LLP), 클리포드 챈스(Clifford Chance LLP Foreign Legal Consultant Office) 등을 시작으로 현재는 미국계 21개, 영국계 5개로 총 26개의 외국 로펌이 설립인가를 받았다.

〈표 1〉 외국법자문법률사무소 설립인가 목록(2015년 8월 13일 법무부 기준)

순번	외국법자문법률사무소 명칭	대표자	설립 인가일	본점사무소 소재국
1	롭스 앤 그레이 외국법자문법률사무소 (Ropes & Gray LLP Foreign Legal Consultant Office)	김용균	2012-07-19	미국
2	쉐퍼드 멀린 릭터 & 햄튼 외국법자문법률사무소 (Sheppard, Mullin, Richter & Hampton LLP Foreign Legal Consultant Office)	김병수	2012-07-19	미국
3	클리포드 챈스 외국법자문법률사무소 (Clifford Chance LLP Foreign Legal Consultant Office)	토머스 리처드 월시	2012-07-19	영국
4	코헨 앤드 그레서 외국법자문법률사무소 (Cohen & Gresser LLP Foreign Legal Consultant Office)	손승철	2012-09-14	미국
5	심슨 대처 앤 바틀렛 외국법자문법률사무소 (Simpson Thacher & Bartlett LLP Foreign Legal Consultant Office)	손영진	2012-09-14	미국
6	맥더모트 윌 앤 에머리 외국법자문법률사무소 (McDermott Will & Emery LLP Foreign Legal Consultant Office)	이인영	2012-09-26	미국

7	폴 헤이스팅스 외국법자문법률사무소 (Paul Hastings LLP Foreign Legal Consultant Office(Seoul))	김종한	2012-09-26	미국
8	클리어리 가틀립 스틴 앤 해밀턴 외국법자문법률사무소 (Cleary Gottlieb Steen & Hamilton LLP Foreign Legal Consultant Office)	이용국	2012-09-26	미국
9	스콰이어 패튼 보그스 외국법자문법률사무소 (Squire Patton Boggs (US) LLP Foreign Legal Consultant Office)	김준용	2012-09-26	미국
10	커빙턴 앤드 벌링 외국법자문법률사무소 (Covington & Burling LLP Foreign Legal Consultant Office)	윌리엄 하용 박	2012-10-18	미국
11	오멜버니 앤 마이어스 외국법자문법률사무소 (O'Melveny & Myers LLP Foreign Legal Consultant Office)	박진원, 강성룡	2012-11-06	미국
12	케이&엘 게이츠 외국법자문법률사무소 (K&L Gates LLP Foreign Legal Consultant Office)	윤석주	2012-11-15	미국
13	디엘에이파이퍼유케이 외국법자문법률사무소 설립인가취소			
14	허버트 스미스 프리힐즈 엘엘피 외국법자문법률사무소 (Herbert Smith Freehills LLP Foreign Legal Consultant Office)	제임스 니콜라스 피터 도	2013-02-20	영국
15	그린버그 트라우리그 외국법자문법률사무소 (Greenberg Traurig LLP Foreign Legal Consultant Office)	김창주	2013-02-20	미국
16	맥케나 롱 & 알드리지 외국법자문법률사무소 (McKenna Long & Aldridge LLP Foreign Legal Consultant Office)	앤드류 정근 박	2013-03-05	미국

17	링크레이터스 외국법자문법률사무소 (Linklaters LLP Foreign Legal Consultant Office)	스티븐 제이 르비스콘테	2013-04-11	영국
18	베이커 앤드 맥켄지 외국법자문법률사무소 (Baker & McKenzie LLP Foreign Legal Consultant Office)	백남홍	2013-04-25	미국
19	스캐든 압스 슬레이트 미거 앤 플롬 외국법자문법률사무소 (Skadden, Arps, Slate, Meagher & Flom LLP Foreign Legal Consultant Office)	신현영	2014-03-17	미국
20	디엘에이 파이퍼 유에스 외국법자문법률사무소 (DLA Piper LLP (US) Foreign Legal Consultant Office)	이원조	2014-06-30	미국
21	스티븐슨 하우드 외국법자문법률사무소 (Stephenson Harwood LLP Foreign Legal Consultant Office)	김경화	2014-08-04	영국
22	리, 홍, 데거만, 강 앤 웨이미 외국법자문법률사무소 (Lee, Hong, Degerman, Kang & Waimey Foreign Legal Consultant Office(Seoul))	사이먼 성진 홍	2014-11-10	미국
23	밀뱅크 트위드 해들리 앤 맥클로이 외국법자문법률사무소 (Milbank, Tweed, Hadley & McCloy LLP Foreign Legal Consultant Office)	김영준	2015-01-22	미국
24	피네간 헨더슨 파라보우 개럿 앤 던너 외국법자문법률사무소 (Finnegan, Henderson, Farabow, Garrett & Dunner LLP Foreign Legal Consultant Office)	찰스 혁서	2015-03-27	미국
25	코브레 & 김 외국법자문법률사무소 (Kobre & Kim LLP Foreign Legal Consultant Office)	김상윤	2015-08-13	미국

26	알렌 앤 오버리 외국법자문법률사무소 (Allen & Overy LLP Foreign Legal Consultant Office)	마티아스 유리겐 헬무트 보스	2015-08-13	영국
27	화이트 앤 케이스 엘엘피 외국법자문법률사무소 (White & Case LLP Foreign Legal Consultant Office)	제임스 기성 이	2015-08-13	미국

FTA 협정 발효 후 2년 이내에는 2단계 법률시장이 개방된다. 이는 특정 협력약정을 허용하는 것으로, 외국 로펌의 국내 로펌과 사안별 협력을 허용하는 것이다. 하지만, 외국 로펌이 국내 변호사를 고용하는 것은 불가능하다. 2단계 개방을 위해서 2011년 4월 30일 외국법자문사법의 1차 개정이 시행되었다.

FTA 협정 발효 후 5년 이내, 3단계 법률시장이 개방된다. 이는 외국 로펌과 국내 로펌이 합작하여 합작투자기업의 설립을 허용하는 것이다. 합작투자기업의 설립 시 협정에 합치되는 일정한 요건을 성립하여야 한다. 우리나라는 합작투자기업의 의결권 또는 지분 비율에 대해 제한을 둘 수 있다. 3단계 개방에서는 합작투자기업의 로펌은 국내 변호사를 파트너 또는 소속 변호사로 고용이 가능하다. 현재, 한-EU FTA와 한-미 FTA의 협정으로, 2016년 7월 1일, 2017년 3월 15일까지 각각 유럽과 미국의 로펌에 대해 3차 개방이 진행되었다. 한-EU, 한-미 FTA 협정 이외에도, 한-중 FTA와 한-호주 FTA의 협정으로 인해 점진적인 법률시장의 개방이 활성화되었다.

법률시장의 순차적 개방으로 인해 국내에 해외 로펌들의 진출이 활발해 지고 있다. 이에 따라, 역량 있는 전문 로펌비서에 대한 수요가 증가할 것으로 예상된다. 또한, 국내 로펌의 기존 비서 및 스탭들의 역량을 개발하기 위해 전문적인 훈련 프로그램에 대한 수요도 증가할 것으로 보여진다.

〈그림 1〉 법률서비스 시장의 단계적 개방 계획

1단계	
외국 로펌의 외국법자문소 설치 허용하고, 자격취득국 관련 지역에 법률서비스 제공	한–유럽 FTA 2011년 7월 1일~ 한–미국 FTA 2012년 3월 15일~

↓

2단계	
국내 로펌과 협약을 통해 국내와 외국법사무가 혼재된 사건을 공동으로 처리하고, 그 수익을 분배할 수 있어	한–유럽 FTA 2013년 7월 1일~ 한–미국 FTA 2014년 3월 15일~

↓

3단계	
• 외국 로펌은 합작기업(joint venture)을 설립해 국내 시장에 진출 가능 • 외국 지분율과 송무업무 제한 등은 국내법으로 정해 • 합작기업은 국내 변호사 고용 가능 • 외국 로펌 또는 외국법자문소가 직접 한국 변호사 고용하는 것은 불허	한–유럽 FTA 2016년 7월 1일~ 한–미국 FTA 2017년 3월 15일~

자료: 법률시장 개방 관련 외국법자문사법 개정에 관한 연구 보고서(2012년 12월 법무부).

英 · 美 로펌 3곳 국내업무 시작 …
롭스 앤 그레이 · 쉐퍼드 멀린 · 클리포드 챈스

법무부, 자문사 설립 인가

외국 로펌 세 곳이 국내에서 활동하기 위한 행정 절차를 모두 마치고 16일부터 국내 업무를 시작한다. 이들 로펌은 이미 지난 5월부터 서울 광화문, 강남, 을지로에 사무실을 마련해두고 시장조사를 진행해온 것으로 알려졌다.

법무부는 15일 "롭스 앤 그레이, 쉐퍼드 멀린, 클리포드 챈스 등 외국 로펌 세 곳의 외국법 자문사 설립을 16일자로 인가한다"고 밝혔다. 영국 로펌인 클리포드 챈스는 영국 최대로 세계 3대 로펌 중 하나로 꼽힌다. 미국 로펌인 롭스 앤 그레이는 세계 30위권에 드는 대형 로펌이다. 미국 로펌인 쉐퍼드 멀린도 세계 100대 로펌에 들어간다.

법조계에 따르면 롭스 앤 그레이는 특허소송이나 기업 인수 · 합병(M&A), 공정거래법 등을 전문으로 할 계획이며, 쉐퍼드 멀린은 금융과 공정거래, 기업 M&A 분야를 주로 다룰 것으로 알려졌다. 클리포드 챈스는 에너지와 가스, 광산 M&A 분야를 비롯해 해외시장 진출을 노리는 금융 · 전자 대기업들을 주요 고객으로 삼고 있다.

외국 로펌들은 지난해 7월 한-유럽연합(EU) 자유무역협정(FTA)과 지난 3월 한-미 FTA 발효를 계기로 앞다퉈 국내 진출을 타진해왔다.

현재 국내 법률시장 개방은 1단계로, 외국법 자문사들이 국내에서 외국법 자문 업무만 처리할 수 있는 수준이다. 그러나 내년 7월 2차 법률시장 개방(한-EU FTA 기준, 한-미 FTA는 2014년 3월)이 시작되면 국내 로펌과 제휴해 국내법 사무를 일부 처리할 수 있게 된다. 개방 5년 뒤인 2016년 7월(한-미 FTA는 2017년 3월)부터는 국내 변호사를 직접 고용해 국내 소송까지 맡을 수 있게 돼 법률시장이 사실상 완전 개방된다.

법조계에선 국가 간 FTA가 속속 발효되고 외국법 자문사가 국내에 생기면서 외국계 로펌의 국내시장 공략이 한층 가속화될 것으로 전망하고 있다.

[한국경제: 2012. 7. 16.]

가. 국내 로펌 동향

법률시장의 개방에 대응하기 위해, 국내 로펌들은 각기 다른 방식으로 경쟁 구도를 대비해 왔다. 그 중에서도, 대형 로펌들은 해외 로펌의 규모에 뒤지지 않기 위해, 외형적으로 변호사 수와 로펌의 규모를 확장하였다. 그에 따라, 로펌비서들의 채용 인력도 늘어나며 다양한 업무개발을 통해, 비서직군 이외에도 스탭 채용이 증가하였다.

중형 로펌들은 해외의 법률시장으로 진출이 활발해졌다. 베트남 사무소를 시작으로 현재 중국, 베트남, 캄보디아, 라오스, 미얀마, 인도네시아 및 최근에는 러시아에도 해외 사무소들을 개설하였다.

소형 로펌들은 엔터테인먼트, 기업법무, 공정거래 등 자신만의 특화된 영역을 구축하고 있다. 또한, 2017년 3차 개방 이후에는 영・미 로펌들과의 합작으로 대형 로펌에 대응할 수 있는 경쟁력을 갖추었다.

나. 외국 로펌 동향

국내에 진출한 외국 로펌은 국외 M&A 자문을 통해 성장하고 있다. M&A 전문 분석기관인 머저마켓에 따르면, 2015년 상반기 국내 법률자문 영역에서 외국 로펌 중 8곳이나 10위권 안에 들었다. 또한, 2014년 상반기의 6조 이상 규모의 M&A 거래 또한 외국 로펌이 자문사로 참여하였다.

상위 10위권 내 외국계 로펌 자문액

(단위: 백만 달러)

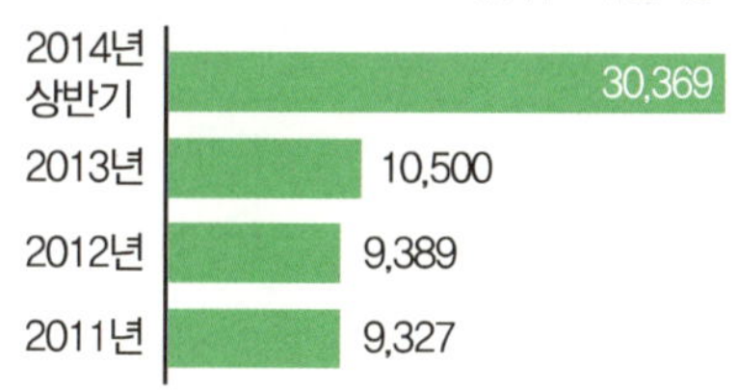

자료: 머저마켓

외국 로펌은 M&A 자문 이외에도 기업공개(IPO)・해외채권・지식재산권(IP) 소송 등 자본시장 전 분야로 영역을 확대시키고 있다. 2017년 법률시장이 완전 개방되어, 국내 변호사를 통한 소송까지 업무 영역이 확대되었다.

조인트벤처, 외국 로펌 지분율 49% 유지

법무부, 외국법자문사법 개정안 국회제출

법률시장 3단계 개방을 위한 법무부의 외국법자문사법 개정안이 국회에 제출됐다. 국내 로펌과 외국 로펌의 합작법무법인(조인트벤처 · joint venture)의 외국 로펌 지분율과 의결권이 최대 49%로 제한되고, 조인트벤처의 설립 주체도 국내 · 외 로펌의 본사로 명시되는 등 지난 3월 공개된 초안의 핵심 내용이 대부분 그대로 유지됐다. 국내 · 외 로펌은 개정안에 엇갈린 반응을 보이고 있다.

법무부는 한–유럽연합(EU), 한–미 자유무역협정(FTA)에 따른 법률시장 3단계 개방을 위한 '외국법자문사법 개정안'을 4일 국회에 제출했다. 개정안이 국회를 통과하면 EU 로펌들은 2016년 7월 1일부터, 미국 로펌들은 2017년 3월 15일부터 국내 로펌과 합작법무법인을 설립하고 국내 · 외 변호사를 고용해 외국법 사무와 일정한 범위의 국내법 사무를 수행할 수 있게 된다.

개정안은 법률시장 3단계 개방이 국내시장에 미칠 파장과 FTA상의 역진방지조항 등으로 일단 법률시장을 열면 다시는 개방 범위를 축소하기 어려운 점 등을 고려해 국내 법률서비스산업 보호를 위한 점진적 개방에 초점을 맞췄다.

이에 따라 논란이 된 외국 로펌의 지분율과 의결권 제한은 초안대로 유지됐다. 합작법무법인의 외국 로펌 최대 지분율이 49%로 제한되면서 국내 로펌이 경영주도권을 쥘 수 있는 기반이 마련됐다. 합작법인의 설립 주체도 한국 로펌 또는 외국 로펌의 '본사'로 명시됐으며, 소비자 보호를 위해 합작참여 국내 · 외 로펌은 무한책임을 지도록 했다. 송무 및 대정부기관 업무, 공증, 노무, 지식재산권 등 등기 · 등록 관련 업무와 친족 · 상속 등의 국내법 업무도 합작법무법인의 업무 범위에서 제외해 원칙적으로 관련 사건을 수임할 수 없도록 했다. 다만 이들 사건을 합작법무법인에 참여한 한국로펌이 단독으로 수임해 처리하는 것은 허용했다. 또 국내 로펌과의 형평 차원에서 연간 외형거래액이 100억 원 이상인 합작법무법인에는 고위공직자 취업 제한이 동일하게 적용된다.

국무총리실 산하 규제개혁위원회가 지난달 10일 회의를 열고 법무부가 입법예고한 외국법자문사법 개정안 3개 조항에 대해 수정을 권고한 내용은 모두 반영돼 최종안에 담겼다. 이에 따라 합작 참여 국내·외 로펌의 업무경력 요건이 5년에서 3년으로 줄었다. 당초 입법예고안은 조인트벤처에 참여하는 국내·외 로펌의 자격 요건으로 △적법하게 설립돼 5년 이상 운영됐을 것 △5년 이상 경력을 갖춘 변호사가 5명 이상일 것 △해당 로펌 및 대표자가 최근 5년간 변호사법 등 관련법을 위반해 중대한 징계나 형사처벌을 받은 전력이 없을 것 등을 요구했었다. 합작법무법인 대표변호사의 경력요건도 당초 7년 이상에서 5년 이상으로 낮춰졌다. 또 합작법무법인의 파트너급 변호사를 외국 로펌 측이 과반수 이상을 차지하지 못하도록 한 조항에도 3개월의 경과규정을 뒀다. 예컨대 한국 파트너 변호사가 일신상의 이유로 퇴사했을 때 이 비율을 맞추기 위해 파트너급 외국법 자문사가 강제로 물러나야 하는 사태 등을 방지하기 위해서다.

이 밖에도 개정안은 국제중재산업의 활성화를 위해 국내에서 활동하고 있는 외국법 자문사뿐만 아니라 외국변호사의 일시 입국을 통한 국제중재 사건 대리를 허용하는 방안도 담고 있다.

합작법인 설립주체, 한국·외국 로펌 '본사'로
합작 참여한 국내·외 로펌은 무한책임 지도록
한국·외국 로펌 업무경력 5년 → 3년 이상으로

김철수 법무부 국제법무과장은 "개정안은 변호사업계와 학계, 재계, 법원 등을 대표하는 전문가 10명으로 구성된 개정위원회에서 지난해 5월부터 1년여에 걸쳐 대한변호사협회와 외국법 자문사 등 각계각층의 의견을 수렴하면서 13차례에 걸친 심도 있는 논의 끝에 마련된 것"이라며 "법률시장 개방을 통해 국민들이 질 높은 법률서비스를 제공받을 수 있도록 함으로써 우리 사회에 법치의 토대가 견고해지는 기반을 만

드는 데 중점을 뒀다"고 말했다. 그는 "이번 법률시장 개방은 '전면 개방'이나 '최종 개방'이 아닌 FTA 협정에 따른 '3단계 개방'이고 '일부 범위의 개방'"이라며 "향후 법률시장의 변화 추이에 따라 추가 개방도 검토될 수 있다"고 설명했다.

하지만 외국 로펌들은 아쉬움을 나타냈다. 이원조 외국법자문법률사무소협회장은 "약간의 완화는 됐지만 근본적 변화가 없다"며 "합작에 참여하는 로펌의 업무경력 요건 등 규제를 없애야 현실적으로 합작법무법인 설립이 활성화돼 한국변호사 고용으로 이어질 것"이라고 말했다. 미국계 로펌의 한 대표는 "미국 무역대표부(USTR)가 법무부 입법예고안에 대해 'FTA 정신에 어긋난다'는 의견까지 표명했는데도 결과가 미흡해 안타깝다"며 "국회 논의 과정을 지켜보며 대응 방안을 모색할 것"이라고 했다.

반면 국내 한 대형 로펌 관계자는 "글로벌 영미 로펌들이 막대한 자본력을 앞세워 합작법무법인의 경영권을 틀어쥐고 사실상 자신들의 자회사로 운용할 소지가 많았는데 개정안으로 우려를 덜 수 있게 됐다"며 "국내 법률서비스 산업 보호와 육성을 위한 지원책도 마련됐으면 한다"고 말했다.

[법률신문: 2015. 8. 5.]

2. 로펌에 대한 이해

가. 로펌의 정의

로펌(Law Firm)은 법무법인 또는 종합법률회사라고도 한다. 변호사들이 전문분야별로 나뉘어 조직적으로 법률서비스를 제공하며, 단 한 번의 사건 의뢰로 고객이 추구하는 바를 완벽하게 처리하는 원스톱(one stop) 법률서비스가 이루어진다.

나. 로펌의 유래

로펌의 시작은 개인변호사 형태의 영업으로는 의뢰인들의 만족도를 높일 수 없어 서로의 연합을 하기 시작하였던 것이 로펌의 시작이었다. 로펌은 미국의 대형 법률사무소를 이르는 데서 비롯되었고, 우리나라에서는 독자적 유형의 법률사무소가 아닌 미국 대형 법률회사 형태를 본뜬 대형 합동법률사무소 또는 대형 법무법인을 이르는 용어로 사용되고 있다.

1948년 대한민국 수립 후 1949년 11월 7일 '변호사법'이 공포되었는데 변호사법은 원칙적으로 복수의 변호사들이 법률업무를 취급하는 경우를 상정한 규정을 두지 않았다. 하지만 1970년 '민사분쟁사건처리특례법'으로 공증인가합동법률사무소 제도가 도입되었고 이를 법무법인의 시작으로 볼 수 있다. 1982년 12년 31일 변호사법의 개정으로 법무법인 제도를 신설하였고 이는 복잡하고 다양해지는 현대사회의 분쟁을 처리할 수 있는 창구가 되었다.

다. 로펌의 변호사

2014년 11월 국내 로펌(법무법인)의 수는 총 848개이며, 등록변호사 수는 18,209명에 달한다(법무부, 2014). 로펌의 변호사는 각 로펌별로 5~10명 정도를 연수원에서 뽑고, 그 외 군법무관, 판검사 중에서 뽑으며, 최근에는 로스쿨 출신들도 뽑고 있다. 이러한 로펌의 변호사들은 일반 회사원들보다 약간 늦게 출근하고, 퇴근 시간은 매우 늦은 편이다. 사실 변호사는 전문직이기 때문에 자기가 맡고 있는 사건을 문제없이 처리하는 것이 중요하고, 출퇴근 시간은 별 의미가 없다. 하지만 고객을 상대하기 때문에 일반인들의 업무 시간에 같이 일을 하는 편이 업무수행에 도움이 되는 편이다.

변호사들이 대부분 밤에 늦게 일하는 이유는 낮에는 전화상담이나 내방객 응대 업무 때문에 일할 시간이 별로 없기 때문에 재판을 위해 중요한 업무인 소장, 답변서, 준비서면, 변론요지서, 상고이유서 등의 서면을 작성하느라 고도의 집중을 하기 위해서라 할 수 있다. 또한 변호사들은 대형 로펌일수록 일이 매우 많고 바쁘지만 큰 사건들을 만져볼 기회가 많고, 뛰어난 파트너급의 변호사들이 많기 때문에 그들의 노하우를 배울 수도 있어 선호한다.

'김앤장', 변호사 500명 넘었다

2단계 법률시장 개방 앞두고 대거 영입 나서
2위권 태평양 · 광장과 200명으로 격차 벌려
10대 로펌 변호사 총 2,199명… 전체의 16.6%

국내 최대 로펌인 김앤장 공동법률사무소가 다음달의 2단계 법률시장 개방을 앞두고 변호사를 대거 영입, 국내 로펌으로는 처음으로 변호사 수가 500명을 넘었다. 2위 경쟁을 벌이고 있는 태평양이나 광장과의 격차를 올 초 170여 명에서 200여 명으로 더 벌렸다.

국내 대형 로펌 인원 수(6월 12일 기준)

법무법인 명칭	총수(구성원+소속변호사 수)	구성원 수	소속변호사 수
김앤장 공동 법률사무소	503	143	360
법무법인 태평양	299	109	190
법무법인 광장	297	24	273
법무법인 세종	249	84	165
법무법인 화우	227	79	148
법무법인 율촌	198	54	144
법무법인 바른	138	42	96
법무법인 로고스	97	41	56
법무법인 지평지성	96	38	58
법무법인 충정	95	40	55

지난 12일을 기준으로 대한변호사협회에 등록된 로펌별 구성원, 소속 변호사 수에 따르면 김앤장은 503명을 기록하며 1위를 기록했다. 지난 1월 1일 446명이던 등록 변호사가 5개월여 만에 57명이나 늘었다. 김앤장은 올해 법원 · 검찰 출신 전관 변호사와 사법연수원 · 군법무관 · 로스쿨 출신 초임 변호사 등을 합쳐 60~70명을 신규 채용한 것으로 전해지고 있다.

태평양이 299명, 광장이 297명으로 뒤를 이었다. 각각 25명과 14명이 늘었다. 지난해 광장에게 2위 자리를 내줬던 태평양은 올해 30여명 가량을 신규 채용하며 2위를 탈환했다. 지난 1월 기준으로는 광장이 283명, 태평양이 274명이었다.

나머지 10대 대형 로펌 가운데 세종은 15명, 화우는 25명, 율촌은 3명, 충정은 2명이 늘어났다. 지평지성은 강성 대표 변호사가 새 로펌을 설립하면서 퇴사했지만 전체 변호사 수에서 증감은 없었다. 반면 바른은 1명, 로고스는 2명이 감소했다.

대형 로펌의 한 관계자는 "올해에도 로펌별로 로스쿨 변호사 등 적지 않은 인력을 새로 채용했지만, 나가는 인원도 적지 않았다"고 말했다. 다른 로펌의 한 관계자는 "대형 로펌에서는 워낙 업무량이 많고 힘들다 보니 주니어 변호사들의 경우 새벽 5시까지 일을 하는 경우도 있다"며 "대형 로펌에서 근무했다는 타이틀을 달고 나서 상대적으로 근무 여건이 여유로운 사내 변호사 등의 자리로 빠져나가는 사람들도 꽤 있다"고 전했다.

다른 대형 로펌의 관계자는 "한 대형 로펌의 경우 다른 로펌에서 일하고 있는 1~2년차 주니어 변호사들에게까지 전화를 해 '더 많은 연봉을 줄테니 우리 펌으로 오라'고 접촉해 인력을 빼가는 경우도 있다"며 "상위 로펌의 순증과 중위권 로펌의 순감은 이를 반영한 결과로 보인다"고 말했다.

현재 국내 10대 대형 로펌의 변호사는 총 2,199명(구성원 1,014명, 소속 변호사 1,185명)인 것으로 집계돼 전체 변호사(휴업 제외) 1만3,207명 중 16.6%에 이르는 것으로 나타났다.

[법률신문 뉴스: 2013. 6. 18.]

3. 로펌의 업무 영역

대형 로펌일수록 로펌의 업무는 좀 더 세분화되는 경향이 있는데 로펌의 업무가 세분화될수록 로펌들은 기업화, 상업화되고 있다. 또한 다양한 업무를 수행하기 위해 지분을 가지는 소수의 파트너변호사(Partner)들이 다수의 고용변호사(Associate)를 채용하는 형태로 변화하였다. 이러한 로펌의 업무 영역은 크게 자문업무, 송무업무로 나눌 수 있고, 또는 분야별 · 산업별 · 국가별 업무로 구분할 수 있다. 이를 각각 자세히 살펴보면 다음과 같다.

가. 자문업무

1) 자문의 정의 및 업무

"우리 회사 속에는 두 회사가 공존하는 것 같다."

로펌비서들이 실무에서 자문과 송무를 이야기 할 때 제일 많이 하는 말이다. 로펌의 업무 분야는 크게 2부분으로, 송무업무와 자문업무로 나누어진다. 자문이란 "법률자문"의 줄임말로 법률전문가가 의뢰인의 질의에 법률적으로 상담해 주는 것을 말한다. 주로 소송으로 가기 전 단계에 수행되며 자문의 범위는 계약서 작성 시 단어 선정 및 문구 수정부터 거대한 건설 및 계약 수주 프로젝트까지 아우르는 경우가 많다.

자문과 송무를 의학에 비유하자면 자문은 외과적인 수술을 하기 전 단계로 몸의 허약한 부분을 살펴보고 큰 문제가 생기기 전에 사전 보호 작업을 하는 한의학과 비슷하다고 이해하면 쉽다. 반면 송무는 몸에 상처를 입거나 응급한 시술을 해야 할 경우 적용되는 서양의학이라고 보면 이해가 쉽다.

〈자문〉	〈송무〉

자문파트의 성격 사전적 (事前的) 예방적 (豫防的)	송무파트의 성격 사후적 (事後的)

외국과의 많은 계약서 문서작업 등을 처리해야 하는 경우가 많으므로 숙련된 외국어능력과 문서작업 처리능력 등을 상향시키는 것이 중요하다.

① 계약서 검토 - '아' 다르고 '어' 다르다

계약서 작성 시 검토업무는 가장 중요하고 기본적인 것으로 아무리 그 중요성을 강조해도 지나치지 않다. 문서 검토의 중요성을 여실히 보여주는 한 사례가 있다. 국제적 방위산업체인 록히드 마틴은 대형 수송기 판매계약서에 콤마 하나를 잘못 찍는 바람에 7,000만 달러(1999년 가치로 약 840억 원)를 잃게 되었다고 한다. 한 국가와 수송기 판매계약을 하면서 판매가를 해당 국가의 물가상승률에 연동하는 조항에서 콤마를 한 단위 아래에 잘못 찍어서 그만 실수로 싼 값에 항공기를 넘기게 되었다고 한다. 물론 이와 같은 극단적인 상황은 실제 업무 현장에서 많이 발생하지는 않겠지만 실제 계약서 조항의 한 글자, 단어를 문제 삼아서 해당 계약이 성립되지 않거나 전혀 다른 결과를 초래하는 경우도 많다.

결국 자문 파트에서는 의뢰인의 계약서가 법률적으로 올바르게 작성되었는지, 혹시나 불리하게 체결된 조항은 없는지 등을 전문가적인 견해로 검토하는 업무를 다룬다. 자문 파트에서 근무하는 비서 역시 꼼꼼한 눈으로 혹시나 발생할지도 모르는 오기(誤記)를 바로잡아 발생할지도 모르는 문제를 미리 예방하도록 노력해야 한다. 법률의 세계에서는 '아' 다르고 '어' 다르다.

② 작성 의견서 수정 및 저장작업

의견서란 의뢰인이 질의한 내용을 법률적으로 분석하여 도출한 결론이다. 쉽게 말하자면 법률적인 문제는 수학문제와 같이 딱 하나의 정답이 나오는 문제가 아니다. 물론 의심의 여지없이 딱 하나의 정답이 도출되는 법률적인 질의가 있지만 실제 업무 환경에서는 여러 가지 복잡한 문제가 얽혀 쉽게 풀 수 없는 문제가 발생하는 경우가 대다수다. 이러한 경우 법률전문가의 의견을 듣기 위하여 법무법인에 질의를 하게 되는데, 이러한 질문에 답변을 해주는 것이 법률의견서라는 것이다. 이러한 경우 수정되는 과정의 모든 버전을 케이스별로 누락 없이 저장하여 두어야 한다. 최종본이 나온 경우에는 의뢰인의 요청이 있을 때 날인하여 원본 송부를 해야 한다.

◆ 김앤장 법률사무소 - 이용대 아시안 게임 출전의 길을 열어주다

(2014년 4월 15일자 법률신문)

도핑 검사에 응하지 않았다는 이유로 1년간 선수자격을 정지당했던 배드민턴 국가대표 이용대(27)와 김기정(24・이상 삼성전기) 선수가 국내 최대 로펌인 김앤장 법률사무소 사회공헌위원회(위원장 목영준)의 도움으로 오는 9월 열리는 2014 인천 아시안게임에 출전할 수 있는 기회를 얻었다.

세계배드민턴연맹(BWF)은 15일 두 선수에 대한 징계를 취소한다고 발표했다. 두 선수를 대리해 김앤장 사회공헌위가 낸 징계처분 취소 항소를 받아들인 결과다. 김앤장은 지난 1월 한국배드민턴협회와 두 선수의 소속사인 삼성전기로부터 법률자문을 의뢰받은 뒤 내부 회의를 거쳐 스포츠 선수들의 권리 신장과 국익을 고려해 사회공헌위에 맡겨 무료 법률자문을 진행하기로 결정했다. 최고 전문가 10명을 투입해 태스크포스(TF)팀을 꾸려 두 선수가 BWF로부터 도핑 검사와 관련한 아무런 통지를 받지 못했다는 증거 등을 찾아내 도핑 검사 불응이 두 선수의 책임이 아님을 적극적으로 소명했다.

◆ 법무법인 광장 - 해외 원전 수주 자문

(2010년 1월 7일자 법률신문)

2010년 해외 수주 역사상 사상 최대인 47조 원 규모의 아랍에미리트연합(UAE) 원자력발전소 건설 및 운영권을 따냈다. 이날 이명박 대통령은 기자회견에서 "이제 우리는 미국과 프랑스, 일본, 러시아와 나란히 어깨를 겨룰 수 있게 됐고, 원전시장에서 가장 경쟁력 있는 국가가 됐다"며 "앞으로 UAE와 관계를 통해 제2의 중동붐도 가져오지 않을까 생각한다"고 말했다.

이번 UAE 원전 수주를 뒷받침한 법률자문에는 법무법인 광장이 한전컨소시움을 단독으로 대리해 역사적인 쾌거를 일궈냈다는 점에서 비상한 관심을 끌었다. 광장의 원전팀은 UAE의 원전건설 수주 경쟁에 참여하면서 입찰참여를 위한 모든 세부사항을 점검하고 계약서 초안검토에서부터 협상에 이르기까지 방대한 작업을 진행하는 등 전체 계약체결 업무 전반을 수행했다.

이번 협상 과정에서 UAE 측이 협상을 위해 일정에도 없이 갑자기 UAE로 방문해 달라는 요청이 상당히 많을 정도로 급박하게 진행되기도 했다. 이에 따라 원전팀 변호사들은 여러 날 밤을 새워가며 협상을 준비 작업했고, 서울에서는 협상담당 변호사가 현장에서 협상을 제대로 수행하도록 밤낮을 가리지 않고 리서치작업 등을 수행해 도왔다. 이와 같이 서울과 아부다비 등 현장 간 서로 긴밀하게 연락하면서 협상에 임한 적도 많았다.

◆법무법인 태평양 - 평창동계올림픽의 성공 개최를 위한 숨은 법률 조력자

(2015년 8월 10일자 법률신문)

10여 명의 태평양 변호사들은 지적재산권과 건설, 조세 분야 등 조직위가 준비 중인 각종 계약 체결 과정에서 법적 문제가 생기지 않도록 전방위적인 지원을 하고 있다. 가장 심혈을 기울이는 부분은 올림픽위원회(IOC)와 평창동계올림픽의 상표권 침해를 막는 일이다. IOC와 조직위의 공식 허락을 받지 않고 올림픽 상표를 사용하는 모든 마케팅 활동을 단속하고 있다. 예컨대 공식후원사인 '코카콜라'나 '케이티(KT)'가 아닌 업체들이 올림픽 상표를 이용해 마케팅 활동을 하는 것을 막는다. 후원업체와 조직위, IOC 사이에서 발생할 수 있는 법적 분쟁들을 사전에 방지하는 것도 민 변호사의 업무다. 올림픽의 기업 후원은 크게 '맥도날드', '파나소닉' 등 IOC와 계약을 맺은 '글로벌 탑(TOP · The Olympic Partner) 스폰서'와 '대한항공', '영원아웃도어(더노스페이스)' 등 평창올림픽조직위와 계약을 맺은 '로컬 스폰서'로 나뉜다. IOC와 계약을 맺은 '탑 스폰서'들이 평창조직위에 IOC와의 계약을 바탕으로 넓은 범위의 계약 내용을 요구하면 법률팀은 합리적인 범위 내에서 이를 조정한다.

◆ 법무법인 세종 - 입법 자문

(2015년 2월 6일자 법률신문)

2011년 정유사들을 도와 석유제품 원가를 공개하도록 한 '석유 및 석유대체사업법 시행규칙 개정안'의 통과를 저지한 것이 대표적인 입법 자문의 사례다. 이미 관련법에 따라 석유 판매가격이 공개되는 상황에서 정유사와 주유소의 개별 거래 원가까지 공개하도록 한 것은 시장가격에 대한 불필요한 통제인 동시에 정유사에 대한 과도한 규제라는 점을 꾸준히 주장해 규제개혁위원회로부터 개정안에 대한 철회권고를 받아냈다.

국회 국정감사 자문 활동도 활발히 하고 있다. 국정감사에 증인으로 소환되는 기업인들이 증인으로서의 법적 의무를 충실히 수행하고, 불필요한 오해와 비난을 받지 않도록 자문하고 있다. 2013년도 국감에서는 증인으로 소환된 독일의 한 자동차회사 대표이사를 위해 증인 채택 과정과 증인 출석을 위한 준비 과정, 증언 결과 발생할 수 있는 다양한 위험과 대처 방안 등을 성공적으로 자문했다.

◆ 법무법인 화우 - 국내 최초 런던증권거래소 대체투자시장 상장자문 성공리 수행

(2008년 4월 8일자 법률신문)

법무법인 화우가 국내 최초로 한국기업을 런던증권거래소의 대체투자시장에 주식을 상장시키는 쾌거를 이루었다.

화우는 국내 생명공학기술분야 기업인 (주)BHK을 지난달 12일 영국 런던증권거래소의 대체투자시장(Alternative Investment Market)에 200만주의 주식예탁증서(GDR)를 상장시키는 데 필요한 자문업무를 성공적으로 완수했다고 밝혔다. 이번 상장은 국내 기업으로서는 처음으로 영국 런던 대체투자시장에 주식을 상장한 것으로서 현재 대체투자시장의 상장을 통해 외자를 유치하려는 국내 기업들에게는 모범사례가 될 것으로 기대된다.

나. 송무업무

송무업무는 건설 · 부동산 소송, 공정거래 소송, 국제 소송 및 중재, 기업회생 및 파산, 노동 관련 소송, 미디어 · 언론 소송, 보험 소송, 경영권 소송, 가사 소송, 의료 · 제약 소송, 증권 · 금융 소송, 해상 · 조선 소송, 행정 소송, 헌법 소송, 형사 소송, 환경 · 에너지 소송 등이 있다.

건설 및 부동산 관련 소송은 건설회사, 부동산개발사업자, 부동산신탁회사, PF 금융기관, 외국계 투자은행, 부동산관리회사 등의 거래 구조 수립에서부터 완결에 이르는 전 과정에서 각 단계에 필요한 법률자문과 그와 관련된 소송업무를 수행한다.

공정거래 소송은 사전사업계획 및 일상 업무 단계에서의 자문과 공정거래위원회에서의 조사 및 의결단계에서의 대응, 행정 소송에서의 대리업무를 수행한다. 관련한 사건으로는 기업결합 사건, 부당공동행위 사건, 시장지배적 지위남용 사건, 불공정거래행위 사건, 부당지원행위 사건 등이 있다.

국제 소송 및 중재는 국내중재 및 국제중재 사건을 대리, 국내 · 외의 중재판정 집행과 관련한 절차를 대리하고, 국제분쟁과 관련 자문 제공, 국제중재 및 해외 소송 절차, 외국법 이슈에 관한 자문 제공을 수행한다.

기업회생 및 파산은 기업의 회생, 파산, 구조조정 절차에 관한 법률자문 및 신청, 회생 및 파산 절차에 관한 각종 소송을 수행한다.

노동 관련 소송은 임원과 특수형태 근로조사자 등의 근로자성 관련 분쟁, 임금, 상여금, 퇴직금 등 근로조건 관련 분쟁, 해고, 징계 등 불이익 처분 관련 분쟁, 부당해고 구제신청, 해고 무효확인 소송, 근로자지위확인 소송, 차별처우 관련, 성희롱 관련 등의 소송을 수행한다.

미디어 · 언론 소송은 미디어 · 언론 분쟁의 사전 예방 및 사후 해결 소송을 수행한다. 그리고 보험 소송에 관련해서는 보험회사 간 각종 분쟁에 관한 소송 또는 중재 절차를 수행하고, 임원배상책임보험, 전문가배상책임보험 등 각종 기업형 보험에서 혜택 범위 관련 법률자문을 제공하며, 재보험 관련 법률자문과 각종 보험 관련 분쟁에서 중재 절차를 수행한다.

가사 소송은 이혼 및 재산분할, 양육자 및 친권행사자의 지정 및 변경, 유아인도, 입양 및 파양, 친생자확인 및 인지, 가사 관련 세무서비스, 호적 등과 관련한 업무를 수행한다.

의료 · 제약 소송은 보건의료 관련 규제 분야의 소송을 수행하고, 제약회사 사이의 분쟁 관련 분야 소송을 수행한다.

증권 · 금융과 관련해서는 증권 관련 민 · 형사 사건에 대한 자문 및 소송을 수행하고, 금융 · 증권투자 분쟁에 대한 자문 및 소송을 수행하며, 금융거래 관련 분쟁에 대한 자문 및 소송을 수행한다.

해상 · 조선 소송은 선박건조계약, 선박매매계약 및 선박금융거래에 대한 자문을 하고, 선박건조계약, 선하증권, 용선계약, 선박충돌 및 유류오염 사고 관련 소송을 수행한다.

행정 소송은 행정청의 위법한 처분 그 밖에 공권력의 행사 · 불행사 등으로 인한 국민의 권리 또는 이익의 침해를 규제하는 것과 관련하여 소송을 수행한다.

헌법 소송은 위헌제청/위헌소원 사건을 수행하고, 헌법소원 사건을 수행하며, 권한쟁의심판 사건을 수행한다.

형사 소송은 기업경영 과정에서 발생하는 형사 사건을 비롯하여 금융 사건, 고위공직자 수뢰 사건, 선거 사건 등 다양한 화이트칼라 범죄 및 기타 일반 형사 사건과 관련하여 소송을 수행한다.

환경 · 에너지 소송은 환경 및 에너지 분야와 관련하여 발생하는 각종 분쟁에 관한 자문 및 행정심판과 행정 소송을 수행한다.

다. 분야별 · 산업별 · 국가별 업무

1) 분야별

분야별로 살펴보면 크게 국제거래, 공정거래, 금융, 기업일반, 소송, 인사 및 노무, 조세, 관세 및 국제통상, 지적재산권, 형사 등으로 나누어 살펴볼 수 있다. 구체적으로 분야별 로펌의 업무를 살펴보면 다음과 같다.

업무별	주요 업무
국제거래	• 외국기업과 국내기업의 합작투자(Joint Venture) • 해외기업의 국내기업에 대한 투자 및 국내기업의 외자유치 • 국내기업의 해외투자 관련 • 기술이전계약, 용역계약, 공급계약 등 각종 국제계약 관련 • 국제거래 관련 외국환거래법 및 국제조세 등
공정거래	• 부당한 공동행위(Cartel) • 시장지배적 지위남용 및 불공정거래행위 관련 업무 • 방문(다단계)판매 • 공정거래분쟁 • 기업결합 • 부당한 표시 · 광고 관련 업무 • 전자상거래 및 할부거래 • 하도급거래분쟁
금융	• 유동화 및 구조화 금융 • 금융기관 인 · 허가 및 금융규제 • 금융기관 인수 · 합병 및 구조조정 • 사모투자 • 인수금융 • 자산운용 • 증권규제 • 파생상품 • 프로젝트 파이낸스 • 항공기 · 선박 금융

분야	업무
기업일반	• 인수 · 합병 • 경영권 분쟁 • 구조조정 · 회생 · 파산 • 기업지배구조 • 방송 · 통신 • 부동산 · 건설 • 부패방지 · 준법경영 • 프라이버시 • 외국인투자 • 해외법무 • 환경
소송	• 건설 · 부동산 소송 • 공정거래 소송 • 기업 회생 및 파산 및 워크아웃 관련 • 노동 관련 소송 • 가사 소송 • 금융 소송 • 보험 소송 • 조세 소송 • 헌법 소송 • 해상 소송 • 행정 소송 • 헌법 소송 • 환경 · 에너지 소송
인사 · 노무	• 근로관계 • 노사관계 • 기업의 구조조정 • 사내 규율 • 법적 분쟁
조세	• 조세 소송 • 조세심판 등 전심 불복업무 • 조세 관련 예규 및 법령업무 • 국제소세 • 금융조세
관세 · 국제통상	• 불공정무역행위 • 원산지/품목분류/이전가격 • WTO/FTA
지적재산권	• 지적재산권 소송 • 상표/디자인 및 부정경쟁 • 영업비밀 및 기술유출분쟁 • 저작권 • 라이센싱/지적재산권 거래 • 지적재산권 관리 및 전략적 자문 • 개인정보 보호
형사	• 기업 형사 • 화이트컬러 관련 형사 • 컴플라이언스 • 일반 형사 • 국제 형사 • 자본시장 증권 불공정거래 • 준법감시 및 조사

2) 산업별

산업별로 살펴보면 건설 · 부동산, 미디어 콘텐츠, 방송 · 정보 · 통신, 방위산업, 보험, 비은행 금융기관, 사모투자, 에너지 · 자원, 엔터테인먼트 · 스포츠, 은행, 인터넷과 E-커머스, 자산운용, 제약 · 의료기기 · 식품 · 화장품, 증권, 항공 · 우주, 해상, 헬스케어, 환경 · 기후 변화 등으로 살펴볼 수 있다.

산업별	
• 건설 · 부동산	• 은행
• 미디어 콘텐츠	• 인터넷과 E-커머스
• 방송 · 정보 · 통신	• 자산운용
• 방위산업	• 제약 · 의료기기 · 식품 · 화장품
• 보험	• 증권
• 비은행 금융기관	• 항공 · 우주
• 사모투자	• 해상
• 에너지 · 자원	• 헬스케어
• 엔터테인먼트 · 스포츠	• 환경 · 기후 변화

3) 국가별

국가별로 살펴보면 유럽, 중동, 아시아, 아프리카, 오세아니아, 북아메리카 및 남아메리카 등으로 나누어 볼 수 있다. 특히 아시아에서는 중국, 일본, 베트남 등과 업무가 활발하게 이루어지고 있다.

[로펌] 김앤장 '1등' 유지…
2~4위권 로펌 근소한 차이로 추격

47개 상장사 · 공기업 · 외국기업 법무팀이 꼽는 '베스트 로펌'

11개 분야 중 김앤장 5부문 1위
종전의 독주 체제에 변화 조짐

광장 · 태평양 · 율촌 등
강점 있는 특화된 분야서 두각

공기업은 중소형 로펌 선택 많아
"로펌보다 변호사 역량보는 추세"

한국 시장을 노리는 외국 '공룡 로펌'에 맞서는 우리나라 로펌의 경쟁력은 어느 정도일까. 본지가 국내 주요 기업 법무팀을 대상으로 국내 로펌 경쟁력을 평가해봤다. 기업은 로펌의 가장 큰 소비자이자 냉정한 평가자라 할 수 있다. 설문에는 유가증권시장 30대 상장사와 10개 공기업, 7개 외국 기업 등 47개 회사 법무팀(또는 법무실)을 대상으로 했다. 이번 설문조사는 지난 2007년 이후 7년 만이다. 그동안 우리나라 로펌 판도는 어떻게 변했을까.

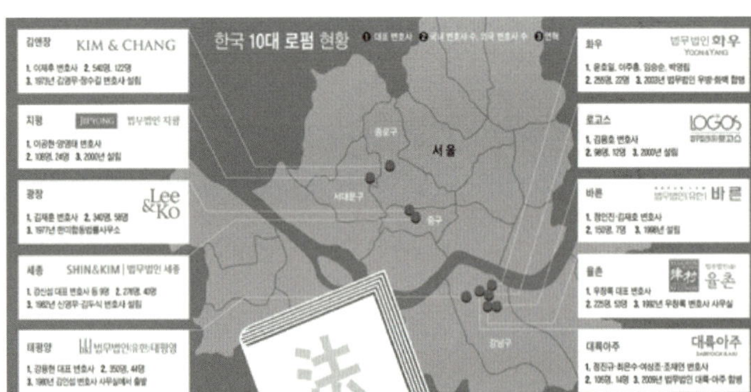

◆김앤장, 최대이자 최고 로펌

47개사 법무팀에 우리나라 최고 로펌을 꼽아달라고 해 두 곳씩 추천을 받았다. 기업들은 단연 김앤장을 최고 로펌으로 꼽았다. 47개 기업 중 74%에 해당하는 35개가 김앤장이라고 답했다. 1973년 김영무 · 장수길 변호사가 공동 설립한 김앤장은 국내 최대(最大) 로펌이다.

김앤장의 독주 속에 2~4위권은 근소한 차이로 희비가 갈렸다. 1강(强)-3중(中) 판세다. 광장이 18표, 이어 태평양(16표) · 율촌(13표)이 나란히 2~4위를 차지했다. 세종이 6표로 5위, 지평 · 화우가 2표씩 공동 6위였다. 우리나라에 등록된 781개 로펌 중에서 기업들로부터 최고 로펌으로 1표라도 얻은 곳은 9곳에 불과했다. 최고의 로펌 순위는 변호사 규모와는 다소 달랐다. 2013년 말 국내 변호사 수를 기준으로 매긴 로펌 순위는 김앤장-태평양-광장-세종-화우-율촌 순이었다. 1위 김앤장은 최대이자 최고 로펌으로 꼽혔지만, 변호사 수 2위인 태평양은 광장에 2위 자리를 내줬다. 6위 규모인 율촌이 4위에 랭크됐다.

최고 로펌에 대한 평가는 사건 수임으로도 이어졌다. '2013년 회사 관련 업무를 가장 많이 맡긴 로펌을 꼽아달라'(복수 응답)는 질문에 22개 기업이 김앤장이라고 답했다. 이어 태평양(16개)-광장(14개)-율촌(11개) 순이었다. 상위 5대 로펌이 대기업 사건을 사실상 싹쓸이하다시피 한 가운데 공기업은 경쟁력 있는 중소형 로펌을 선택하는 사례가 많았다.

◆국내 로펌 춘추전국시대

기업들은 우리나라 최고의 로펌으로 김앤장을 꼽았지만, 분야별 최고 로펌에 대한 조사에서는 김앤장이 7년 전처럼 압도적인 결과를 얻지 못했다. 김앤장 독주 체제가 흔들리는 조짐이 확연했다. 그동안 '백화점식' 영업 방식을 보이던 대형 로펌들이 특정 분야의 인재 영입과 노하우 축적을 통해 꾸준히 경쟁력을 키워오면서 기업들 사이에 'A 분야는 B 로펌'이라는 인식이 뚜렷해지는 것으로 보인다.

로펌 업무를 11개 분야로 나눠 베스트 로펌을 선정한 결과 김앤장은 △금융 및 자

기업 법무팀이 뽑은 최고 로펌

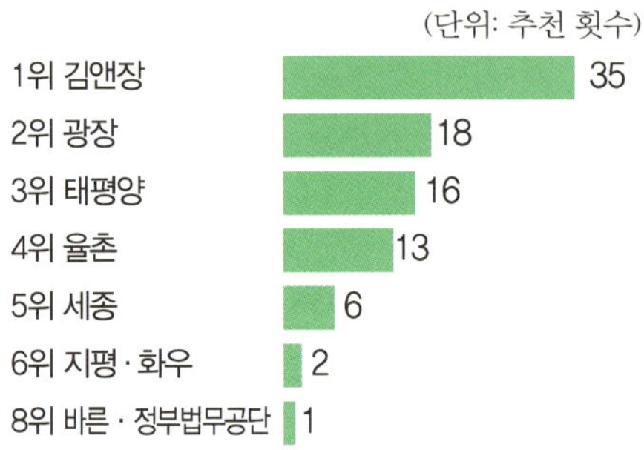

분야별 베스트 로펌

김앤장
- 금융 및 자본시장
- 해외 증권발행
- 해외 진출
- 행사
- 송무 및 중재(공동1위)

광장
- 기업(M&A·구조조정·지배구조)
- 인사·노무
- 지식재산권·특허

태평양
- 국제 분쟁 해결
- 송무 및 중재(공동1위)

율촌
- 조세·관세·통상
- 공정거래

본시장 △해외 증권발행 △해외 진출 △형사 △송무 및 중재 등 5개 분야에서 베스트 로펌으로 꼽혔다. 김앤장은 △기업(M&A·구조조정·지배구조) △지식재산권·특허 △조세·관세·통상 △공정거래 △국제 분쟁 해결 등 5개 분야에서 2위를 기록, 전체 11개 중 10개 분야에서 1~2위에 이름을 올렸다.

기업들은 △기업 △인사·노무 △지식재산권·특허 등 3개 분야에서는 광장을 베스트 로펌으로 꼽았다. 율촌은 △조세·관세·통상 △공정거래 2개 분야에서, 태평양은 송무 및 중재 분야에서 김앤장과 공동으로, 국제 분쟁 해결 분야에서는 최고 로펌으로 꼽혔다.

11개 분야 중에서 기업, 인사·노무, 지식재산권·특허, 공정거래, 송무 및 중재 등 5개 분야에서는 1~2위 간 표 차이가 1~2표 차이에 불과할 정도로 근소했다.

◆변호사 역량이 로펌 선택 1순위 기준

로펌들이 기업에 수임료만큼 적절한 서비스를 해주고 있을까? 기업이 느끼는 서비스 수준은 과거보다는 개선되고 있는 것으로 나타났다. '수임료 대비 서비스 만족도 평가'에서 전체 62%인 29개 기업이 100점 만점에 80점을 줬다. 70점 수준이라는 기업도 8개였다. 평균 80.4점 수준으로, 7년 전 만족도(평균 75점)에 비해서는 5점 정도 높아졌다.

기업들은 로펌 선택 기준으로 '변호사 역량과 전문성'을 최우선으로 꼽았다. 47개 기업 중에서 43개가 1순위 기준으로 꼽았다. 2순위 기준으로 '수임료' '회사 자체 데이터' '업계 평판'을 고려해 로펌을 선택한다고 답했다.

국내 기업들의 글로벌 업무 비중이 높아지다 보니 외국 로펌 이용 사례도 많았다. 47개 기업 중 17개가 지난해 외국 로펌을 이용했다고 답했다. 해외중재 · 특허분쟁 · 투자자문 · 자금조달 분야가 대부분이었다. 외국 현지에서 벌어지는 분쟁이나 계약 때문에 현지 사정을 가장 잘 아는 글로벌 외국 로펌을 이용할 수밖에 없었다고 했다. 하지만 일부 기업은 국내 로펌에 맡길 수도 있지만, 전문성을 고려해 외국 로펌에 사건을 맡겼다고 답했다.

◆베스트 로펌 설문 대상 기업〈47개사〉

▲국내 30대 상장사(2월 6일 유가증권 기준)

삼성전자, 현대 · 기아차, 현대모비스, SK하이닉스, 포스코, 네이버, 한국전력, 신한지주, 삼성생명, SK텔레콤, LG화학, 현대중공업, KB금융, SK이노베이션, 롯데쇼핑, 하나금융지주, 삼성화재, LG전자, KT&G, 우리금융, LG, 삼성물산, LG디스플레이, 현대제철, SK, KT, 삼성중공업, LG생활건강, 에스오일, 한국타이어

▲공기업

국민건강보험공단, 예금보험공사, 코레일, 한국가스공사, 한국도로공사, 한국석유공사, 한국수력원자력, 한국수자원공사, 한국철도시설공단, LH공사

▲외국 기업

글락소스미스클라인, 도레이첨단소재, 메트라이프, 브리티시아메리칸토바코(BAT), 텍사스인스트루먼트, 한국바스프, 한국후지제록스

[조선일보: 2014. 4. 3.]

4. 로펌 조직

로펌 및 대형법률사무소는 변호사, 회계사, 세무사, 관세사, 변리사 등의 전문직 집단과, 그들의 일을 보좌하는 비서 또는 스탭 직군으로 나누어져 있다. 규모가 큰 로펌일수록 다양한 직종의 전문직집단이 존재한다. 변호사를 주축으로 이루어지는 전문직집단은, 파트너(Partner)들의 계약구조에 따라 파트너십(Partnership)으로 운영되거나, 법인조직으로 운영이 된다. 파트너십(Partnership)으로 운영되는 로펌은 대표변호사인 시니어 파트너(Senior partner), 주니어 파트너(Junior partner), 소속변호사(Associate), 그리고 회계사, 세무사, 관세사, 변리사 등으로 전문직집단으로 구성된다. 파트너들은 조직 전체의 운영과 수익에 책임이 있으며, 수익에 대한 배분 권한을 가진다. 반면, 소속변호사들은 급여를 받으며, 파트너만큼 회사의 운영에 대한 책임을 지지 않는다.

전문직집단의 원활한 업무를 지원하기 위해 비서 및 스탭 직군이 존재한다. 규모가 큰 로펌일수록 스탭 직군의 업무 영역은, 크게는 일반 회사와 비슷한 직군으로 나누어져 있다. 법률시장의 개방과 함께, 각 로펌들은 비서 및 스탭들의 업무 영역을 다양화 및 전문화하여 개발하고 있다. 비서는 자신이 담당하는 전문직집단의 업무를 서포트하며, 동시에 회사 내에서 요구하는 스탭 업무를 보조하는 업무가 요구된다. 스탭의 업무는 크게는 송무, 인사, 홍보, 총무, 회계, 패러리걸, IT 등으로 나눌 수 있다.

송무는 일반 회사들과 로펌이 크게 구분되는 직군 중 하나이다. 이는 로펌의 규모가 클수록 전문적인 송무부서를 갖추고 있으며, 비서의 업무 이외에 전반적인 송무 업무를 지원한다. 인사는 비서 및 스탭을 채용·관리하는 인사와, 변호사들을 채용·관리하고 교육하는 인사로 나누어진다. 홍보는 로펌의 규모가 클수록 업무의 영역이 세분화 된다. 특히 대형 로펌의 경우, 다양한 분야에서 법률적 서비스를 지원하므로 고객사의 전반적인 법률적 이슈들을 관리하고 예방하는 차원에서 데이터베이스(data base)를 구축해 둔다. 이는 로펌의 소송업무 이외에도 컨설팅업무가 큰 비중을 차지하면서, 서포터로서 비서 및 스탭의 업무능력을 발휘할 수 있는 직군이다. 총무는 로펌 내부의 전반적인 시설관리 및 지원을 담당하는 부서이다. 로펌의 규모에 따라 총무부의 역할은 다양하다. 회계는 로펌 내부의 운영을 지원하는 회계와 고객의 청구서 발행을 지원하는 부서로 구분된다. 로펌 내부의 회계부서는 회사운영에 필요한 회계업무를 전반적으로 지원한다. 반면, 로펌은 고객에게 변호사 등의 업무시간에 따른 비용 청구(time basis rate)를 하거나, 또는 고정 금액으로 비용을 청구(fixed rate)하므로 대형 로펌일수록 이를 지원하는 부서가 별도로 존재한다. 한국의 패러리걸은 법률적 증거서류, 소장, 청구서 등의 번역업무를 담당한다. 마지막으로 IT 부서는 로펌 내부의 업무 지원에 필요한 소프트웨어를 개발 및 지원하며, 변호사 및 전문직군들의 원활한 OA 업무가 가능하도록 도와준다.

〈그림 2〉 로펌 조직도

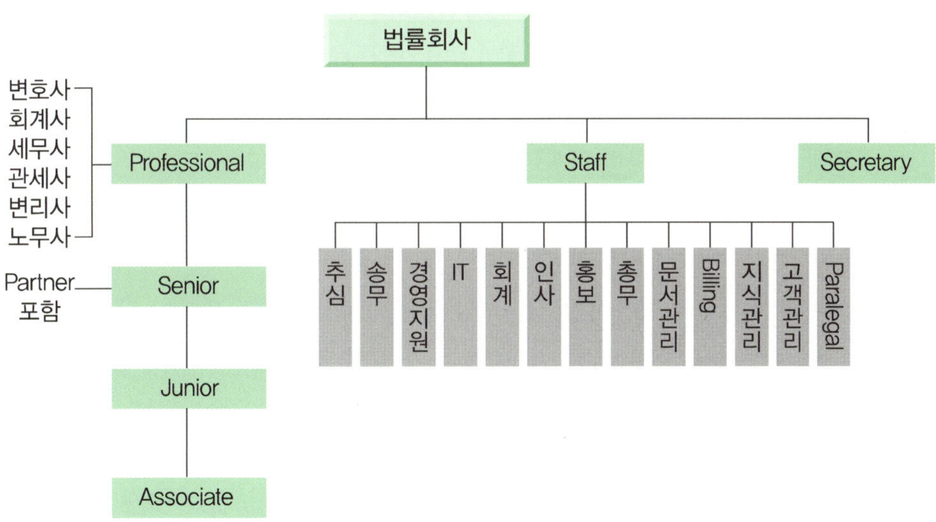

5. 로펌비서에 대한 이해

가. 로펌비서의 정의

로펌비서란 로펌 및 회사의 법률부서, 법원 등 법률에 관계된 분야에서 근무하는 자로서 법률 문서의 작성, 관리, 기록, 비용 계산 등의 업무를 담당한다. 로펌비서는 변호사를 비롯하여 회계사, 세무사, 변리사, 관세사, 노무사 등 전문적인 지식을 가진 사람들과 팀을 이루어 업무를 진행하며, 이를 통해 효율적으로 고객에게 최상의 법률서비스를 제공하는 데 목적이 있다.

우리나라의 경우 로펌비서의 업무는 소속되어 있는 로펌의 규모나 담당하고 있는 변호사의 업무의 종류 및 성향에 따라 다양하다. 주로 담당하는 업무 성격에 따라 송무비서, 자문비서로 나누어지는 것이 일반적이지만, 같은 로펌 소속이라 할지라도 로펌비서의 업무는 확연히 달라질 수 있다. 그러나 로펌비서의 주요 업무 중 가장 비중을 많이 차지하는 작업은 서신의 초안작성, 법률사건 관리, 마감일 체크 등이며, 이 외에도 고소장 초안작성, 사무관리, 고객과의 계약지원 및 업무지원, 자료분석 및 요약, 고객 인터뷰, 법률 관련 조사 작업, 재판 보고 등이 있다.

또한 로펌비서는 각종 전문가들과 팀을 이루어 업무를 하며, 이러한 팀들의 목적은 효율적으로 고객에게 최상의 법률서비스를 제공하는 데 있다. 따라서 로펌비서의 경우 이러한 최상의 법률서비스를 제공하기 위해 변호사를 비롯한 각종 전문가들과 의사소통을 하고, 고객과 의사소통을 하며, 각종 부서의 스탭(staff)들과 의사소통을 하여 업무를 처리할 수 있도록 해야 한다.

나. 로펌비서의 직무

대형 로펌의 고속 성장과 전문화에 따라 비서직의 전문화 및 중요성이 대두됨에 따라 국내에서는 로펌비서의 직무에 관한 다양한 연구가 이루어지고 있다. 다음은 국내 · 외의 자료를 통해 로펌비서의 업무를 살펴보도록 하겠다.

1) 미국의 직업정보 분류체계(O*NET)에 의한 로펌비서의 업무

미국의 직업정보분류체계(O*NET)에 의하면 로펌비서의 업무는 ① 법적 문서 및 서류준비 및 작성, ② 법률서류 접수 및 우편, 팩스 발송, ③ 전화응대, ④ 스케쥴 관리, ⑤ 서류나 작성된 문서 복사 및 제본, ⑥ 사건 파일 및 서류를 서고(파일룸)에 보관, 정리, ⑦ 기업 리서치나 다른 기록에 대한 정보수집, ⑧ 클라이언트 인터뷰, 증언 녹취를 위한 회의참석, ⑨ 사무메모 분류 및 작성, ⑩ 판결 및 법령확인을 위한 자료 검색 및 리뷰, ⑪ 증거자료 제출 등이 있다.

2) 황미선·최애경(2011)의 로펌비서 직무분석

황미선과 최애경(2011)은 DACUM을 활용한 직무분석 방법을 통하여 로펌비서의 책무를 크게 8개로 분류하였다. 일정관리업무, 고객관리업무, 송무 및 법무관리업무, 문서관리업무, 회의관리(지원)업무, 사무실관리업무, 행사관련업무, 변호사 개인업무 지원이다. 그리고 각 책무별로 과업을 도출해 냈는데 이를 구체적으로 살펴보면 다음과 같다.

책무(Duty)	과업(Task)
일정관리업무	1. 일정확인 2. 일정입력 3. 일정메일 발송 4. 기일 출석 일정 확인 5. 기일 출석 준비(배차) 6. 해외 출장 준비
고객관리업무	1. 고객정보 데이터베이스관리 2. 전화 연결 3. 외부 전화 메모 작성 및 전달 4. 전화 선별 5. 리턴콜 연결 6. 내부 전화 메모 작성 및 전달 7. 명함관리 8. 경조사관리 9. 안내장 연하장 발송 10. 선물 발송하기
송무 및 법무관리업무	1. 수임 관련 제안서 초안 작성 2. 송무 기록 만들기 3. 송무 문건 접수 4. 인지대 송달료 계산 및 청구 5. 증거 자료 제작 6. 제출서류 마감일관리 7. 송무 관련 기일관리 8. 소송진행상황 보고(클라이언트, 변호사) 9. 법원 우편물 발송(결정문) 10. 소송 기록 이동 경로 확인 11. 송무, 법무 기록관리 12. 보수금 청구안 회람 13. 법무 바이블 만들기

문서관리업무	1. 담당변호사 이력 관련 문서관리 2. 상담전 작성 3. 타임싯 입력 4. 지급품의서 작성 5. 자료수집 6. 의견서 교정 7. 의견서 발송 8. 변호사 조회서 작성 9. 우편물관리 10. 통 · 번역 관련 업무처리 11. 문서 보관 및 폐기
회의관리(지원)업무	1. 일정 조정 2. 회의실 예약 3. 회의 공지 4. 회의 관련 기기 및 물품 준비 5. 리마인드(참석자 및 준비자) 6. 회의 자료 준비 7. 다과 및 식사 준비 8. 회의 후 회의실 정리
사무실관리업무	1. 담당변호사 방 정리 2. 필요 물품 요청 3. 사무용품 관리 4. 사무실 재배치 협조 5. 아르바이트 및 인턴관리
행사관련업무	1. 내부행사 커미티 모집 2. 내부행사 일정계획 3. 장소 섭외 4. 식음료 업체점 메뉴 선정 5. 행사장 기자재 확인 6. 행사 일정 및 주제 공지 7. 참석 여부 확인 8. 행사 홍보물 최종 검토 9. 행사 관련 비용처리 10. 비서교육 참석 11. 비서교육 실시 12. 비서 회의 참석

변호사 개인업무 지원	1. 개인적 모임관리(식당예약 및 골프, 포럼 및 세미나 참석) 2. 상사 건강관리 3. 은행업무 4. 개인 서적 구독 신청 및 갱신 5. 휴가지원(호텔 · 비행기 예약) 6. 경조사관리 7. 개인 서류관리(여권 · 통장 · 주민등록증) 8. 취미활동지원 9. 변호사 유학준비(학교 정보, 지원서 작성 등) 10. 변호사 공익봉사 관리

출처: 로펌비서 실무(황미선 · 최애경, 2011).

3) 황정희(2002)의 로펌비서 주요 업무

황정희(2002)는 로펌비서의 주요 업무를 문서작성업무, 대인관계업무, 문서관리업무, 시스템활용업무, 정보관리업무, 계획/조정업무, 교육훈련업무로 구분하고, 일반비서가 주로 대인관계업무와 계획/조정업무, 사무관리업무, 기타 업무를 수행하는 것과는 달리 로펌비서는 일반비서의 업무 외에도 로펌의 스탭(staff)으로 변호사 고유업무 영역을 제외한 모든 일들을 수행할 수 있는 능력을 갖추어야 한다고 하였다.

4) 정유정과 최애경(2007)의 로펌비서 주요 업무

정유정과 최애경(2007)은 법률회사 내 송무비서와 자문비서의 담당업무에 차이가 있음을 설명하면서, 송무비서는 재판과 소송에 관련한 소장, 고소장, 명령신청과 같은 법률 관련 문서 및 서류준비 작성을 주요 업무로 수행하고 있는 반면, 자문비서는 기업에 제공하는 계약서 및 자문을 담당하는 상사의 업무에 따라 고객관리와 관련된 상사의 스케줄관리, 기업에 대한 리서치 및 정보수집, 사무메모업무를 더욱 중시하고 있다고 하였다.

이러한 로펌비서에 관한 연구들을 통해 로펌비서의 업무를 몇 가지로 정리하면 다음과 같다.

첫째, 소송업무 및 자문업무 관련 서비스를 제공하는 과정에서 생기는 모든 서류 업무를 하고, 서류를 관리한다.

둘째, 변호사를 비롯하여 회계사, 세무사, 노무사, 관세사 등 법률 관련 서비스를 제공하는 상사의 모든 업무를 지원한다.

다. 패러리걸(Paralegal)

1) 패러리걸의 역사

패러리걸이라는 개념은 사회 변화에 동반하여 법률서비스의 수요가 증가함에 따라 1960년대 후반 미국에서 탄생하였다. 로펌과 개인변호사들이 의뢰인에 대하여 효율적인 법률서비스를 제공하면서 비용절감을 도모하는 과정을 통해 발전하게 되었다. 그리고 법률구제에 대한 대중의 인식이 증가한 것도 패러리걸 업무 분야가 발전하게 된 요인이다.

현재 미국에는 약 1,000개에 달하는 교육기관 등에서 정규 패러리걸 양성프로그램을 이수한 많은 패러리걸이 활동하고 있다. ABA(미국변호사협회)가 공인한 260여 개의 패러리걸 프로그램 및 NALA(전국법무보조원협회), NFPA(전국패러리걸협회연맹) 등과 같은 전문협회가 설치되어 활발한 활동을 펼치고 있으며, 현재 미국, 영국 등에서 전문적인 직업군으로 인정받고 있다.

2) 패러리걸의 정의

패러리걸이란 로펌에 근무하면서 변호사의 법률업무를 도와주는 직책이다. 이들은 소송을 위한 기초 자료수집부터 증거 확보, 목격자 면담, 서면 작성 등의 업무를 한다. 또한 고객과의 관계를 계속 유지하는 윤활유 역할을 한게 된다. 이들은 법률사무소나 정부 사무실, 개인 회사 혹은 대기업, 비영리기관 등에서 일할 수 있다.

하지만 패러리걸이 변호사와 다른 점은 그들이 직접 의뢰인에게 법률자문서비스를 할 수 없다는 것인데, 이 때문에 미국의 대부분의 주에선 변호사가 아닌 자의 법률자문에 대해 각종 제재를 부과하는 법률을 마련해 놓고 있다.

법률서비스의 보완재 패러리걸(Paralegal)

2008년 광우병 파동으로 한 차례 소란을 겪었던 한국의 FTA는 2011년 다시 한번 논란의 중심에 서게 된다. 문제가 되는 점은 비준동의안의 번역 오류였다. 당시 체결한 FTA 중 한-미 FTA 협정문에서만 290여 건에 달하는 번역 오류가 발생했고, 한-EU FTA 협정문에서도 160개의 번역 오류가 존재한다는 주장이 제기됐다. 이 중에 한글로 옮겨 적는 과정에서 발생한 단순오타의 문제도 일부 존재했지만, 무엇보다 논란이 된 것은 영어와 한국어 간의 미묘한 차이를 반영하지 못한 부분이었다.

해당 문제가 논란이 되는 이유는 비준동의안이 국회의 동의를 거치면 바로 법률적 효력을 갖기 때문에 각각의 조항이 곧 법률조항과 같기 때문이다. 또 FTA의 경우 '역진방지조항(ratchet)'으로 인해 한번 시행되고 나면 되돌릴 수 없기 때문에 원문에서 의도하는 내용을 전후맥락을 살펴 정확하게 반영하지 못할 경우 영구적으로 국익에 엄청난 손해를 미칠 수도 있다. 이런 이유로 거의 마무리되는 줄로만 생각했던 FTA

논란이 번역 문제로 인해 다시 커지게 된 것이다.

이런 문제는 비단 국가 간의 계약 문제에서만 발생하지 않는다. 세계화의 속도가 빨라짐에 따라 개인들 혹은 기업 단위에서도 해외 경제주체들과 거래가 활발해지면서 비슷한 문제들이 종종 발생한다. 실제 민간 부문의 경우 선진국보다는 아세안 국가와 같은 개발도상국가를 파트너로 크고 작은 계약을 맺는데 계약조항을 해석함에 있어 해당국의 실정을 정확히 반영하지 못해 손해를 입는 경우가 자주 목격된다. 최근에는 외국계 로펌이나 국내 대형 로펌을 중심으로 계약조항의 해석을 주로 담당하는 인력을 채용해 대응하기 시작했는데, 이들이 바로 '패러리걸(Paralegal)'이라 불리는 준법조인들이다.

법률업무 보조하는 준법조인

패러리걸이란 변호사 자격은 없지만 법률사무를 보조하기 위한 훈련을 받은 사람들을 의미한다. 우리나라에서는 '법률 보조원', '변호사 보조원' 정도로 해석된다. 우리나라의 법률에서는 패러리걸에 대한 정확한 개념 정의가 이뤄져 있지 않지만, 이미 미국을 비롯한 영국, 캐나다 등에서는 법률시장에서 없어서는 안 될 존재로 인정받는 직업이다. 2006년 이들의 평균 연봉은 약 6만 달러였는데 당시 최고 연봉을 받는 엔지니어 평균 연봉이 8만 달러였던 점을 감안하면 패러리걸의 위상을 엿볼 수 있다. 한편, 우리나라에서 패러리걸의 업무는 주로 번역에 초점이 맞춰져 있다. 하지만 이들이 하는 번역은 일반적인 번역과는 다르다. 다루는 대상이 법률 문서로 다양한 법률 단어들로 이뤄져 있을 뿐만 아니라 일반적인 단어라 하더라도 전후 문맥에 따라서 어감의 강도가 달라지는데 수백억 원의 돈이 걸린 계약에서 그 미묘한 차이를 제대로 옮겨내지 못할 경우 잘못된 계약으로 이어질 수도 있기 때문이다. 또한 영문계약서의 작성을 담당하기도 하는데, 이를 위해 해당국의 법률을 검토하고, 대규모 자금의 이동이 이뤄지는 계약일 경우 금융당국의 관계자들을 직접 만나 필요한 자료를 수집하는 등의 일을 수행하기도 한다. 번역업무라고는 하지만 패러리걸이 수행하는 번역은 일반적인 통·번역과는 그 범위가 다르다.

바늘과 실 vs 버터와 마가린

법률 현장에서 패러리걸의 중요성이 커지는 이유가 바로 여기에 있다. 업무의 형식은 번역이지만 정확한 일의 수행을 위해 다양한 관계자들과 접촉하고, 관련 문건을 찾는 등 법률적 조언을 담당해야 하는 국내 변호사들의 역량이 미처 닿지 못하는 부분을 보완해줌으로써 보다 정확한 법률서비스가 이뤄질 수 있도록 도와주기 때문이다. 해외의 판례와 법률적 사례가 갖는 중요성이 높아짐에 따라 우리나라에서도 패러리걸의 영향력은 갈수록 커지는 추세이다. 경제학에서는 이러한 관계를 '보완재'라는 개념을 통해 설명한다. 보완재(complementary goods)란 함께 사용하는 경우 효용이 증가하는 재화나 서비스를 의미한다. 커피와 설탕, 자동차와 휘발유, 바늘과 실 등이 보완재의 대표적인 예이다. 반면 보완재와 대비되는 개념은 대체재이다. 어느 한 재화나 서비스의 소비로 인해서 얻을 수 있는 만족을 다른 재화나 서비스의 소비로 대체할 수 있는 경우 경제학에서는 이를 대체재(substitutional goods)라고 한다. 버터와 마가린, 소고기와 돼지고기는 경제학 교과서에서 흔히 사용하는 대체재의 예이다.

한편, 이러한 대체재와 보완재는 항상 고정된 것이 아니다. 두 재화 혹은 서비스의 관계가 대체재였다가 보완재로, 때로는 그 반대로 바뀔 수 있다는 의미이다. 최근 인기를 끌고 있는 'Dropbox'나 MS의 'Skydrive'와 같은 클라우드 서비스는 좋은 예이다. 이들 서비스는 인터넷만 연결돼 있다면 개인 자료를 하드디스크에 저장할 필요 없이 외부 서버에 업로드해 어디서든 사용할 수 있도록 한다. 하드디스크가 없어도 자료를 저장할 수 있는 것이다. 처음에 클라우드 서비스가 등장할 당시에는 하드디스크와 함께 사용해 만족감을 높일 수 있는 보완재로서의 성격을 지녔지만, 이제는 그 기능이 확대되면서 하드디스크를 대체할 수 있는 서비스로 탈바꿈하게 됐다.

계속되는 업무 영역 확대

하지만 변호사와 패러리걸의 보완관계는 당분간 계속해서 강화될 것으로 보인다. 국내에서도 패러리걸의 업무 영역이 점차 확대되고 있기 때문이다. 번역에 초점을 맞추고 시작된 이들의 업무 영역은 점차 법무나 송무 분야로까지 확대되고 있다. 즉, 우리나라의 법무사가 처리하는 업무의 일정 부분을 이들이 담당하기 시작한 것이다. 법인의 설립과 청산, 각종 등록 및 변경, 정정업무 등이 그것이다. 한편 일부 패러리걸의 경우 우리나라 법률이 정한 테두리 내에서 형사사건의 현장 조사를 담당하기도 한다. 변호업무의 보조자로서의 형식적 · 질적 범위가 계속해서 확대되고 있는 것이다. 이를 반영하듯 신입 패러리걸의 학력 수준도 갈수록 높아지고 있으며, 법률 전공자 외에도 다양한 전공의 인재들이 패러리걸에 도전하고 있다.

패러리걸의 직업으로서의 전망은 매우 밝다. 선진국의 법률시장을 살펴보면 이러한 전망은 보다 설득력을 갖는다. 미국의 경우 전문적인 법률 조언이나 법정에서 진행되는 소송은 자격증을 갖춘 변호사들이 직접 수행하지만 나머지의 업무들은 패러리걸과 나누어 수행하고 있다. 변호사들의 경우 높은 시간당 임금으로 인해 이들이 자잘한 조사부터 소송 과정까지 모두 담당하면 전체 법률서비스 비용이 천문학적으로 높아지기 때문이다. 따라서 기초조사나 기본적인 법률상담의 경우 패러리걸들이 주로 처리하고 있다. 미국과 인접한 캐나다의 경우 일정한 범위 내에서는 면허를 부여해 이들을 아예 법률가로 취급하기도 한다.

법률시장의 특징이 달라 우리나라에서 미국이나 캐나다의 패러리걸과 동일한 수준으로 역할이 커질 수는 없겠지만, 급속도로 진행되는 세계화나 FTA를 통한 경제통합의 추세 속에서 패러리걸의 역할이 보다 커지리라는 점에는 의심의 여지가 없다. 전문성을 갖춘 패러리걸이 많아질수록 변호사와 패러리걸의 보완관계는 계속해서 강해질 수 있을 것이다.

[한국경제: 2014. 6. 9.]

라. 로펌비서의 역량 및 행동지표

로펌비서의 역량에 관해 살펴보면, 미국 직업정보분류체계(O*NET)에 의하면 로펌비서에게 필요한 지식으로는 사무지식, 법률지식, 영어, 고객서비스, 회계 및 경제지식, 컴퓨터 및 전자기기, 관리 및 경영지식, 수학적 지식, 커뮤니케이션과 미디어 관련 지식, 인적자원관리 관련 지식이 있다. 로펌비서에게 필요한 기술은 문서이해능력, 주의 깊게 듣기 및 이해능력, 시간관리능력, 문서 커뮤니케이션 능력, 활발한 학습능력, 학습전략, 판단 및 의사결정, 조정 및 협력, 비판적 사고가 있다. 마지막으로 로펌비서에게 필요한 태도는 세심함, 성실성, 신뢰성, 협동심, 독립성, 진취성 및 창의성, 인내심, 자기통제, 성취감, 적응력이 있다.

지식	기술	태도
1. 사무지식 2. 법률지식 3. 영어 4. 고객서비스 5. 회계 및 경제지식 6. 컴퓨터 및 사무전자기기 7. 관리 및 경영지식 8. 수학적 지식(Legal Time/Fee 계산법) 9. 커뮤니케이션과 미디어 10. 인적자원관리 관련 지식	1. 문서이해능력 2. 주의 깊게 듣기 및 이해능력 3. 시간관리능력 4. 문서 커뮤니케이션 능력 5. 활발한 학습능력 6. 학습전략 7. 판단 및 의사결정 8. 조정 및 협력 9. 비판적 사고	1. 세심함 2. 성실성 3. 신뢰성 4. 협동심 5. 독립성 6. 진취성 및 창의성 7. 인내심 8. 자기통제 9. 성취감 10. 적응력

출처: 미국 직업정보분류체계.

또한 국내에서는 조계숙과 최애경(2011)이 다음과 같이 지식, 능력 및 태도를 제시하였다. 이를 통해 로펌비서에게 필요한 지식과 능력은 영어 커뮤니케이션 능력, 법률지식, 비서 실무 관련 지식, 한국어 맞춤법, 한자, 비즈니스 영작문능력, 의사소통능력, 빠른 타자능력, 일반상식, 장소 관련 정보, 상황대처능력임을 알 수 있다. 또한 로펌비서에게 필요한 태도는 서비스 마인드, 배우는 태도, 상냥함, 신속함, 기억력, 의지력, 긍정적 마인드, 책임감, 다양한 관심, 센스임을 알 수 있다. 특히 로펌비서에게 있어 일반비서에 비해 좀 더 중요하게 다루어져야 할 부분은 센스라 할 수 있다.

지식과 능력	태도
1. 기초 영어 커뮤니케이션 능력 2. 기초 법률지식 3. 비서 실무에 관한 기초 지식 4. 한국어 맞춤법 5. 한자 6. 비즈니스 영작문실력 7. 의사소통능력 8. 빠른 타자속도능력 9. 일반상식 10. 장소지식 11. 상황대처능력	1. 서비스 마인드 2. 빠른 배움 3. 상냥함 4. 신속함 5. 기억력 6. 의지력 7. 긍정적 마인드 8. 책임감 9. 다양한 관심 10. 센스 11. 참을성 12. 기밀유지 13. 협동심 14. 단정함 15. 결단성

출처: 로펌비서 실무(조계숙 · 최애경, 2011).

최근에는 고윤정(2014)이 로펌비서의 역량 및 행동지표를 제시하였는데, 행동지표는 상, 중, 하로 제시하였으며 구체적인 내용은 〈표 2〉와 같다.

〈표 2〉 로펌비서의 역량 및 행동지표

구분	단계	행동지표
일반일정관리	하	변호사의 일정을 확인하여 일정관리 프로그램(outlook 등)에 입력한다.
	중	입력된 일정을 확인하며 업무 변경 시 수정한다.
	상	입력된 일정을 확인하여 스케줄 간 충돌이 예상되면 변호사에게 보고하여 일정을 조정한다.

기일일정관리	하	배포된 재판 일정표로 변호사의 스케줄을 파악한다.
	중	직접 재판 일정표를 작성하여 변호사의 스케줄을 관리한다.
	상	변호사의 재판 일정을 모두 숙지하여 타인의 요청 시 바로 제공한다.
고객 정보관리	하	새로운 고객정보(명함)를 정확히 연락처에 저장한다.
	중	변호사의 요청에 따라 변경된 고객정보(승진 및 이직, 담당자 변경)를 저장된 연락처에 업데이트한다.
	상	고객정보 변경을 인지하는 즉시 자발적으로 저장된 연락처에 업데이트하고 관련 담당자에게 전달한다.
전화응대	하	수신 전화를 담당자에게 연결한다.
	중	수신 전화의 담당자가 부재 시 착오 없이 전화메모를 전달한다.
	상	수신된 전화의 의뢰인이 신분을 밝히기 전, 비서가 먼저 파악하고 사건 담당자에게 연결한다.
경조사관리	하	변호사 요청에 따라 각종 경조사 발생 시 지원신청을 한다.
	중	각 경조사별로 지원되는 금액 및 휴가사항을 숙지하여 각각의 경우에 맞도록 신속히 처리한다.
	상	각종 매체(인사이동 및 경조, 부고란)를 활용하여 예상되는 경조사를 변호사에게 보고하여 처리한다.
안내장 · 연하장 발송	하	변호사의 요청에 따라 준비하여 발송한다.
	중	기 발송된 연하장을 토대로 해당 연도의 발송 대상자를 예상한다.
	상	잠재적 고객을 예상하여 해당 연도 리스트를 업데이트한다.
선물 발송	하	변호사의 요청에 따라 고객에게 발송할 선물을 구입한다.
	중	동일 선물이 재발송되지 않도록 발송 리스트를 관리한다.
	상	고객의 취향을 고려하여 정리한 선물 리스트를 변호사에게 보고한다.
수임제안서 초안 작성	하	변호사의 요청에 따라 제안서를 양식에 맞게 편집한다.
	중	초안 작성에 필요한 회사 및 담당 변호사 이력을 정리하여 보고한다.

	상	기 제출된 수임제안서를 확인하여 해당 사건과 비슷한 성격의 제안서를 찾아낸다.
신건 오픈 하기	하	변호사에게 전달받은 자료 그대로 신건 오픈을 진행한다.
	중	변호사에게서 제공받은 자료 이외에 누락된 자료를 확인하고 의뢰인에게 요청한다.
	상	신건 오픈 후 사건에 대한 정보를 확인(대법원 사건검색)하여 불변기한 등을 담당부서 및 변호사에게 보고한다.
계약서작성	하	변호사에게 제공받은 자료 그대로 사건 위임 계약서를 작성한다.
	중	소가(사건의 경제적 이익)를 확인하여 그에 따른 수임료 하한선을 산출한다.
	상	수임료 산정 시 내부 기준을 미리 숙지하여 변호사에게 즉시 보고한다.
송무기록 만들기	하	고객에게 전달받은 자료 그대로 담당부서에 기록 제작을 요청한다.
	중	자료를 전달받아 누락 부분을 검토한 후 담당부서에 기록등사 요청한다.
	상	전달받은 자료 중 누락 부분 발생 시 상대방 변호사실 및 고객에게 요청하여 직접 기록을 제작한다.
송무기록 관리	하	결제 완료 후 해당 기록에 오류 없이 편철한다.
	중	본기록, 갑호증, 을호증의 차이점을 이해한다.
	상	사건의 종류(민사, 형사, 신청사건 등)에 따라 기록 특성을 파악하여 관리한다.
증거 자료제작 하기	하	변호사에게서 전달 받은 자료 그대로 담당부서에 전달한다.
	중	변호사에게서 받은 자료를 토대로 증거목록을 작성한다.
	상	관련 사건에서 증거를 발췌하여 직접 증거자료를 만든다.
서면제작	하	변호사에게서 받은 파일 그대로 출력하여 담당부서에 전달한다.
	중	서면 형태에 따른 문서의 양식을 이해하여 편집한다.
	상	형식적 답변서나 기일변경신청서와 같은 간단한 서면은 직접 작성한다.

인지대 송달료 계산 청구	하	변호사 요청에 따라 담당 부서에 인지대 및 송달료 산출을 요청한다.
	중	인지대 및 송달료 개념을 이해하고 보고된 비용을 청구한다.
	상	인지대 및 송달료 개념을 이해하여 직접 산출하고 그 내역을 고객에게 설명한다.
송무 문건 접수	하	서면 결재 완료 확인 후 담당 부서에 제출 요청한다.
	중	기일을 확인하고 부본영수 필요 여부를 확인하여 처리한다.
	상	사건의 긴급 정도를 파악하여 결재 완급과 제출 시기를 스스로 결정할 수 있다.
제출 서류 마감일관리	하	보고된 불변기한을 다시 확인하여 변호사에게 리마인드(remind)한다.
	중	문건 수령 후 상소 기한을 직접 정리하여 변호사에게 보고한다.
	상	각종 불변기한(민사, 형사, 신청사건 등)을 확인하고 중요도를 판단하여 형식적·실질적 불변기한을 구분한다.
기일관리 변론기일	하	변론기일의 정의를 이해한다.
	중	변론준비기일과 변론기일의 차이점을 비교한다.
	상	변론기일 불출석의 효과를 이해하여 고객에게 설명한다.
기일관리 감정기일	하	감정기일의 개념을 이해한다.
	중	감정기일과 검증기일의 차이점을 알고 있다.
	상	감정기일의 필요성과 진행 과정을 고객에게 설명한다.
기일관리 증인신문기일	하	작성된 증인신문사항 그대로 담당부서에 제출 요청한다.
	중	주신문과 반대신문을 구분하고 재판부 구성원 숫자에 맞도록 신문사항을 출력한다.
	상	증인 출석 여부를 확인하여 상대방에게 신문사항을 요청하고 변호사에게 반대신문사항 준비를 리마인드한다.
기일관리 선고기일	하	담당부서에서 보고된 선고 결과를 변호사에게 보고한다.
	중	변호사 요청 전에 직접 확인하여 보고하고 고객에게 공지한다.
	상	형사사건의 경우 판결문이 자동 송달되지 않음을 이해하여 판결 등본을 신청한다.

소송 진행 상황 기일진행경과	하	변호사 작성 기일진행경과 파일을 의뢰인에게 송부한다.
	중	기일진행경과 초안을 작성하여 변호사에게 보고한다.
	상	기일진행경과를 확인하여 추후 재판의 진행상황을 예상한다.
소송 진행 상황 사건배당보고	하	대법원 홈페이지를 통해 담당사건의 재판부를 확인한다.
	중	담당 재판부의 프로필 확인을 담당 부서에 요청한다.
	상	인사이동 시 담당 재판부 프로필을 직접 확인하여 변호사 및 사건 관여자에게 보고한다.
법원 수령문건 처리	하	법원에서 수령한 문건을 정리하여 변호사에게 결재 올린다.
	중	결재 완료된 서면을 고객에게 송부 후 사내 문서 시스템에 저장한다.
	상	서면 송달 누락 시 상대방에게 송부 요청 또는 법원에 등사 요청한다.
법원 검찰 조직도	하	심급제도의 개념을 이해한다.
	중	사건번호를 보고 심급을 파악한다.
	상	심급에 따른 상응 법원, 검찰청을 비교하여 고객에게 설명한다.
전자소송업무 처리	하	전자소송의 개념을 이해한다.
	중	일반소송과 전자소송의 송달의 차이를 이해하여 문건 다운로드를 진행한다.
	상	필수적 전자소송 당사자를 숙지하여 의뢰인에게 설명한다.
담당 변호사 이력관련 문서관리	하	담당 변호사의 출신학교(로스쿨) 및 사법시험, 연수원 기수를 파악한다.
	중	담당 변호사의 주요 사건 담당 분야를 파악한다.
	상	담당 변호사의 주요 사건 담당 분야와 승소 사례를 설명한다.
타임시트 입력	하	타임시트의 개념을 이해한다.
	중	타임시트 기재의 국제 표준 형식을 이해하여 각 해당 시간을 1/60로 변경한다.
	상	타임시트 국제표준 형식을 숙지하며 해당 케이스 변동의 경우 스스로 사건 코드를 변경한다.

변호사 조회서 작성	하	변호사 조회서의 정의를 이해한다.
	중	작성된 변호사 조회서의 오류를 찾아낸다.
	상	담당 사건 중 요청 들어온 변호사 조회서에 해당하는 사건을 찾아서 회신한다.
우편물관리	하	수신 우편물을 누락 없이 담당자에게 전달한다.
	중	'親展(친전)'으로 표시된 우편물은 개봉하지 않고 바로 담당자에게 전달한다.
	상	개봉 완료된 우편물을 수거하여 폐기할 문서와 보존할 문서를 구분하고 분실 없이 보존한다.
문서보관 및 폐기	하	퇴근 시 책상 및 주변을 정리하여 타인이 사건 관련 문서를 볼 수 없도록 한다.
	중	사건 관련 서류를 일정 기간 보관하고 파일링한다.
	상	보관된 서류 중 타인의 요청 시 필요 정보를 즉시 제공한다.
회의 확정, 공지	하	변호사의 요청사항에 따라 회의 장소를 섭외하여 참석자에게 공지한다.
	중	대다수의 회의 참석 인원에게 편리한 위치를 고려하여 회의실이나 행사 장소를 섭외한다.
	상	확정된 회의 스케줄을 검토하여 다른 회의와 시간적·장소적 충돌이 발생되지 않도록 조정한다.
회의자료, 기기 준비	하	변호사의 요청사항에 따라 자료 및 기기를 준비한다.
	중	회의 내용을 고려하여 자료 및 기기가 필요한지 사전에 확인한다.
	상	회의 참석자 및 내용을 고려하여 준비한 기기(노트북, 프로젝터, OHP)를 타인의 도움 없이 설치한다.
담당 변호사 사무실 정리	하	변호사의 요청 물품을 즉시 준비한다.
	중	소모성 사무용품을 사전에 구비하여 부족함이 없도록 한다.
	상	사무실이 쾌적한 환경이 되도록 조명 및 온도, 습도 유지에 신경쓰고 시정이 필요한 경우 담당 부서에 즉각 보고한다.

변호사 개인업무 지원	하	변호사의 지시에 따라 개인 업무를 수행한다. (식당예약, 은행업무, 서적구독, 취미활동 지원)
	중	업무수행 시 불가능한 상황이 발생하면 대체안을 강구하여 보고한다.(지정식당 예약 불가 시 대체식당 추천 등)
	상	이전에 수행된 개인업무를 참고하여 업무수행 시 취향과 일정을 고려한다.
변호사 유학 및 해외연수 준비	하	작성된 유학서류를 정리하여 우편 발송한다.
	중	변호사에게 법인 내 동문 및 동기 리스트를 보고하여 유학 서류 작성에 참고하도록 보좌한다.
	상	유학 관련 서류 중 오류사항을 찾아 수정한다.
변호사 공익활동관리	하	공익활동(프로보노)에 필요한 자료를 준비한다.
	중	변호사 의무연수 시간 확인 후 미이수 시간을 보고한다.
	상	변호사 의무연수 시간을 확인하여 미이수 시간 발생 시 적정 커리큘럼을 신청한다.
외국어 (영어) 말하기/듣기	하	외국인 고객의 전화를 받아서 담당 변호사에게 연결한다.
	중	외국인 고객과 업무상 필요한 대화를 나눈다.
	상	외국인 고객 참석 회의에서 변호사를 보좌하여 통역 등 커뮤니케이션을 돕는다.
외국어 (영어) 읽기/쓰기	하	외국에서 수령한 서류의 해당 사건을 파악하여 담당부서 및 변호사에게 오류 없이 전달한다.
	중	외국에서 수령한 위임장 및 공증서류의 해석이 가능하다.
	상	외국에서 수령한 전문서류(위임장 및 공증서류 등) 해석 후 추가적으로 필요한 자료를 담당자에게 직접 요청한다.
한자	하	한자로 표기된 의뢰인의 명함을 읽고 정보를 확인한다.
	중	변호사 요청 시 한자로 표기된 서적이나 법령을 확인하여 보고한다.
	상	한자로 표기된 법률 용어를 읽고 해석한다.
한국어 맞춤법	하	문서작성 시 컴퓨터 프로그램에 의존하여 맞춤법을 확인한다.
	중	이메일 작성 및 업무 관련 대화 중에 경어를 맞추어 사용한다.
	상	문서작성 시 오탈자 및 띄어쓰기에 오류가 없다.

수학적 회계지식	하	각종 지급품의서를 작성하여 담당부서에 송부한다.
	중	고정급 수임사건과 시간당 요율 청구 사건을 구분하여 보수금 청구안을 작성한다.
	상	사건 종료 시 소송비용액 산출을 진행한다.
커뮤니케이션 및 자료관리능력	하	변호사의 요청에 따라 뉴스기사 및 미디어를 관찰하여 요청 자료를 찾는다.
	중	자발적으로 진행 사건과 관련되는 뉴스기사를 스크랩하여 보고한다.
	상	법률신문을 주기적으로 정독하여 법률시장 주요 이슈를 파악한다.
컴퓨터 및 사무전자기기 (액셀)	하	변호사의 요청에 따라 자료를 입력 및 출력한다.
	중	수식기능(함수)을 사용하여 필요한 자료를 작성한다.
	상	Excel의 고급기능(매크로 등)을 사용하여 회계 및 재무 관련 자료를 제작한다.
컴퓨터 및 사무전자기기 (ppt)	하	변호사의 요청에 따라 PPT 파일을 출력한다.
	중	PPT 프로그램에 내장된 포맷을 사용하여 자료를 작성한다.
	상	콘텐츠에 상응하는 포맷을 개발하여 프레젠테이션 기일에 제출 PPT를 제작한다.
컴퓨터 및 사무전자기기 한글 및 워드	하	의견서 및 제안서 형식을 오류 없이 작성하여 변호사에게 전달한다.
	중	후배 비서가 word, 한글 프로그램 사용에 대한 질문을 할 때 가르쳐 준다.
	상	주어진 내용에 따라 서면 형식을 직접 기획하여 파일을 만든다.
컴퓨터 및 사무전자 기기(outlook)	하	근무와 관련된 송 · 수신 메일을 확인한다.
	중	일정관리 기능을 숙지하여 상사와의 일정을 공유한다.
	상	아웃룩 사용 중 발생한 오류에 대해 직접 해결할 수 있다.
인적자원지식	하	신입 비서에게 조직의 특성 및 로펌비서 업무의 개관을 설명한다.
	중	신입 비서 배치 시 OJT(On the Job Training)를 실시한다.
	상	비서업무 매뉴얼을 작성하여 신입비서를 교육한다.

마. 로펌비서의 태도와 기밀성

1) 태도

로펌비서는 상사를 존경하고, 상사의 업무를 도와주는 것에 적극적으로 동참하는 태도가 필요하다. 또한 상사를 분명히 파악하고, 신뢰를 받을 수 있도록 해야 하며, 상사에게 조언을 할 줄도 알아야 한다. 그리고 상사에게 호감을 주는 비서가 되도록 단정한 복장과 용모를 갖추고, 업무를 꼼꼼하고 분명하게 처리한다. 마지막으로 로펌비서에게 중요한 태도는 기밀을 유지하는 것이다.

2) 로펌비서의 기밀성(Confidentiality)

가) 고객과 관련된 정보

로펌에서는 많은 정보를 다루고 있기 때문에 고객의 비밀과 정보를 보호하는 것은 로펌비서에게 중요한 요건이다. 로펌비서가 다루게 되는 일과 관련된 많은 정보들은 고객의 것이며, 고객의 요청으로 업무와 관련된 목적으로만 정보를 취급해야 한다. 그러므로, 고객과 관련한 어떤 정보도 외부로 누설하거나 업무 이외의 목적으로 임의로 취급하여서는 안 된다.

나) 사무실과 관련된 정보

로펌은 고객의 업무와 관련하여 타회사와 경쟁을 벌이는 경우가 많으므로, 경쟁사 간에는 아주 작은 정보도 경우에 따라서는 치명적인 영향을 끼칠 수 있다. 따라서 사무실에서 본인이 어떤 업무를 맡고 있는 지에 대해, 또는 조직 내의 다양한 부서 및 행정처리와 관련하여 업무 이외의 목적으로 임의로 발설하여서는 안 된다. 특히 퇴직을 한다 하더라도, 사무실에서 알게 된 고객 및 사무실 관련 정보를 발설하지 않도록 주의하여야 한다.

6. 로펌비서의 교육 과정

가. 해외 로펌비서의 교육 과정

1) 영국의 교육 과정

영국에서의 로펌비서 교육 과정은 주로 학위 과정(Diploma)과 자격증(Certification) 과정으로 나뉜다. 영국의 The National Careers Service(NCS: https://nationalcareersservice.direct.gov.uk) 는 영국 내의 로펌비서 교육 과정에 대해 전문적인 교육기관들을 소개하고 있다.

특히 각 교육기관들은 학위 과정과 자격증 과정을 동시에 운영하고 있으며, 한국과는 다르게 로펌비서를 위한 재교육 프로그램들도 운영하고 있다.

ISLPA(The Institute of Legal Secretaries and PAs)는 로펌비서 및 패러리걸을 위한 전문 교육기관이다. 기관 내 코스를 통해 법률지식 및 법률행정 전반을 학습하고, 기관에서 취득한 학위 및 자격증은 영국 내에서 인정이 가능하다. Legal Secretaries Diploma Course, Single Subject Legal Course, Typing Skills Course, Microsoft Office Course로 구성이 되며, 각 과정에 따라 학위를 부여하거나 자격증을 부여하는 코스로 운영된다. 각 코스들은 온라인 또는 오프라인을 통해 교육이 진행된다. 교육 내용은 워드 타이핑, 문서작성법, 격식있는 영어 구사 표현 및 작문법 등으로 이루어지며, Typing Skills Course, Microsoft Office Course는 온라인을 통해 개별 학습이 가능하도록 별도로 자격증 코스를 운영하고 있다.

CILEx(The Chartered Institute of Legal Executives)는 영국 내 법률에 관련하여 전반적인 교육을 담당하는 기관이다. 교육 프로그램은 변호사, 법률 행정원, 패러리걸, 로펌비서 등을 대상으로 진행되고 있다. 교육 과정은 크게 Level 2와 Level 3로 나뉘어진다. Level 2는 주니어 로펌비서를 위한 과정이며, Level 3는 기초적인 로펌비서에 대해 지식이 있는 시니어 로펌비서를 위한 과정이다. 두 과정 모두 Certification과 Diploma 코스를 모두 운영하고 있으며, Diploma 코스가 조금 더 학습시간이 길고, 총 학점이 더 높다. 교육 내용은 모두 법률 워드프로세싱, 법률시장에서의 비즈니스 스킬, 데이터베이스 이론, 기초적인 법률지식 등으로 이루어진다.

Pitman Training Waterford는 아일랜드에 위치한 200년 전통의 사설 교육기관이다. 2012년 Quality and Qualifications in Ireland(QQI) 자격을 취득하여 일반 로펌비서 교육 과정과 함께 아일랜드 법에 전문화된 로펌비서 교육 과정을 별도로 운영하고 있다. 각 교육 과정은 Diploma 코스와 Certificate 코스로 나뉘며, 전일(Full-time) 교육과 파트 타임(Flexi-study pattern) 교육으로 구성된다. 교육 과정은 MS Word, 기초적인 아일랜드 법률지식, 효과적인 비즈니스 커뮤니케이션 등으로 이루어져 있다.

교육기관	교육내용
ILSPA(The Institute of Legal Secretaries and PAs)[1]	Legal Secretaries Diploma Course, Single Subject Legal Course, Typing Skills Course, Microsoft Office Course
CILEx(The Chartered Institute of Legal Executives)[2]	Level 2 Certificate for Legal Secretaries, Level 2 Diploma for Legal Secretaries, Level 3 Certificate for Legal Secretaries, Level 3 Diploma for Legal Secretaries
Pitman Training Waterford[3]	Advanced Legal Secretary Diploma - Irish Law, Legal Secretary Diploma Course, Legal Secretary Award Course

1) https://www.institutelegalsecretaries.com/

2) http://www.cilex.org.uk/

3) http://www.pitman-training.ie/courses-a-z/diplomas

위에서 언급된 사설 교육기관의 자격증과 학위 과정은 아래의 영국 내 지역 단과대학(Community College) 내에 개설하여 운행 중이다.[4)]

교육기관	교육내용
Kingston College	***Legal and Secretarial Studies Level 3 Diploma(CILEX)*** • 자격증명: Legal and Secretarial Studies Level 3 Diploma (CILEx) • 자격발부기관: CILEx • 수업시간: Full time
Epping Forest College	***Certificate for Legal Secretaries*** • 자격증명: Certificate for Legal Secretaries(QCF) Lv.2 • 자격발부기관: City & Guilds of London Institute • 수업시간: Full time or Part time
Sussex Coast College Hastings	***C&G L2 Certificate for Legal Secretaries 7655-22*** • 자격증명: Certificate for Legal Secretaries(QCF) Lv.2 • 자격발부기관: City & Guilds of London Institute • 수업시간: Full time
Havering College of Further and Higher Education	***Legal Secretaries C&G Level 2 Certificate*** • 자격증명: Certificate for Legal Secretaries(QCF) Lv.2 • 자격발부기관: City & Guilds of London Institute • 수업시간: Full time
Hertford Regional College	***Legal Secretaries - Ilex Certificate Level 2*** • 자격증명: Certificate for Legal Secretaries(QCF) Lv.2 • 자격발부기관: City & Guilds of London Institute • 수업시간: Full time or Part time
Stoke on Trent College	***Business - Legal Secretaries Level 2 Certificate(CGLI)*** • 자격증명: Certificate for Legal Secretaries(QCF) Lv.2 • 자격발부기관: City & Guilds of London Institute • 수업시간: Part time

4) https://nationalcareersservice.direct.gov.uk/advice/courses/pages/results.aspx?catcode=AZ.22&catname=%20legal%20secretarial%20work

Bromley College of Further and Higher Education	***CG L2 Cert Legal Secretaries*** • 자격증명: Certificate for Legal Secretaries(QCF) • 자격발부기관: City & Guilds of London Institute • 수업시간: Part time ***L2 Dip for Legal Secretaries*** • 자격증명: Diploma for Legal Secretaries(QCF) • 자격발부기관: City & Guilds of London Institute • 수업시간: Full time
Birmingham Metropolitan College	***CILEX Legal Secretaries Certificate Level 2 Part-Time*** • 자격증명: Certificate for Legal Secretaries(QCF) • 자격발부기관: City & Guilds of London Institute • 수업시간: Part time ***CILEX Legal Secretaries Certificate Level 2 Part-Time*** • 자격증명: Diploma for Legal Secretaries(QCF) • 자격발부기관: City & Guilds of London Institute • 수업시간: Part time
Palmer's College	***CILEX Legal Secretaries - Diploma, L2*** • 자격증명: Diploma for Legal Secretaries(QCF) • 자격발부기관: City & Guilds of London Institute • 수업시간: Full time
Solihull College	***Legal Secretaries(City & Guilds) Certificate*** • 자격증명: Certificate for Legal Secretaries(QCF) • 자격발부기관: City & Guilds of London Institute • 수업시간: to be conveyed
BPP Professional Education	***Advanced Apprenticeship in Legal Administration - Level 3*** • 자격증명: Certificate for Legal Secretaries(QCF) • 자격발부기관: City & Guilds of London Institute • 수업시간: Part time ***Intermediate Apprenticeship in Legal Administration - Level 2*** • 자격증명: Certificate for Legal Secretaries(QCF) • 자격발부기관: City & Guilds of London Institute • 수업시간: Part time

2) 미국의 교육 과정

미국의 경우는 법률비서협회(National Association of Legal Secretaries)를 중심으로 로펌비서 역량을 발전시켜 나가고 있으며 NALS Basic Legal Training Course, NALS Advanced Legal Training Course, NALS Online Basic Legal Training Course를 운영하고 있다.

미국의 법률비서협회(NALS)에서는 교육 과정뿐만 아니라 PP(Professional Paralegal), PLS(Professional Legal Secretary), ALS(Accredited Legal Secretary) 의 자격시험을 운영하고 있다. 이러한 자격제도를 통하여 로펌비서의 전문성을 입증하고 있으며, 각 지역별로 나누어 컨퍼런스를 개최하고, 정기 간행물을 통하여 전문 비서들의 소속감을 가질 수 있도록 도와주고 있다.

그 외에 NALA(National Association of Legal Assistants)에서는 NALA Campus Self-Study Courses가 온라인을 통해 이루어지고 있다. 이 교육 과정의 내용은 Alternative Methods of Dispute Resolution, American Legal System, Civil Litigation, Contract Law, Judgment and Legal Analysis, Legal Ethics, Legal Research, Non Business Bankruptcy, Real Estate, Written Communications 등으로 이루어져 있다.

또한 Legal Secretaries International Inc. 에서는 Continuing Legal Education Award Program을 제공하고 있고, Penn Foster Career School에서는 로펌비서로서의 경력개발을 위해 Career Diploma 과정을 온라인으로 제공하고 있다. 이러한 과정을 통해 수강생들은 office technologies, filing techniques, records management, PC basics, keyboarding, Internet basics, ethics, professionalism, and risk management 등의 교육을 받을 수 있다. 그리고 이 교육 과정을 통해 National Association of Legal Secretary Certification 시험을 준비할 수도 있다.

Kaplan University에서는 온라인으로 Legal Secretary Certificate Course를 제공하고 있는데, 이러한 교육 과정은 다음과 같은 내용에 초점을 맞추고 있다.

- Communication: Demonstrate the ability to effectively communicate in the legal environment.
- Ethical Decision Making: Demonstrate the ability to apply ethical decision making in the practice of paralegal.
- Critical Thinking: Demonstrate the ability to apply critical thinking to resolve paralegal practice problems.
- Theory and Practice: Demonstrate the ability to synthesize and analyze theoretical and practical concepts from a variety of areas of legal specializations.
- Basic Skills: Demonstrate the ability to apply and employ basic office secretarial skills to produce legal forms and documents.
- Legal Communication: Demonstrate the ability to produce written legal correspondence and documentation.

마지막으로 The University of Georgia에서는 Legal Secretary Certificate Course가 온라인으로 교육이 이루어지고 있다. 이 교육 과정은 아래와 같은 내용을 포함하고 있다.

- legal terminology
- legal process
- jurisdiction and venue
- ethics
- written communications including letters, pleadings, discovery, notices and motions
- filing procedures
- billing and accounting
- time management; records management
- legal research

- memoranda preparation
- citation format
- law office management
- professionalism
- database management and computers in the law office

NALS(National Association of Legal Secretaries)[5]	• NALS Basic Legal Training Course, • NALS Advanced Legal Training Course, • NALS Online Basic Legal Training Course - By Stetson University
NALA(National Association of Legal Assistants)[6]	NALA Campus Self-Study Courses (Online)
Legal Secretaries International Inc.[7]	Continuing Legal Education Award Program
Penn Foster Career School[8]	Career Diploma: Legal Secretary (Online)
Kaplan University[9]	Legal Secretary Certificate Course (Online)
The University of Georgia[10]	Legal Secretary Certificate Course (Online)

5) https://www.nals.org/?page=LTC
6) http://www.nala.org/onlineed.aspx
7) http://www.legalsecretaries.org/about_us.html
8) http://study.com/directory/school/Penn_Foster_Career_School.html#tab1-page1
9) http://www.kaplanuniversity.edu/legal-studies/legal-secretary-certificate.aspx
10) http://www.georgiacenter.uga.edu/courses/legal/legal-secretary-certificate-course

나. 우리나라의 로펌비서 교육현황

1) 학교기관

전국 대학 비서학과(2, 4년제) 교육 과정을 살펴보면, 최근 로펌비서에 대한 수요가 증가함에 따라 로펌비서 양성을 위한 교과 과정이 필요하다는 인식 하에 부천대, 안산대 등 일부 전문대학에서 로펌비서 과목이 선택적으로 개설되고 있다. 부천대학교의 경우 의료 · 법률비서 연구라는 과목으로 의료비서와 로펌비서가 통합되어 있으며 1학년 2학기에 개설되며, 법률행정실무가 2학년 2학기에 개설이 되고 있다. 또한 신안산대학교를 포함한 일부 전문대학에는 동아리 등을 통해 로펌비서에 대한 교육을 하기도 한다. 그러나 로펌비서에 관한 실질적 수요에 비추어 보면 학교에서의 교육은 크게 부족한 실정이다.

또한 4년제의 경우에는 이화여자대학교 국제사무학과 소속의 국제회의센터 전문비서 교육 과정의 일부로 약 9시간 정도의 로펌비서 교육이 이루어지고 있다. 따라서 국내 로펌비서 교육은 대학교육보다는 사회기관을 통해 주로 이루어지고 있다고 할 수 있으며, 몇몇 대형 로펌의 경우에는 신입 비서를 채용한 뒤 자체 내 교육을 통해 비서를 양성한다. 그러나 중 · 소형 로펌이나 개인 법률사무소에서는 자체 내 교육이 어려운 실정이다.

〈표 3〉 2018년 현재 비서과가 존재하는 대학

학과명	학교명	학교구분	지역
금융회계사무과	경남도립남해대학	전문대학	경남
사무비서행정과	경민대학교	전문대학	경기
비서행정과	경인여자대학교	전문대학	인천
비서경영과	김포대학교	전문대학	경기
국제사무행정과	대림대학교	전문대학	경기

비서행정과	배화여자대학교	전문대학	서울
비서행정전공	백석예술대학교	전문대학	서울
비서사무행정과	부천대학교	전문대학	경기
비서행정과	수원과학대학교	전문대학	경기
비서경영과	수원여자대학교	전문대학	경기
비서행정과	숭의여자대학교	전문대학	서울
국제비서과	신안산대학교	전문대학	경기
국제비서사무과	안산대학교	전문대학	경기
비서경영과	용인송담대학교	전문대학	경기
비서과	인덕대학교	전문대학	서울
비서과	인하공업전문대학	전문대학	인천
국제비서과	한국관광대학교	전문대학	경기
비서인재과	한양여자대학교	전문대학	서울
경호비서학과	경남대학교	4년제대학	경남
글로벌비서학과	나사렛대학교	4년제대학	충남
국제비서학과	부산외국어대학교	4년제대학	부산
국제사무학과	이화여자대학교	4년제대학	서울

2) 사설기관

가) 서울법률비서원

서울법률비서원은 로펌비서 및 패러리걸을 포함한 법률사무원을 양성하는 교육기관으로 로펌비서의 전문화를 지향하고, 국내 법률시장 변화의 흐름에 맞게 선진화된 법률서비스를 제공하는 전문인력을 양성하는 것을 목표로 하고 있다. 이에 따라 국내의 법무법인 및 법률사무소와 함께 인턴 채용 프로그램을 진행하고 있는데

이는 로펌비서 인턴을 양성하기 위해 필요한 기초교육과 전문실무를 위한 심화교육으로 나뉘어 진행된다.

또한 원스톱 취업 프로그램을 제공하고 있는데, 로펌비서에게 필요한 직업능력 및 소양 관련 교육을 약 12주간, 총 72시간에 걸쳐 제공하고 있다. 자세한 교육내용은 다음과 같다.

구분	항목
기본 과정(4주)	• 로펌비서의 직업 세계 • 법률사무소의 구성과 형태 • 법원, 검찰과 관련 기관의 형태와 관할 • 로펌비서와 법률상식 • 로펌비서와 소송절차 • 로펌비서와 변호사 업무의 보조
인턴 취업 기간	
심화 과정(6주) ※ 인턴합격자 필수 이수 과정	• 소장 및 법률문서의 이해와 구성 • 소송문서의 분류와 개념 • 증거의 관리와 정리 • 사건부와 기일의 개념 및 관리 • 로펌비서와 컴퓨터 활용 • 전자소송의 이해와 개념 • 법률사무소의 세무업무 기초 • 법률서비스의 고객관리

서울법률비서원은 특별히 워킹맘 법률비서 양성 과정 프로그램을 제공하고 있는데 총 2개월 과정이며, 기본직무교육은 1개월 동안 이루어지고, 그 후에는 취업을 취한 컨설팅을 제공한다. 자세한 교육프로그램은 다음과 같다.

1단계 (2주간)	법률비서 직무탐구 01	법률비서의 직업세계와 법률사무소의 구성 및 형태와 업무에 관한 기초직무탐구 스터디 진행
2단계 (4주간)	법률비서 직무탐구 02	법률비서 업무의 직무에 관한 현직 변호사 및 전문 법률비서와 함께하는 심화직무탐구 스터디 진행
3단계 (2주간)	법률비서 직무탐구 03	법률비서에 특화된 이력서 및 자기소개서 개발전략 수립 및 취업정보 수집, 채용지원 후 취업목표 달성

나) 중앙법률사무교육원

중앙법률사무교육원에서는 법률사무직 양성 및 직무교육에 관한 교육 과정이 이루어지고 있다. 법률사무처리에 필요한 기본적인 법률실무용어와 법률실무절차, 서면작성 방법 및 법원문제제출 방법 등에 대한 기본교육으로써 법률조항보다는 법률실무에 입각한 교육이 이루어진다. 전체 과정은 취업 과정, 재직자 과정(평일 야간반, 주말 토요반)으로 이루어져 있으며 취업 과정은 매월 개강하고, 재직자 과정은 3개월마다 개강한다.

구분	교육 과정	비고
취업 과정	법률사무직원 취업 과정(종합반)	매월 개강
	소장작성 및 회생파산 법률취업 과정	
재직자 과정 (평일 야간반)	소송실무	3개월마다 개강
	부동산권리분석과 명도소송실무	
	등기실무	
	법률사무직을 위한 민법실무	
재직자 과정 (주말 토요반)	강제집행, 가압류, 가처분, 공탁실무	3개월마다 개강
	민사, 형사, 가사실무, 소송사례연습	
	개인회생파산실무	
	법인회생실무	

	부동산등기실무	
	상업등기실무	
	기업법무실무	

다) 대한법률학원

① 법률사무관리직원 취업교육

법률사무관리직원의 취업을 돕기 위해 대한법률학원에서는 법률사무관리직원 취업교육이 이루어지고 있다. 이러한 교육은 4주 동안 140시간 동안 이루어진다. 이 교육 과정은 매월 개강하며, 1단계 서류전형(이력서 제출), 2단계 상담전형(방문 상담), 3단계 교육등록(수강등록), 4단계 교육수료(취업추천), 5단계 취업완료(정식 출근)의 절차로 교육이 이루어진다.

② 법률사무직원 소송실무교육

대한법률학원에서는 직장인들을 대상으로 법률사무직원 소송교육도 이루어지고 있다. 이는 총 64시간으로 이루어져 있으며, 직장인반이기 때문에 토요일과 일요일을 활용하여 이루어지고 있다. 소송실무교육의 자세한 교육 과정을 살펴보면 다음과 같다.

민법의 이해(16시간/2일)	
민법총칙	민법의 일반론
	법률관계와 권리와 의무
	권리의 주체
	권리의 변동
	소멸시효

물권편(담보물권 중심)	물권법 총설
	담보물권 관리실무
	부동산 권리분석
채권편	채권법이란
	계약관리실무
	상계
	변제충당 방법 등
	보증채무 관리실무
	주택 및 상가건물 임대차보호법

강제집행과 가압류가처분실무(24시간/3일)

강제 집행 실무	민사집행총론	민사집행의 개념과 종류
		강제집행의 요건
		강제집행의 정지 · 제한 · 취소
		강제집행에 대한 불복 방법
	민사집행보조절차	재산명시절차
		채무불이행자명부등재
		재산조회신청
	부동산에 대한 집행	총설
		부동산에 대한 강제집행, 강제관리
	동산에 대한 집행	유체동산에 대한 강제집행
		채권, 그 밖의 재산권에 대한 집행
	기타	민사집행법
		민사집행법시행령
		민사집행규칙

보전처분실무	총설	보전처분의 개념, 종류, 주체, 요건
	보전처분의 신청과 심리	보전처분의 신청
		관할법원
		보전처분의 심리
	보전처분신청서 작성 등	총론
		각종 가압류신청 및 집행
		실제 작성 사례
	신청에 대한 재판	
	보전처분의 집행	
	집행의 취소	
	보전처분에 대한 채무자 구제	
	본집행으로의 이전	
	기타	민사접수서류에 붙일 인지액 일람표
		송달료 예납기준표

소송실무(24시간/3일)

민사소송절차실무	소송절차와 소송제기
	답변서 제출과 변론준비 절차
	쟁점정리기일
	집중증거조사기일
	판결과 소취하
	항소
	상고
	소송비용의 재판
	독촉절차

형사절차실무	형사절차의 기초
	고소제기와 수사
	수사단계에서의 피의자
	기소 후의 피고인
	항소심 절차(2심)
	상고심 절차(3심)
	피해자보호제도
가사소송실무	가사소송
	가사사건의 사례별 진행
	가사사건 판결의 집행
	가사사건의 이행확보
행정절차실무	행정구제를 위한 일반원칙
	일반행정심판
	특별행정심판
	행정소송

라) 한국팔로워십센터

한국팔로워십센터에서는 로펌비서 교육 과정이 이루어지고 있다. 크게 실무교육 내용과 면접 교육내용으로 교육 과정이 나누어지고 있는데 로펌비서업무는 로펌비서이론, 비서실무, 송무업무, 빌링(Billing)업무, 커뮤니케이션, 지원업무 등으로 이루어져 있으며, 면접교육은 로펌별 면접패턴 및 문제분석, 1분 자기소개 및 예상질문 답변 완성, 취업 이미지메이킹 교정, 취업 보이스와 스피치 교정, 모의면접 등으로 교육 과정이 이루어지고 있다. 이를 자세히 살펴보면 아래와 같다. 그러나 보통 2,3일 과정으로 이루어지는 단기 과정이다.

실무교육내용

주제	과목	세부내용
로펌비서업무	로펌비서이론	로펌비서에 대한 이해와 로펌조직 이해
	로펌비서이론	로펌비서로서의 기본자세와 자질탐구
	송무업무	법원업무, 소송의 종류와 절차, 인지계산, 기초법률용어
	Billing	자문, 고문료 관련 업무 등 기본 관리청구업무
	커뮤니케이션	변호사, 고객과의 커뮤니케이션
	지원업무	로펌의 오피스 매니저로서의 기본지식

면접교육내용

로펌면접	면접준비	로펌별 면접패턴 및 문제분석
		1분 자기소개(국, 영문) 및 예상질문 답변 완성
		취업 이미지메이킹 교정
		취업 보이스와 스피치 교정
	모의면접	모의면접(동영상 촬영 후 피드백)

마) 한국비서협회

한국비서협회 로펌비서 과정에서는 로펌조직의 특성, 업무, 비서와 패러리걸 업무에 대한 교육 등이 이루어지고 있으나, 정기적으로 이루어지지 못하고 있다. 한국비서협회의 교육 과정은 한국팔로워십센터와 더불어 법률사무직보다는 좀 더 로펌비서에 초점을 맞추어 교육하고 있어 법률사무직이 아닌 로펌비서로 취업하고자 하는 학생들에게 좀 더 적절하다 할 수 있다. 자세한 교육 과정을 살펴보면 다음과 같다.

강의 주제	교육 내용
로펌 및 로펌비서의 이해	로펌에 대한 이해
	로펌비서에 대한 이해
	로펌비서의 자세

정보관리/커뮤니케이션 관리	기밀정보의 보완 및 정보수정
	비서와 변호사 간 커뮤니케이션
국내 로펌 시장 현황/ 로펌 조직과 특성, 업무/ 비서와 패러리걸 업무	외국 로펌 국내 진출 현황
	국내 로펌 시장
	로펌 조직과 특성
	로펌업무(송무업무, 자문업무)
	비서와 패러리걸 업무
전화응대업무	전화업무의 기본 및 유의사항
	상황별 효과적 전화 응대법
내방객응대업무	내방객 면담 준비 및 내방객 응대 시 유의사항
	상황별 내방객 응대 요령
일정관리업무	상사 일정관리
	일정관리 시 유의사항
	비서업무 및 시간관리
회의관리업무	회의계획 및 준비사항
	회의 후 업무
	회의록 작성
출장관리업무/ 총무업무	상사의 출장 준비
	출장 일정표 작성
	출장 중, 출장 후 업무
	총무업무
	Billing
	사무실관리
자문, 송무업무 기본 용어/ 자문, 송무업무관리 절차	자문업무 기본 용어 및 업무 절차
	송무업무 기본 용어 및 업무 절차
	소송절차 및 법률 용어

기타 업무	문서 수 · 발신
	지시와 보고
	프레젠테이션 자료 제작
취업전략/경력관리	경력개발
	취업 대비 전략
	취업 대비 이력서, 자기소개서 작성
	면접 요령
보스관리/직업관 확립/질의응답	보스의 마음 읽기
	직업관 확립을 통한 프로의식 갖기
	종합 질의 및 응답

바) 이화여자대학교 국제회의센터

전문비서교육 과정 중 영역별 특강에 로펌비서(자문업무, 송무업무) 관련 강의를 포함하고 있다. 3일 동안 약 9시간의 강의가 이루어지고 있으며, 전문비서교육 과정 중 로펌비서를 희망하는 학생들을 위한 약간의 업무 소개만 이루어지고 있기 때문에 대부분의 교육 과정은 일반 비서교육 과정과 비슷하다. 전체 교육 과정을 자세히 살펴보면 다음과 같다.

비서 실무	Office Environment
	내방객 응대
	전화업무
	일정/시간관리
	출장/회의관리
	문서관리
	문서 수 · 발신
	Office Professional

Business English	Writing	vocabulary and punctuation
		sentence writing
		various business documents
	Speaking	introduction & greeting
		telephone
		reception & scheduling
		business meeting
		traveling
Business Computing	Microsoft Office	Word
		Excel
		Excel
		Excel
	한글과컴퓨터	
영역별 특강	로펌비서	자문업무
		송무업무
	기업비서	무역실무
		회계실무
	비즈니스 매너와 프로토콜	
	이미지메이킹	
	모의면접	

사) 서울지방변호사회

서울지방변호사회에서 매년 실시하는 변호사 사무직원양성교육이 있는데 이 강좌에서는 법학 및 행정학, 비서학과가 개설되어 있는 전문대학 및 4년제 대학을 대상으로 약 150명의 교육 대상자들을 모집한다. 강의는 종합강의와 실무수습으로 이루어져 있는데, 약 3주간의 교육을 이수하면, 변호사 사무실에 추천 및 취업을 알선하고 있는 형식으로 운영되고 있다. 하지만 이 교육 과정의 경우에도 대부분이 법률 사무직원에 초점을 맞추고 있다.

종합강의의 경우 변호사회관 내에서 강의를 하지만, 실무수습의 경우에는 법률사무소에서 직접하며 교육기간 중 출근상황, 실무수습 평가를 각 점수제로 총 100점 만점으로 하여 평가한다. 또한 수료자 명단을 교육팀에 작성, 비치하여 채용을 희망하는 회원에게 열람할 수 있게 하고 이를 통해 취업을 알선한다.

아) 로앤비(LAWnB)

로앤비에서 실시하는 기업법무실무능력 자격 과정은 이론과 실무능력을 겸비한 기업법무전문가 과정을 의미한다. 다시 말해서 기업법무전문가란 기업경영 활동에서 발생되는 법률적 문제 전반을 관리하고 주체적으로 해결할 수 있는 종합적인 지식과 실무능력을 겸비하여 기업의 법무담당자로서 역할을 충분히 수행할 수 있는 전문인을 의미한다고 할 수 있다.

따라서 로앤비에서는 기업법무담당자를 위한 종합교육 과정을 제공하고 있는데 이는 온라인 강의로 총 63강, 약 63시간의 과정이다. 이는 자격기본법 제17조 규정에 의해 로앤비에서 실시하는 기업법무실무능력시험 합격을 위한 교육 과정으로, 이러한 교육 과정을 통해 실무중심의 커리큘럼으로 구성되어 법률 분야 종사자의 보수교육은 물론 실무절차상의 경험을 직·간접적으로 체득할 수 있으며, 2015년 12월부터 시행되는 기업법무실무능력 응시자격을 부여받을 수 있다. 전체 교육 과정을 자세히 살펴보면 다음과 같다.

과목명		세부내용
기업소송실무	민사	소송준비단계, 소송의 기초지식
		소송의 진행
		판결선고 및 상소, 재심, 조정
		독촉절차, 가압류·가처분
	형사	형사사건 일반절차, 배임 등 재산범죄 소송, 분식회계 및 파생범죄

<table>
<tr><td colspan="2" rowspan="3">채권관리실무</td><td>거래계약</td></tr>
<tr><td>채권담보</td></tr>
<tr><td>채권회수</td></tr>
<tr><td colspan="2" rowspan="3">계약서 작성실무</td><td>계약의 기초이론, 기본계약서와 부속협약서의 관계, 착오 등</td></tr>
<tr><td>손해배상액의 예정, 계약기간, 해지, 경고장 및 내용증명 등</td></tr>
<tr><td>영업비밀, 약관규제</td></tr>
<tr><td rowspan="3">상법실무</td><td>어음 · 수표법</td><td>어음 · 수표의 위조 및 변조, 어음 · 수표의 지급</td></tr>
<tr><td rowspan="2">회사법</td><td>회사의 설립절차, 회사의 운영(이사회, 주주총회), 주식과 주주 등</td></tr>
<tr><td>회사의 상장과 코스닥 등록, 자산양수도와 주식양수도, 합병 등</td></tr>
<tr><td colspan="2" rowspan="2">노동법실무</td><td>노사관계 환경 변화와 기업의 생존전략, 근로기준법의 적용범위</td></tr>
<tr><td>근로계약, 취업규칙, 임금 · 퇴직금 · 퇴직연금 등, 근로시간, 징계</td></tr>
<tr><td rowspan="2">지적재산권</td><td>특허/상표</td><td>상호권, 상표권, 특허권</td></tr>
<tr><td>저작권/
부정경쟁방지법</td><td>저작권 일반, 저작권 침해유형분석, 상품주체 혼동야기행위</td></tr>
<tr><td colspan="2" rowspan="2">공정거래법</td><td>공정거래법의 기본구조, 부당공동행위, 약관규제법</td></tr>
<tr><td>표시광고의 공정화, 하도급법, 공정거래사건 처리절차</td></tr>
<tr><td colspan="2" rowspan="2">조세법</td><td>조세법 총론, 법인세법, 부가가치세법의 쟁점</td></tr>
<tr><td>지방세, 소득세, 상속증여세법의 쟁점</td></tr>
</table>

II 민사소송

1. 민사소송의 의의
2. 소장제출
3. 기일
4. 송달
5. 답변서 및 준비서면
6. 조서
7. 증거조사
8. 소송의 종료
9. 항소
10. 상고
11. 항고
12. 소송비용액 확정결정신청
13. 강제집행

1. 민사소송의 의의

가. 민사소송의 의의

민사소송이란 사법상의 법률관계에 관한 분쟁이나 이해의 충돌이 발생하였을 때 국가공권력을 통하여 법률적으로 또는 강제적으로 이를 해결하기 위한 절차를 말한다.

우리가 통상적으로 '법대로 하자'는 이야기가 민사소송을 통해 문제를 해결하자는 이야기다. 민사소송은 민법, 상법 등 사법에 의해 규율되는 대등한 주체 사이 또는 경제상 생활관계에 대한 사건이다.

자, 이제 우리 소송업무의 대부분을 차지하고 있는 민사소송의 세상이 어떻게 흘러가는지 살펴보도록 하자.

아침에 회사에 출근하면 가장 먼저 보이는 것은 책상위의 두꺼운 소송기록이다.

이 많은 서류들은 어떻게 만들어지며 소송절차는 어떻게 진행되는지 궁금할 것이다. 사건들의 흐름을 한눈에 알아보기는 쉽지 않지만 다음의 소송흐름도를 숙지하여 내가 현재 진행하고 있는 업무가 아래 그림 중 어디에 해당하는 업무인가를 파악하자.

〈그림 1〉 소송절차 흐름

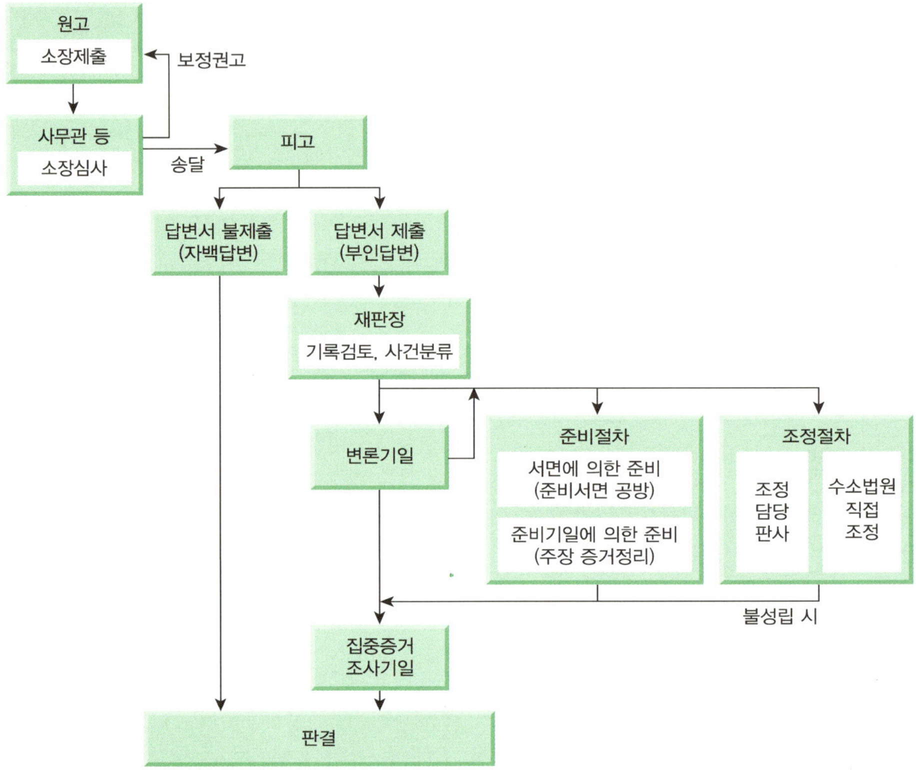

출처: 대한민국법원 나홀로소송.

[그림에 대한 개괄적 설명]

소송은 원고가 소장을 제출하는 것으로 시작된다. 법원에 제출된 소장을 간단한 심사를 하여 아주 커다란 하자가 없는 한 즉시 피고에게 송달하고 이를 검토한 피고는 원고의 주장에 응답하는 답변서를 30일 이내에 법원에 제출한다. 제출된 답변서를 해당 재판부에서 검토하여 사건을 처리하는 것이다. 만약 피고가 일정 기한 내에 답변서를 제출하지 않았다거나 원고의 주장을 인정하는 자백을 담은 답변서가 제출되면 해당 사건은 '무변론판결대상'으로 분류된다.

실무에서는 우리가 수임한 사건이 '무변론판결대상'으로 분류되어 다툼의 기회도 얻지 못하고 종결되는 것을 방지하기 위해 위임장과 지정서 제출에 만전을 기해야 한다.

해당 사건의 재판장은 가능한 빠른 기간 내에 제1회 변론기일을 지정하고 양 당사자에게 통지하여 사건 진행을 한다. 당사자의 주장이 복잡하여 준비절차기일을 통해 정리할 수 있다. 준비기일은 서면에 의한 준비절차(사건기일에 서로 준비서면을 주고받는 것)와 준비기일에 의한 준비절차(법원에서 만나 주장과 증거를 정리하는 방법)로 나눌 수 있다. 서증은 원칙적으로 준비서면에 첨부하며, 문서송부촉탁, 사실조회신청, 검증 및 감정신청, 증인신청 등을 통해 양 당사자의 주장을 입증할 수 있다.

1회 변론기일 이후 사건을 진행하며 필요한 증거조사(증인신문, 각종 증거 제출)를 통해 사건을 파악하며 몇 차례의 변론기일을 진행한다. 위 과정을 통해 소송을 진행하다 언제든지 화해권고결정이나 조정을 통해 소송을 원만히 해결할 수 있지만 양 당사자의 입장이 뚜렷한 경우 판결로 해당 심급을 종료한다.

로펌비서란 소송이 진행됨에 따라 소송의 형식적인 측면의 진행을 담당하는 사람이다. 즉, 요리로 비유하자면 변호사는 맛있는 음식을 만드는 요리사이며, 로펌비서는 그 맛있는 음식을 담을 예쁜 그릇을 준비하는 도예가라고 할 수 있다.

〈요리사 – 변호사의 역할〉

〈도예가 – 로펌비서의 역할〉

소송의 흐름을 학습하기에 앞서 필수적으로 이해해야 할 개념을 먼저 소개해 본다.

1) 법원이란?

법원은 검찰청 옆에 있는 건물을 지칭하기도 하지만 소송법상에서 법원이란 재판을 진행하는 재판기관을 말한다. 대법원, 고등법원, 지방법원 및 가정법원, 행정법원 등을 말한다.

〈그림 2〉 법원조직도

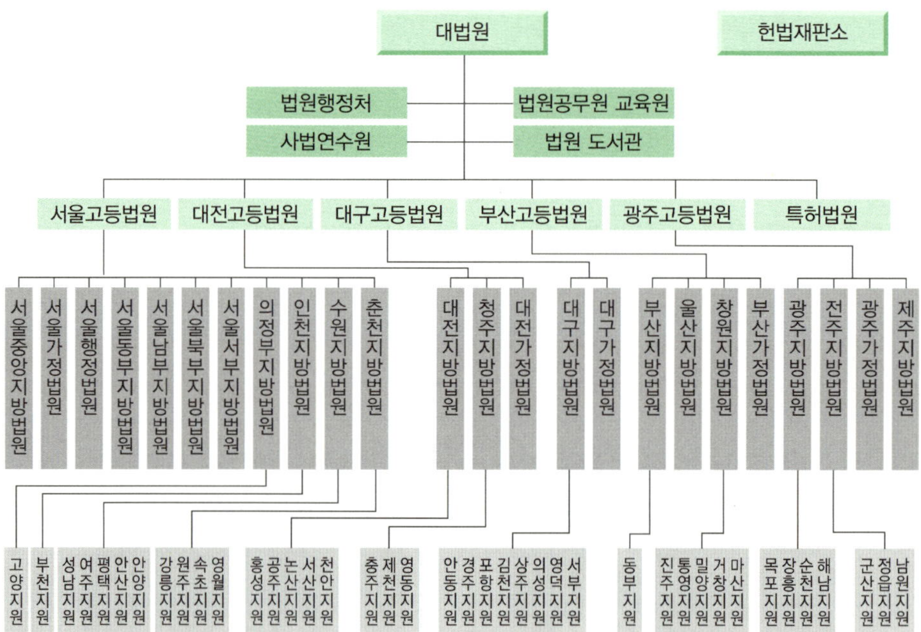

출처: 로앤비.

전국 법원 조직도를 보면 우리나라는 지방법원, 고등법원, 대법원으로 구성되어 있는 것을 볼 수 있다.

가) 지방법원

법원의 가장 기본이 되는 곳으로 판사 3인으로 구성되는 **합의부**와 판사 1인으로 구성된 **단독부**가 있다. 지방법원에서 민사 및 형사사건을 1심으로 재판하며 사건표기는 다음과 같이 한다. [단독사건의 경우 2015가단1234, 합의부사건의 경우 2015가합1234.]

지방법원 본원의 합의부는 단독판사의 판결에 대한 항소사건과 단독판사의 결정, 명령에 대한 항고사건을 2심으로 재판하는데 이러한 합의부를 **항소부**라고 한다. 그 사건표기는 '○○지방법원 ○○재판부'로 표기하며 이러한 사건의 경우 신입 비서들은 어느 법원으로 재판 출정을 해야 하는지 혼동하는 경우가 있는데 주의하도록 하자.

ex) 서울고등법원 춘천재판부 → 춘천으로 재판 출정 준비
광주고등법원 전주재판부 → 전주로 재판 출정 준비

나) 고등법원

고등법원은 서울, 대전, 대구, 부산, 광주 등 전국에 5개가 설치되어 있으며 1심 판결에 대한 항소사건, 1심 결정, 명령에 대한 항고사건 등을 심판한다.

고등법원 사건표기는 민사사건은 2015나1234, 형사사건은 2015노1234, 행정사건은 2015두1234로 표기한다.

다) 대법원

대법원은 우리나라 최고법원으로 대법원장과 대법관 13인으로 구성된다. 민사, 형사, 행정, 특허, 가사사건의 판결에 대한 상고사건, 결정 · 명령에 대한 재항고사건을 재판한다. 대법원의 판결은 파기자판, 상고기각, 파기환송 등으로 나눌 수 있다.

① **파기자판**: 원판결을 파기하고 대법원 스스로 판단하는 것
② **파기환송**: 원심법원에 환송하여 다시 재판하도록 하는 것
③ **상고기각**: 상고를 한 것에 이유가 없다고 인정하는 것

나의 사건검색

다음은 대법원 홈페이지 "나의 사건검색"을 통해 사건 진행을 확인할 수 있는 사건의 유형을 정리한 것이다. 사건구분 코드를 활용하여 사건 번호만으로 몇 심 사건인지 민사, 형사, 행정, 가정 등 어느 법원의 사건인지 파악할 수 있어야 한다. 또한 자신이 담당하는 사건의 리스트를 만들어서 항상 새로운 서면이 제출되었는지 또는 새로운 기일이 지정되었는지 확인한다. 실무에서는 기일이 얼마 남지 않은 상황에서 유선통지 또는 팩스전송만으로 기일통지가 이루어지는 경우가 있는데 이러한 경우 자칫 기일을 누락하는 경우가 생길 수 있기 때문에 주의해야 한다.

민사사건

사건구분	사건유형	내용	사건검색제공
가합	민사	민사1심합의사건	○
가단	민사	민사1심단독사건	○
가소	민사	민사소액사건	○
나	민사	민사항소사건	○
다	민사	민사상고사건	○
라	민사	민사항고사건	○
마	민사	민사재항고사건	○
그	민사	민사특별항고사건	○
바	민사	민사준항고사건	○
머	민사	민사조정사건	○
자	민사	화해사건	○
차	민사	독촉사건	○

러	민사	민사공조사건	×
재가합	민사	민사1심합의사건재심	○
재가단	민사	민사1심단독사건재심	○
재가소	민사	민사소액사건재심	○
재나	민사	민사항소사건재심	○
재다	민사	민사상고사건재심	○
재라	민사	민사항고사건재심	○
재마	민사	민사재항고사건재심	○
재그	민사	민사특별항고사건재심	○
재머	민사	민사조정사건재심	○
재자	민사	화해사건재심	×
재차	민사	독촉사건재심	×
준재가합	민사	민사1심합의사건준재심	○
준재가단	민사	민사1심단독사건준재심	○
준재가소	민사	민사소액사건준재심	○
준재나	민사	민사항소사건준재심	○
준재다	민사	민사상고사건준재심	×
준재라	민사	민사항고사건준재심	×
준재자	민사	화해사건준재심	×
준재머	민사	민사조정사건준재심	○

신청사건

사건구분	사건유형	내용	사건검색제공
카	신청	민사가압류, 가처분등사건	○
카공	신청	공시최고사건	○
카구	신청	소송구조등사건	○

카기	신청	기타민사신청사건	○
카기전	신청	전자독촉사건 경정신청사건	○
카단	신청	민사가압류, 가처분등단독사건	○
카담	신청	담보취소등사건	○
카명	신청	재산명시등사건	○
카조	신청	재산조회사건	○
카합	신청	민사가압류, 가처분등합의사건	○
카확	신청	소송비용 확정을 위한 신청사건	○
재카구	신청	소송구조등사건재심	×
재카기	신청	기타민사신청사건재심	○
재카단	신청	민사가압류, 가처분등단독사건재심	×
재카담	신청	담보취소등사건재심	×
재카합	신청	민사가압류, 가처분등합의사건재심	×
준재카기	신청	기타민사신청사건준재심	×
준재카단	신청	민사가압류, 가처분등단독사건준재심	×
준재카담	신청	담보취소등사건준재심	×
준재카합	신청	민사가압류, 가처분등합의사건준재심	×
카열	신청	확정된 소송기록에 대한 열람신청사건	○

형사사건

사건구분	사건유형	내용	사건검색제공
고합	형사	형사1심합의사건	○
고단	형사	형사1심단독사건	○
고정	형사	약식정재청구1심단독사건	○
고약	형사	약식사건	○
노	형사	형사항소사건	○

도	형사	형사상고사건	○
로	형사	형사항고사건	○
모	형사	형사재항고사건	○
오	형사	비상상고사건	○
보	형사	형사준항고사건	○
코	형사	형사보상청구사건	○
조	형사	즉결심판사건	×
토	형사	형사공조사건	×
초	형사	형사신청사건	○
초적	형사	체포, 구속적부심사건	○
초보	형사	보석사건	○
초기	형사	기타형사신청사건	○
감고	형사	치료감호1심사건	○
감노	형사	치료감호항소사건	○
감도	형사	치료감호상고사건	○
감로	형사	치료감호항고사건	○
감모	형사	치료감호재항고사건	○
감오	형사	치료감호비상상고사건	○
감토	형사	치료감호공조사건	×
감초	형사	치료감호신청사건	○
재고합	형사	형사1심합의사건재심	○
재고단	형사	형사1심단독사건재심	○
재고정	형사	약식정재청구1심단독사건(재심)	○
재고약	형사	약식사건재심	×
재노	형사	형사항소사건재심	○
재도	형사	형사상고사건재심	○

재감고	형사	치료감호1심사건재심	○
재감노	형사	치료감호항소사건재심	○
재감도	형사	치료감호상고사건재심	○
고약전	전자약식	전자약식사건	○
초사	형사	사회봉사허가청구사건, 사회봉사허가취소청구사건	○
전로	형사	부착명령항고사건	○
전초	형사	부착명령신청사건	○
전모	형사	부착명령재항고사건	○
치고	형사	치료명령1심사건	○
치노	형사	치료명령항소사건	○
치도	형사	치료명령상고사건	○
치오	형사	치료명령비상상고사건	○
치초	형사	치료명령신청(치료기간연장, 준수사항추가 · 변경 · 삭제청구)사건	○
초치	형사	성폭력수형자치료명령1심사건	○
치로	형사	치료명령항고사건	○
치모	형사	치료명령재항고사건	○
초재	형사	재정신청사건, 재정신청 비용지급신청사건	○

가사사건

사건구분	사건유형	내용	사건검색제공
준재너단	가사	조정단독사건준재심	×
준재너합	가사	조정합의사건준재심	×
드	가사	가사1심사건	○
드합	가사	가사1심합의사건	○

드단	가사	가사1심단독사건	○
르	가사	가사항소사건	○
므	가사	가사상고사건	○
브	가사	가사항고사건	○
스	가사	가사재항고사건	○
으	가사	가사특별항고사건	○
너	가사	가사조정사건	○
츠	가사	가사공조사건	×
즈	가사	가사가압류, 가처분등사건	×
즈합	가사	가사가압류, 가처분등합의사건	○
즈단	가사	가사가압류, 가처분등단독사건	○
즈기	가사	기타가사신청사건	○
느	가사	가사비송사건	×
느합	가사	가사비송합의사건	○
느단	가사	가사비송단독사건	○
재드	가사	가사1심사건재심	○
재드합	가사	가사1심합의사건재심	○
재드단	가사	가사1심단독사건재심	○
재르	가사	가사항소사건재심	○
재므	가사	가사상고사건재심	○
재브	가사	가사항고사건재심	○
재스	가사	가사재항고사건재심	○
재너	가사	가사조정사건재심	○
재즈합	가사	가사가압류, 가처분등합의사건재심	×
재즈단	가사	가사가압류, 가처분등단독사건재심	×
재즈기	가사	기타가사신청사건재심	×

재느합	가사	가사비송합의사건재심	○
재느단	가사	가사비송단독사건재심	○
준재드	가사	가사1심사건준재심	○
준재드합	가사	가사1심합의사건준재심	○
준재드단	가사	가사1심단독사건준재심	○
준재르	가사	가사항소사건준재심	○
준재므	가사	가사상고사건준재심	○
준재브	가사	가사항고사건준재심	×
준재스	가사	가사재항고사건준재심	○
준재즈기	가사	기타가사신청사건준재심	×
준재느합	가사	가사비송합의사건준재심	○
준재느단	가사	가사비송단독사건준재심	○
인	가사	인신보호사건	○
인라	가사	인신보호항고사건	○
인마	가사	인신보호재항고사건	○
인카	가사	인신보호신청사건	○

행정사건

사건구분	사건유형	내용	사건검색제공
구	행정	행정1심사건	○
구합	행정	행정1심사건	○
구단	행정	행정1심재정단독사건	○
누	행정	행정항소사건	○
두	행정	행정상고사건	○
루	행정	행정항고사건	○
무	행정	행정재항고사건	○

부	행정	행정특별항고사건	○
사	행정	행정준항고사건	○
아	행정	행정신청사건	○
재구	행정	행정1심사건재심	○
재구합	행정	행정1심사건재심	○
재구단	행정	행정1심재정단독사건재심	○
재누	행정	행정항소사건재심	○
재두	행정	행정상고사건재심	○
재루	행정	행정신청항고사건재심	○
재무	행정	행정재항고사건재심	○
재아	행정	행정신청사건재심	×
준재구	행정	행정1심사건준재심	○
준재구합	행정	행정1심사건준재심	×
준재구단	행정	행정1심재정단독사건준재심	×
준재누	행정	행정항소사건준재심	○
준재두	행정	행정상고사건준재심	×
준재루	행정	행정신청항고사건준재심	×
준재아	행정	행정신청사건준재심	×

출처: 대법원 나의 사건검색.

2) 관할

관할은 다른 종류의 법원 및 같은 종류의 다수의 법원 간의 재판권 행사의 분장을 정하는 것이다. 즉, 많은 법원 중 어느 법원에서 해당 사건을 재판할 것인가를 구분

짓는 것으로서 관할의 종류는 매우 많지만 우리는 실무에서 필요한 토지관할과 심급관할을 살펴본다.

토지관할은 민사소송에서 제1심 소송사건을 어느 지방법원이 담당할 것인지를 정하는 것이다. 그 기준이 피고의 주소나 거소(居所)에 의하거나 소송사건의 내용에 따라 토지관할이 정하여진다. 쉽게 말하여 서울지방법원에서 이 사건이 진행될 것인가 아니면 부산지방법원에서 사건이 진행될 것인가를 정하는 것이다. 형사사건의 경우에는 범죄가 일어난 곳이나 피고인의 주소 및 거소를 토지관할로 한다.

심급관할은 법원 간 심판의 순서, 상하관계를 나타내주는 것으로 다음 그림으로 쉽게 이해할 수 있다.

〈그림 3〉 심급절차도

1심 (지방법원)		
소액사건	2,000만 원 이하	가소
단독사건	2,000만 원 초과 1억 원 이하	가단
합의사건	1억 원 초과	가합

⬇

2심 (고등법원, 지방법원 항소부)		
지방법원 합의부	1억 원 이하	나
고등법원	1억 원 초과	나

⬇

3심 (대법원)

• 3심은 소가에 무관하게 대법원에서 진행한다.
• 현재 대법원에 올라오는 사건 수가 폭발적으로 증가함에 따라 검토의 대상이 되지도 못하고 '심리불속행기각' 되는 사건이 매우 많아서 이러한 상황을 개선하고자 상고법원 설치를 논의 중이다.

2. 소장제출(訴狀)

가. 소장이란?

일상적인 생활에서 발생하는 문제 중 원만하게 해결되지 않는 문제가 있는 경우 법적 절차를 고려하게 된다. 이러한 법적 절차를 진행하려면 먼저 법원에 소를 제기해야 하며 소의 제기는 소장의 제출로부터 시작된다. 소장은 소송절차를 진행하기 위한 정보가 기재된 서류이다. 소장에는 당사자, 청구취지, 청구원인, 입증방법, 첨부서류 등이 기재된다.

1) 필수적 기재사항

- 당사자
- 법정대리인
- 청구취지
- 청구원인
- 작성자 기명날인 또는 서명

가) 소송당사자(訴訟當事者)

어떤 소송사건에서 법원에 대하여 판결이나 집행을 요구하는 사람 및 그 상대방으로서 쉽게 이야기 하면 원고와 피고가 당사자이다. 소송이라는 드라마속의 주인공으로 캐스팅 된 원고와 피고를 생각하여 보자. 1심에서 원고와 피고라는 이름으로 지칭되지만, 2심(항소심)에서는 항소인 피항소인, 3심(상고심)에서는 상고인 피상고인이라고 한다. 또한 독촉, 가압류, 가처분, 강제집행절차 등에서는 채권자, 채무자라고 한다. 화해절차에서는 신청인, 상대방으로 지칭한다.

〈그림 4〉 소장

소 장

원고 (이름) (주민등록번호 -)
(주소) (연락처)

1피고 (이름) (주민등록번호 -)
(주소) (연락처)

2피고 (이름) (주민등록번호 -)
(주소) (연락처)

사건명

2015. . .
원고 ○○○의 대리인
법무법인 ○○○

소송목적의 값	원	인지	원
(인지첨부란)			

청구취지

1. (예시) 피고는 원고에게 55,000,000원 및 이에 대하여 소장 부분 송달 다음날부터 다 갚는 날까지 연 20%의 비율로 계산한 돈을 지급하라.
2. 소용비용은 피고가 부담한다.
3. 제1항은 가집행할 수 있다.

라는 판결을 구함.

청구원인

1.
2.
3.

입증방법

1.
2.
3.

첨부서류

1. 위 입증서류 각 1통
1. 소장부본 1부
1. 송달료납부서 1부

2015. . .

위 원고 ○ ○ ○의 대리인
법무법인 ×××
변호사 홍길동 (서명)
변호사 김갑동 (서명)

○ ○ 지방법원 귀중

비고	권리를 주장 하는 자	소송을 제기당한 자
1심	원고	피고
2심(항소심)	항소인	피항소인
3심(상고심)	상고인	피상고인
독촉, 가압류, 가처분, 강제집행	채권자	채무자
화해절차	신청인	상대방

① **원고(plaintiff, 原告)**: 주로 민사소송법상 사용하며 소송을 제기한 자를 말한다. 형사소송법상으로 원고는 검사이며 그 상대방은 피고인이다. 실무에서는 원고와 피고가 제출 서면을 구별 짓기 위하여 붉은 용지를 사용하여 서면을 제출한다. 아울러 서증을 제출할 경우 '갑호증'이라고 지칭한다. 실무에서는 plaintiff의 약자를 사용하여 'p'라고 약칭하기도 한다.

② **피고(defense, 被告)**: 소송사건에서 원고의 상대방으로 원고가 제기한 소를 받는 당사자이다. 형사소송법상 피고는 '피고인'이며 형사사건에서 '피고'라고 지칭하지 말도록 한다. 가끔 법정드라마를 볼 때 민사사건에서 판사가 피고와 피고인을 구분하지 못해 혼동하여 피고인이라고 호칭하는 경우가 있다. 실무에서는 그러한 실수하지 않도록 한다.

피고 측에서 제출하는 증거는 '을호증'으로 정리한다. 붉은 용지를 사용하는 원고 서면과 달리 피고 측 제출 서면은 푸른색 용지를 사용하여 원고 제출 서면과 구분한다.

형사소송법상의 당사자는 검사와 피고인을 지칭하며 변호사는 당사자가 아니다.

나) 법정대리인

당사자가 법인, 국가, 지방자치단체인 경우 그 대표자를 기재한다. 국가소송의 법률상 대표자는 법무부장관, 지방자치단체는 그 장이 대표자이다.

다) 청구취지와 원인

청구취지는 소송을 통해 청구하는 판결의 주문 내용을 말하는 것으로 소송의 결론부분이다. 즉, 청구원인에 대한 결론으로 원고가 이 소송을 통해 이루고자 하는 목적이다. 청구원인은 원고가 주장하는 권리 또는 법률관계의 성립원인인 사실을 말한다.

〈표 1〉 민사소송 사건의 종류 (대표 사례 정리)

사건	개념
대여금	채무자가 약속한 날짜에 빌려간 돈을 갚지 않을 경우 그 금액의 반환을 위해 법원에 제기하는 소.
양수금	제3자에게 금전채권을 양도한 경우 그 금액을 양수금이라 하며 양수금을 지급받기 위하여 법원에 채권자가 제기하는 소.
임금	고용주를 대상으로 근로의 대가를 지급하라는 요청을 하는 것.
약정금	서로 약속한 금전을 받지 못한 경우 채권자가 채무자를 상대로 법원에 제기하는 소.
임대차보증금	임대차계약이 종료하였으나 임대인이 임차보증금을 반환하지 않은 경우 법원에 제기하는 소.
매매대금	매매계약이 체결되었는데 매매대금을 지급받기 위해 매수인을 상대로 법원에 제기하는 소.
물품대금	물건을 판매하고 구입한 사람이 대금을 지급해야 하는데 그렇지 않은 경우 법원에 제기하는 소.
공사대금	공사가 일정 부분 완료되거나 전부 완료된 후 건축주가 시공자에게 금액을 지급해야 함에도 지급하지 않는 경우 공사대금을 청구하는 것.
손해배상(자)	자동차 사고를 당한 자가 가해자나 보험자를 상대로 손해를 배상하여 달라고 청구하는 것.
건물명도	자신의 부동산에 불법적으로 점유하고 있는 자를 대상으로 점유를 넘겨 달라 요구하는 것.

라) 작성자의 기명날인 및 서명

소장을 작성한 작성자의 성명을 기재하고 서명을 해야 한다. 변호사가 소장을 기재한 경우 담당 변호사들의 이름을 기재한 후 도장을 날인한다.

2) 인지

소장 작성이 완성된 후 법원에 접수를 하게 되는데 접수 사무 단계에서 중요한 개념이 인지 및 송달료이다.

인지(印紙)란 국가에 납부할 일종의 수수료로 종이로 내는 세금이라고 생각하면 된다. 즉, 인지는 법률의 규정에 따라 각 소송절차 진행에 따라 납부하게 된다. 인지는 10만 원을 중심으로 10만 원 이하는 인지를 첩부(우표와 같이 생긴 것을 소장 뒷면에 부착하는 것)하며 그 이상의 경우 현금을 납부한다. 소장 제출 시에도 소송물가액에 따라서 인지액을 산출하며 다음의 표를 참고한다. 인지 및 송달료 제출 후 소송 진행 단계에서 사용하고 남은 금액은 당사자에게 반환하여 주기 때문에 당사자가 법인인 경우 사업자등록번호와 회사 통장사본(계좌)을 미리 받아두면 유용하다. 당사자가 개인인 경우는 주민등록번호와 통장 계좌를 미리 확보해야 한다.

〈표 2〉 인지 기준표

<table>
<tr><td rowspan="5">1심 소가</td><td>1</td><td>1,000만 원 미만</td><td>소가 × 0.005</td></tr>
<tr><td>2</td><td>1,000만 원 이상~1억 원 미만</td><td>소가 × 0.0045+5,000</td></tr>
<tr><td>3</td><td>1억 원 이상 10억 원 미만</td><td>소가 × 0.004+55,000</td></tr>
<tr><td>4</td><td>10억 원 이상</td><td>소가 × 0.0035+555,000</td></tr>
<tr><td>5</td><td>부동산(토지 및 건물)</td><td>공시지가 × 30/100 × 면적=소가</td></tr>
<tr><td>항소심 소가</td><td colspan="3">1심 첨부액의 1.5배</td></tr>
<tr><td>상고심 소가</td><td colspan="3">1심 첨부액의 2배</td></tr>
</table>

- **인지납부의 부족**: 소장 제출 시 납부한 인지 금액이 규정보다 부족한 경우에 접수사무관은 해당인에게 이를 통지하고 보정을 권고한다. 이를 '인지보정명령'이라 하며 정해진 기한 내에 보정해야 한다(인지보정명령에 납부기한이 기재되어 있다.) 만약 인지를 기한 내에 보정하지 않은 경우 소장의 경우 소장이 '각하'되며 소장부본이 피고에게 송달된 경우에는 변론기일 없이 소를 각하한다.
- **인지납부의 과다**: 규정보다 인지를 더 많이 제출한 경우 반환 받을 수 있다. 이러한 경우를 대비하여 소장 제출 시에는 당사자의 주민등록번호 및 반환계좌를 미리 알아두어 기재할 수 있도록 한다.
- 2011년 7월 18일 이후 전자소송으로 소송 진행하는 사건은 제시된 인지액에서 10% 할인된 금액을 납부한다.

3) 송달료

송달료란 쉽게 말해 소송을 진행함에 있어서 당사자가 납부하는 우편료이다. 소송이 진행되면 법원에 제출하는 상대방 측 서면이나 법원에서 발급하는 각종 통지서가 우편을 통해 도착하는데(송달) 이 행위를 가능하게 하는 금액이다. 즉, 우편료를 납부하지 않은 편지는 집에 도착하지 않는 것과 동일하게 송달료가 남아있지 않거나 부족한 경우 해당 서류는 당사자가 수령할 수 없게 된다. 즉, 송달료는 소송 당사자가 소송진행 서류를 받아볼 수 있게 하는 기름과 같은 역할을 한다. 수납은행에 현금으로 납부하게 되는데 제출 시 송달료 납부서를 기재하며(아래 그림 참조) 법원 송달료 조건표를 기준으로 계산한다. 2015년 3월 현재 송달료 1회분은 3,550원이다.

〈표 3〉 송달료 납부기준

적용사건	당사자 1인당 납부기준	수송달자
민사제1심합의(가합)	15회	원고 피고
민사제1심단독(가단)	15회	〃

민사소액(가소)	10회	〃
민사항소(나)	12회	항소인 피항소인
민사상고(다)	8회	상고인 피상고인
민사항고(라)	5회	항고인 상대방
민사재항고	5회	재항고인 상대방
채권 등 집행사건(타채), 기타집행사건(타기)	2회	채권자 채무자
민사조정(머)	5회	신청인 피신청인

4) 송달

가) 의의

법원이 재판에 관한 서류를 법에 정한 방식에 따라 당사자 및 소송관계인에게 교부하는 것이다. 소장의 경우 그 부본을 피고에게 바로 송달한다. (대법원 '나의 사건검색'을 이용하면 해당 서면이 언제, 누구에게 송달 되었는지 확인할 수 있다. 상단의 '확인'버튼을 누르면 송달 내역을 확인할 수 있다.) 각종 서면은 변론기일 전, 당사자가 송달 받아 볼 수 있는데 법원 실무상의 문제 또는 물리적인 시간부족으로 해당 기일 전에 상대방이 서면을 받아볼 수 없을 경우 팩스나 이메일 또는 교부를 통해 서면을 송부해 주는 경우가 있다. 이러한 경우 그 해당 서면의 송달 완료를 재판부에 확인해 주는 표식을 받아두는 것을 **부본영수**라고 한다. 실무에서는 서면을 제출하면서 부본영수를 함께 제출하거나, 재판부에 팩스로 제출한다. 때로는 해당 변론기일에 법정에서 제출하기도 한다.

또한 증인신문이 예상되어 있는 경우 해당 기일 전에 상대방에게 주신문사항을 송부하고 그에 대한 영수를 받는다. 여기서 주의해야 할 점은 반대신문사항은 절대로 상대방에게 송부하지 말아야 한다. 이러한 실수는 자신의 전략을 노출하는 것과 동일하다.

나) 주소보정

송달을 실시한 결과 수취인불명, 주소불명, 이사불명 등의 사유로 법원 문건이 수취인에게 전달 불가능한 경우 송달 가능한 주소로 다시 송달을 신청하는 것이다.

주소불명 또는 이사불명	번지를 기재하지 않았거나, 같은 번지에 호수가 많아서 주소를 찾을 수 없는 경우 이사를 한 경우 ➡ 새 주소를 정확하게 파악하여 "주소보정서 신청"
수취인불명	수취인의 주소나 성명의 표기가 정확하지 않아 송달 불능 ➡ 정확한 주소 및 성명을 기재한 "주소보정서 제출"

다) 특별송달

수취인부재, 폐문부재 등의 경우 우편집배원이 등기를 전달해 주는 것과는 달리 법원의 집행관이 직접 주소지를 방문하여 송달하는 것이다. 특별송달의 종류는 주말송달, 야간송달, 휴일송달로 나눌 수 있다.

라) 공시송달

여러 가지 방법으로 조사를 하였지만 소송 당사자에게 송달할 수 없는 경우에는 소송지연을 방지하고 소송 당사자의 권리를 보호하기 위하여 공시송달을 인정한다. 송달의 최후적인 방법이며 신청에 의하여 법원 인터넷 게시판에 게시한 날로부터 2주가 지나면 송달의 효력이 생긴다.(해외의 경우 2개월)

5) 소장 접수 전 확인 내용

가) 부본 준비

법원제출용 1부, 상대방 숫자에 따른 부본, 우리 측 보관용 1부

나) 위임장 준비

당사자가 법인인 경우 인감도장이 날인 된 위임장을 소장 제출 전 미리 준비하여 둔다. 소장 제출에 필수적인 서류이므로 누락하지 않도록 주의한다.

다) 담당 변호인 지정서

해당 사건을 담당할 변호사가 지정되면 지정서를 준비한다. (사건 진행 중 담당 변호사가 새로 지정되는 경우 **추가지정서**를 제출한다. 가끔 실무에서 이러한 경우 신입 비서들이 가장 많이 하는 실수가 있다. 추가지정서 제출 여부를 확인하지 않은 채 담당 변호사가 법정에 출석하는데 지정서에 이름이 없는 변호인의 경우 해당 기일에 진술할 수 없다. 부산 및 제주도 등 지방 재판에 출석한 변호사가 진술을 하지 못하고 그냥 돌아오는 경우도 있다.)

6) 소장 접수 후의 실무적 절차

- 접수증명원에 기재된 사건번호를 확인한다.
- 부여된 사건번호를 대법원 나의 사건검색 리스트에 저장: 사건은 50개까지 저장되므로 담당 사건은 업데이트 내역을 수시로 확인한다.
- 사건 재판부로 배당 시: 재판부 주심 및 배석판사를 정리하여 담당 변호사에게 보고한다. (법원 정기 인사이동 기간은 1년에 2차례가 있다. 법원 배치표 확인 시 날짜를 잘 확인하여 인사이동 이전의 재판부를 확인하는 일이 없도록 한다.)
- 기록봉투 작성: 기록봉투에 사건번호, 법원, 해당 기일을 표기한다. 해당 기일 옆에 법정도 표기하여 장소로 어려움을 겪지 않도록 한다. 법정 및 기일은 법원이나 재판부 사정으로 변경되는 경우가 있으므로 기일 출발 전 꼭 확인하도록 한다.
- 서증목록 정리 및 증거 편철: 제출된 서면을 본기록, 갑호증, 을호증으로 분류 한 후 제출된 서증목록 내역을 정리한다. 각 서증을 분류함은 일목요연하게 사건

의 진행을 파악하기 위함이다. 제출된 서증목록을 잘 정리하여 누락되는 일이 없도록 한다. 가끔 정리가 소홀하여 다음 서면을 작성할 때 서증번호가 누락되거나 제출된 번호가 다시 서증에 쓰이는 경우가 있기 때문이다. 이러한 경우가 발생하면 정정해야 하는 번거로움이 생긴다.

- 소장 및 각종 서면을 당직접수로 제출하는 경우 접수번호가 즉시 부여되지 않는 경우가 있다. 추후 누락하지 말고 정리하여 두도록 한다. 다음날 아침이 재판인 경우 그 전날 급한 마음에 당직접수를 하는 경우도 있다. 이러한 경우 재판부까지 제출 서면이 전달되지 않을 가능성이 매우 높으므로 주의하도록 한다.

7) 소송 진행 중 확인 내용

- 일정표에 각 사건의 기일을 기재한다.
- 증인신문이 예정된 기일에는 증인 출석 여부를 사전에 확인하며 주신문사항을 상대방과 교환한다. 반대신문은 상대방에 송부하지 않는다. (신문사항을 상대방과 교환 시 해당 서류를 수령하였다는 표시로 '영수증'을 주고 받는데 이를 부본영수라고 한다. 상대방에 영수증을 송부하여 부본영수를 받도록 한다.)
- 해당 기일 종료 시: 기일진행사항 의뢰인에게 통지하여 기일 동안 진행된 내용을 정리하며 다음 기일이 언제인지 고지한다.

8) 판결문 및 결정문 수령 이후 확인 내용

- 판결문과 결정문은 해당 심급이 종료되었음을 알려주는 서류이다. 우리 사법제도는 3심제도를 인정하기 때문에 상소기한을 정확히 계산하여 상소심으로 진행할 기회를 놓치지 않는다.
- 종결 서류를 송달 받은 날짜를 기재하고 송달된 날로부터 2주 이내에 상소장을 제출하도록 한다. 결정문의 경우 즉시항고, 특별항고는 1주일 이내에 항고한다.

• 송달 받은 종결서류는 대리인에게만 송달되기 때문에 의뢰인에게 신속히 전달한다. 이 경우 상소기한을 정확히 계산하여 함께 공지한다.
• 대법원 홈페이지를 지속적으로 확인하여 상대 측 상소장이 제출되었는지 확인한다. 각 당자사의 종결서류 송달 날짜가 상이하므로 적용되는 상소기한도 다름을 이해한다.

9) 소송 종결 이후

• 증명원 발급신청 – 확정증명원, 집행문 신청
• 소송비용액 확정결정 절차진행
• 의뢰인에게 소송기록 반환 시 동일 내용 남겨두기, 영수증 수령하기

지금까지는 소송절차 전반에 대한 간략한 개요를 살펴보았다. 앞으로 설명될 내용들은 소송절차를 진행함에 있어서 이해해야 할 개념들을 쉽게 설명하겠다. 자 그러면 앞서 설명한 내용을 머릿속에 이해하고 앞으로 설명할 개념이 어디에 속하는 내용인지 이해하도록 해보자.

3. 기일

가. 기일의 의의 및 종류

기일이라 함은 사건 당사자들 및 소송관계인들이 일정한 장소(대부분 법원 내 정해진 법정)에 모여 소송에 대한 논의를 함께 하기 위해 미리 서로 약속해 정한 날짜

와 장소를 말한다. 소송이 진행되며 여러 가지 기일이 있지만 대표적으로 다음의 기일이 있다.

- 변론준비기일
- 변론기일
- 증인신문기일
- 판결선고기일

기일은 법원에서 직권으로 지정하지만 당사자의 신청에 따라 지정될 수 있다. (민사소송법 165조) 이는 기일지정신청이라고 한다.(소장 제출 후 오랜 시간이 흐른 후에도 기일지정이 되지 않으면 당자사가 **기일지정신청서**를 제출한다.)

- **기일의 통지**: 소송 당사자에게 기일을 알리는 것을 기일의 통지라 하는데 우편송달을 통해 받을 수 있다. 기일이 임박하여 우편으로 송달이 불가능할 경우에는 유선상이나 또는 팩스로 통지 받고 법원에 영수증을 송부한다.
- **기일의 변경**: 이미 정해진 기일을 시작하기 전에 새로운 기일로 바꾸는 것을 의미한다. 첫 기일은 당사자 합의가 있는 경우 허가한다. 두 번째 기일부터는 변경할 만한 사유가 명확히 있는 경우(다른 재판과 시간 중복 등) 신청에 의하여 변경 가능하다. 상대방에게 동의 받아서 제출하는 경우도 있고 동의 없이 제출하는 경우도 있다. 이 서면을 **변론기일변경신청서**라고 한다. (변론기일변경신청서에는 신청사유 및 희망기일을 기재하는데 실무에서는 변론기일변경신청 전에 상대방 대리인과 희망기일을 조율하여 차회기일을 결정한다.)
  종종 재판부의 직권으로 기일변경을 하는 경우가 있기 때문에 재판이 임박해지면 '나의 사건검색'을 확인한다.

나. 각종 기간

민사소송법에는 꼭 그 기간을 지켜야 할 것들이 있다. 이를 **불변기간**이라고 하는데 아래와 같이 정리한다. 불변기간은 그 기간이 도과되면 돌이킬 수 없으므로 기일표에 꼭 입력하여 기한을 지키도록 한다.

불변기한 정리

- 항소, 상고: 판결문을 수령한 날로부터 2주
- 즉시항고, 재항고: 결정문 수령한 날부터 1주
- 화해권고, 조정에 갈음한 결정 이의신청기한: 결정문 수령한 날부터 2주

기간의 말일이 공휴일인 경우 그 기간은 익일이 만료일로 본다. (실무에서는 말일이 공휴일인 경우 마감일 이전에 해당 서류를 제출하여 기한이 도래되는 일이 없도록 주의하자.)

4. 송달

가. 송달의 정의

송달(送達)은 재판에 관련된 서류를 소송 당사자에게 전달하여 그 내용을 알리는 것을 말한다. 대부분 등기우편을 이용하여 전달하며 팩스, 이메일, 집행관송달, 경위송달 등의 방법도 존재한다. 전자소송이 도입되어 많은 소송에서 사용되고 있어서 요즘은 이메일로 송달 받는 경우도 많다.

나. 송달시기

- **소장 부본**: 바로 피고에게 송달한다.
- **판결 정본**: 법원 사무관 등이 그 판결서를 받은 날로부터 2주 이내에 사건 당사자에게 송달한다.(민사소송법 210조 1항)

다. 각종 서류 제출 시 준비

- 반드시 송달되는 서류: 소장, 반소장, 당사자참가신청서, 보조참가신청서, 항소장, 상고장, 상고이유서 등이다.
- 아래는 각종 서류 제출 시에 준비해야 할 서면의 숫자를 정리한 것이다.

① 준비서면 및 서증: 상대방 숫자 + 1(법원용) cf) 상대방이 다수일지라도 소송대리인이 있을 경우에는 1명으로 계산하다.
② 증인신문사항: 상대방 숫자 + 3(합의부는 4)(넉넉하게 7~8부 준비)
③ 대법원: 상대방 숫자 + 6부
④ 중재사건: 5부(정부가 당사자로 들어가 있는 경우 2부 더 제출하도록 한다.)

라. 송달 불능

대법원 홈페이지에서 나의 사건검색을 진행하다 보면 소송서류 송달 내역을 확인할 수 있다. 정확한 날짜에 누가 송달을 받았음을 조회할 수 있는데 송달할 수 없는 경우 수취인부재, 폐문부재, 수취인불명, 주소불명, 이사불명 등으로 기재한다.

- **수취인부재**: 장기여행, 군입대, 구치소 및 교도소 수감
- **폐문부재**: 온 가족이 문을 잠그고 집에 있지 않은 경우
- **수취인불명**: 송달장소에서 만난 사람이 송달 받을 사람으로 기재된 자가 누구인지 알 수 없다고 하는 경우
- **주소불명**: 주소가 불분명하여 알 수 없는 경우
- **이사불명**: 서류 받을 사람이 이사를 가서 새 주소를 알지 못할 경우

5. 답변서 및 준비서면

답변서는 원고가 제출한 소장에 응답하는 의미로 피고가 제출하는 서면이다. 소장부본을 받은 날로부터 30일 이내에 제출하며 답변서 내용을 뒷받침하기 위해 제출하는 서증은 "을제×호증"으로 표기한다.(제출은 1호증부터 순서대로 2, 3, 4, … 숫자로 붙인다. 예: 을제1호증, 을제2호증, 을제3호증 …)

준비서면이란 당사자가 변론에서 진술하고자 하는 사항을 기일 전 미리 정리하여 법원에 제출하는 서면이다. 기일에 임박하여 법원에 제출하는 경우 상대방은 우편으로 송달 받을 수 없기 때문에 부본을 상대방에 팩스 및 이메일로 전송하여 부본영수를 받도록 한다. 부본영수 받은 서면을 법원에 제출하면 법원에서는 그 부본은 별도로 상대방에 송달하지 않는다. 부본영수란 아래 제시된 준비서면 표지에 부본영수라고 기재된 박스 속에 담당변호사의 이름과 서면을 수령한 날짜를 기재하고 변호사 도장을 날인하여 상대방에 송부하는 것이다.

아래 제시된 영수증은 다음의 경우 사용한다. 상대방에서 준비서면이나 증인신문사항을 수령 받은 경우 또는 법원에서 기일이 촉박한 경우 팩스로 수령한 준비서면 및 신문사항 등이 있으면 해당 사건정보를 기입하고 팩스로 송부하여 준다.

〈그림 5〉 영수증

영 수 증

사　　건　　2015가합1234 손해배상
원　　고　　나억울
피　　고　　김뻔뻔

위 사건에 관하여 피고는 다음의 문서를 영수하였습니다.

다　음

1. 증인 나서기에 대한 증인신문사항

2015. 9. .

피 고

영수인

주 소

〈그림 6〉 준비서면

기일	2015. 9. 30. 16:00

주심	가	(나)	다

사건 2015나1234 손해배상
원고(피항소인) 김억울
피고(항 소 인) 나뻔뻔

부본영수
2015. 9. .
㉤

준 비 서 면

2015. 9. .

원고의 소송대리인
법무법인 다이겨

서울고등법원 제1행정부 귀중

연락처: 123-4567(변호사 김똑똑) abc@law.com
123-5678 (담당직원 나성실) dgd@law.com

6. 조서

조서(調書)란 소송절차의 경과 및 내용을 공증하기 위해 법원 또는 그 이외 기관이 작성하는 문서로서 대표적인 것이 변론조서, 증인신문조서, 조정기일조서 등이 있다. 변론조서는 민사소송 및 형사소송에서 모두 작성되며 해당 기일의 재판 시작부터 종료까지 어떠한 일이 있었는지 기록하는 문서이다. 증인신문조서는 증인신문기일에 해당 증인이 어떠한 발언을 했는지 기술해 두는 문서로, 녹취록과 비슷한 개념이라고 이해하자. 특히 형사사건에서 많이 찾아볼 수 있다. 담당 변호사의 조서입수 요청이 있을 경우 몇회 기일(재판날짜)인지 확인하여 조서등본신청을 할 수 있도록 한다.

형사 공판단계에서 수사단계의 진술이 필요한 경우가 있다. 이러한 경우에는 수사기록 첫 권의 "목록"을 활용하면 찾고자 하는 내용이 어디에 위치하는지 쉽게 찾을 수 있다. 보물찾기를 하는 기분을 느낄 수 있을 것이다.

7. 증거조사

가. 정의

각 소송 당사자가 자신의 주장을 뒷받침하기 위해 제출하는 자료를 증거라고 하며 그 종류는 인적증거(인증: 人證), 물적증거(물증: 物證) 등으로 나뉜다.

원고 제출 서증은 "갑 제0호증", 피고 제출 서증은 "을 제0호증"으로 표기한다. 제출된 서증번호가 겹치지 않도록 사건마다 기록 정리를 누락하지 않는다. 가처분, 가압류 사건의 경우 제출하는 서증은 "소갑○호증", "소을○호증"으로 표기한다.

심급이 올라가도 이전 심급 서증번호를 계승한다.

나. 신청방법

- 서면 또는 구두로 신청 가능
- **증인**: 이름, 주소, 연락처, 직업, 당사자와 관계, 사건관여 경위, 주신문사항 첨부, 대동인지 소환인지 기재. 증인신문사항은 법원에 상대방 수 + 3(합의부 사건은 4) 더한 개수를 제출한다.
- **문서제출명령신청**: 문서의 표시와 취지, 문서 소지자, 증명사실, 문서제출 의무 원인 기재
- **증거 조사비용 예납**: 위에 기재한 증거를 법원이 채택하는 경우 당사자는 이에 필요한 비용을 예납한다.

다. 유사개념 정리

- **감정**: 법관의 판단능력을 보충하기 위해 전문적 지식과 경험을 가진 자로 하여금 법원에 보고하게 하는 것.
- **검증**: 법관이 직접 자기의 오관을 이용하여 사물의 성상이나 현상을 보고, 듣고, 느낀 인식을 증거자료로 하는 것.

위의 개념을 이해한 후 변론이 몇 차례 진행되면 재판부에서는 선고기일을 지정하게 된다. 판결선고를 통해 당해 심급은 종결을 맞게 된다. 소송의 종료는 다음 항에서 자세히 논의 해본다.

8. 소송의 종료

소송이 진행되어 재판부에서는 더 이상의 심리가 필요 없다고 생각하는 때 선고기일을 지정한다. 선고기일에 종국판결을 통해 소송이 종료된다. 하지만 법정에서 선고를 통해 해당 심급이 바로 종결되는 것은 아니다.

선고기일 이전에 법원은 해당 사건의 선고 결과를 서면으로 작성하는데 이를 **판결서**라고 한다. 재판부는 선고기일이 지정된 경우 당사자에게 반드시 기일통지서를 송달한다.

선고는 원칙적으로 선고기일에 재판장이 판결원본을 읽어야 한다. 선고기일에 당사자는 필수적으로 법정에 출정할 필요는 없지만 선고 결과를 즉시 확인할 수 없으므로 빠른 결과 확인을 위해서는 법정에 출석하여 선고 결과를 청취한다.

민사소송의 경우 판결서는 당사자에게 필수적으로 송달된다. 판결문이 송달되는 날로부터 2주 동안 상소를 할 수 있다. 수령한 날짜를 잘 기록하여 두어 상소할 수 있는 기한을 도과하지 말자.

● 소의 취하

원고가 소의 전부 또는 일부를 철회하는 행위이다. 소의 취하는 상소의 취하와 구분한다. 상소의 취하는 원판결을 그대로 유지, 확정시키지만 소취하는 이미 행한 판결도 실효하도록 한다. 청구하는 범위 자체가 다르다는 의미이다. 소취하는 상대방 동의를 받아야 효력이 생긴다.

● 조정사건

소송이 진행되다가 재판부의 권고로 조정기일이 잡히는 경우가 있다. 일반적인 경우 조정기일통지서를 발송하지만 최근 전자소송 도입으로 인하여 우편송달 비율이 줄어들게 되어 조정사건으로 회부되었는지 모르고 조정기일에 참석하지 않는 경우가 많이 발생된다. (조정사건은 사건표기가 '머'로 기재되며 번호가 변경되므로 이미 전자소송 당사자로 기입해둔 담당자에게 통지서가 발송되지 않는 경우가 많기 때문이다.)

이러한 경우에 대비하여 대법원 '나의 사건검색'을 수시로 체크한다. 관련 사건 내역에 조정사건이 기재되어 있는지 확인한다.

이렇게 1심이 종결되었다. 판결문을 수령하고 그 결과에 만족하지 않아도 아쉬워하지 말라. 우리 사법제도는 3번의 기회를 주고 있으니! 1심을 제외하고도 2번의 기회를 더 가질 수 있다. 바로 항소심과 상고심이다. 대부분의 진행절차는 1심과 비슷하다. 특징적인 내용을 중심으로 기술한다. 항소와 상고를 포함하는 개념을 상소라고 한다. 항소와 상소, 상고의 개념을 혼돈하지 말고 잘 이해하는 것이 포인트이다.

재판절차상 유의해야 할 불변기간

우리가 다루는 서류 중에는 제출기한이 정해져 있어서 제출기한이 넘으면 문제가 되는 것들이 있다. 제출기한이 정해져 있어서 그 기한을 꼭 지켜야 하는 것을 불변기한이라 하며 대표적인 예를 다음의 표로 정리하였다.

민사소송

종류	기간	비고
항소, 상고	판결서 송달된 날로부터 2주	판결서를 송달받은 요일을 잘 기억해둔다. 2주 후 같은 요일이 상소장 제출 마감일이다.
상고이유서	소송기록접수통지서를 받은 날부터 20일	대법원 페이지에서 소송기록접수통지서 받은 날짜를 확인한다. 기한이 도래되면 상고기각 된다.
상고이유답변서		불변기한 아님
부대항소	변론이 종결되기까지	
보조참가인의 상소기한 및 상고이유서	피참가인의 상소기간, 상고이유서 제출기한과 동일함.	
즉시항고	재판이 고지된 날로부터 1주	
특별항고		
화해권고결정 이의	조서(결정문) 정본송달로부터 2주	*최근 전자소송을 시행함에 따라 주의할 점이 있다. 본안소송에서 조정사건으로

		변동되는 경우 사건번호가 재부여 되기 때문에 기일통지가 누락 되는 경우가 있다. 조정사건으로 이행될 가능성이 있는 사건은 주의해서 관찰하도록 한다.
소취하부동의	소취하 서면이 송달된 날로부터 2주	
기일지정신청	변론기일 2회 쌍불일로부터 1월 (기일 지정 된 후 1회 추가 쌍불 시 **소취하로 간주되므로 주의한다.**) 변론 준비기일의 불출석은 변론기일에 영향을 미치지 않는다.(승계되지 않음)	
제소전 화해불성립에 대한 소제기신청서	조서등본이 송달된 날부터 2주	
조정에 갈음하는 결정조서에 대한 이의	조서정본이 송달된 날부터 2주	

신청사건

종류	기간	비고
즉시항고	재판을 고지 받은 날부터 1주	
즉시항고이유서	항고장 제출한 날부터 10일 (원심법원에 제출)	

형사소송

종류	기간	비고
항소, 상고	판결선고일부터 7일	형사사건의 경우 판결문 송달일을 기준으로 기산하지 않음을 주의해야 한다. 아울러 형사사건 판결문은

		신청을 해야만 발급받을 수 있다.(민사사건의 경우 자동으로 발급됨)
항소이유서	소송기록접수통지서 받은 날로부터 20일	
상고이유서	상동	
약식명령에 대한 정식재판청구	약식명령 고지 받은 날로부터 7일	
즉결심판에 대한 정식재판청구	즉결심판 선고, 고지 받은 날로부터 7일	
즉시항고, 준항고	결정고지한 날로부터 3일 고지가 있는 날로부터 3일	

행정소송

종류	기간	비고
취소소송 제소기간	처분 등이 있음을 안 날로부터 90일, 처분 등이 있은 날부터 1년	
제3자 재심청구	확정판결이 있음을 안 날부터 30일, 판결이 확정된 날부터 1년	
행정심판청구	처분이 있음을 안 날부터 90일, 처분이 있은 날부터 180일	

9. 항소

가. 정의

항소란 1심판결에 불복하여 당사자가 재판 확정 전에 그 재판의 취소, 변경을 신청하는 것이며 항소장은 원심 법원에 제출한다. 항소장에는 1심의 1.5배 인지액을 제출하며 항소는 판결서가 송달된 다음날로부터 2주 이내에 제기해야 한다. 2주는 불변기한이므로 그 기한이 도과되면 이유 여하를 막론하고 항소할 수 없다. 1심의 대리인이 2심을 대리하지 않아도 원심대리로 항소장을 제출할 수 있다. 2심에 별도의 위임장을 제출하지 않은 경우에는 항소장 부본부터 대리인이 아닌 당사자에게 송달하므로 사건 진행에 익숙하지 않은 당사자에게 사전에 이를 고지하여 법원에서 우편물이 도착하면 잊지 말고 대리인에게 전달하여 줄 것을 요청해야 한다.

나. 항소이유서

항소장 제출 후 20일 이내에 제출하는 것으로 항소에 대한 자세한 이유를 기술하는 서면을 뜻하며 준비서면으로 표기하기도 한다.

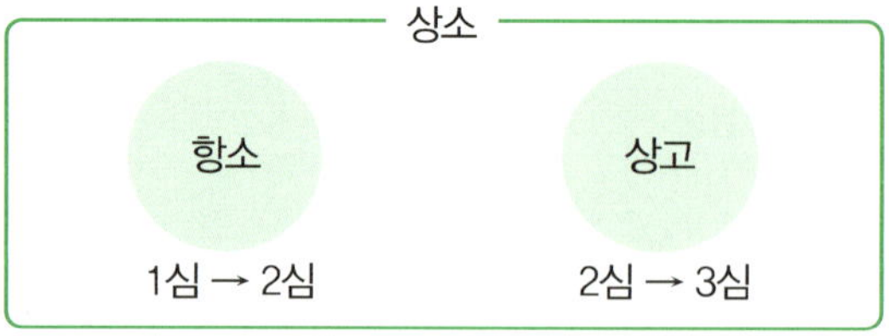

10. 상고

가. 정의

상고란 항소심의 종국판결에 법령 위반이 있을 경우 그 심판을 구하는 것이다.(2심판결에 불복하여 3심으로 가는 것을 말한다.) 상고심은 법률심이라고 하며 특별한 경우가 아니면 심문기일을 따로 열지 않는다. 상고장은 판결문이 송달된 날로부터 2주 이내에 원심법원에 제출한다. 상고장 제출 시 인지금액은 소장에 붙인 인지액의 2배이다.

나. 상고심 진행

항소법원에서 기록을 정리하여 상고심으로 보내면 대법원에서는 사건번호를 부여한다. 대법원에서는 기록을 받는 즉시 그 사유를 당사자에게 통지하는데 이를 **상고기록접수통지서**라고 한다. 상고기록접수통지서란 상고심법원에 해당 기록이 도착되었다는 통지로 통지서가 도착한 날짜를 잘 기록하여 둔다. 상고기록접수통지서를 받은 지 20일 이내에 상고이유서를 제출해야 한다. (이는 불변기한이다.) 20일 이내에 상고이유서를 제출하지 않으면 상고는 기각된다.

상고이유서는 법원용을 제외하고 상대방 숫자 + 6 부 제출한다. 법원에 접수된 상고이유서는 상대방에 송달된다. 송달 받은 상고이유서 검토 후 10일 이내에 상고이유답변서를 제출한다. 제출기한이 경과 후 제출된 답변서는 따로 상대방에게 송달하지 않으므로 법원에 등사신청 또는 상대방 요청을 통해 입수하도록 한다.

다. 상고심 판결

① **파기자판**: 원판결을 파기하고 대법원 스스로 판단하는 것
② **파기환송**: 원심법원에 환송하여 다시 재판하도록 하는 것
③ **상고기각**: 상고를 한 것에 이유가 없다고 인정하는 것

11. 항고

가. 정의

판결을 제외한 결정과 명령에 대한 불복신청 방법이다. 재판 진행 중에 신청할 수 있다. 즉시항고는 재판의 고지를 받은 날로부터 1주일 이내에 제기한다. 항고심은 '라' 사건번호를 부여받으며 변론을 열어서 심리할 것인지는 재판부의 재량에 맡겨져 있다.

나. 재항고

재항고는 항고법원의 결정, 명령, 고등법원 또는 항소법원이 제1심으로 한 결정, 명령에 대해 대법원에 하는 불복신청이다.

12. 소송비용액 확정결정신청

가. 정의

소송비용액이란 당사자가 소송절차를 수행할 때 사용된 모든 비용을 말한다. 소제기 이전, 소송계속 중, 소송에 부차적으로 소요된 비용이 모두 포함된다. 소송에 사용된 비용은 패소한 당사자가 부담하는 것이 원칙이다.

나. 청구방법

소송비용액 확정결정신청서를 법원에 제출하면 사건번호가 부여되며 일정 수식에 의하여 금액을 신청하면 이를 토대로 법원에서 소송비용액에 대한 금액 결정을 한다.

13. 강제집행

가. 정의

사법상의 이행청구권을 국가권력을 이용하여 강제적으로 실현하는 것이다. 판결문에 나와 있는 내용을 상대방에서 이행하지 않는다면 강제집행절차를 사용한다.

나. 종류

부동산	부동산경매신청
채권	채권압류추심명령
유체동산	유체동산 강제집행 신청서

다. 강제집행 필요서류

집행력을 갖춘 집행권원이 필요하다. 즉 판결문, 화해조서, 인낙조서, 조정조서, 확정된 지급명령, 공정증서 등을 준비한다.

집행권원이 있으면 집행문 발급이 가능하다. (판결문은 소송기록이 있는 법원에, 화해, 조정, 인낙조서는 해당 법원에, 공정증서는 공증인사무소에 집행권원을 첨부해서 집행문부여신청을 한다.)

III

형사소송

〈그림 1〉 형사소송절차도

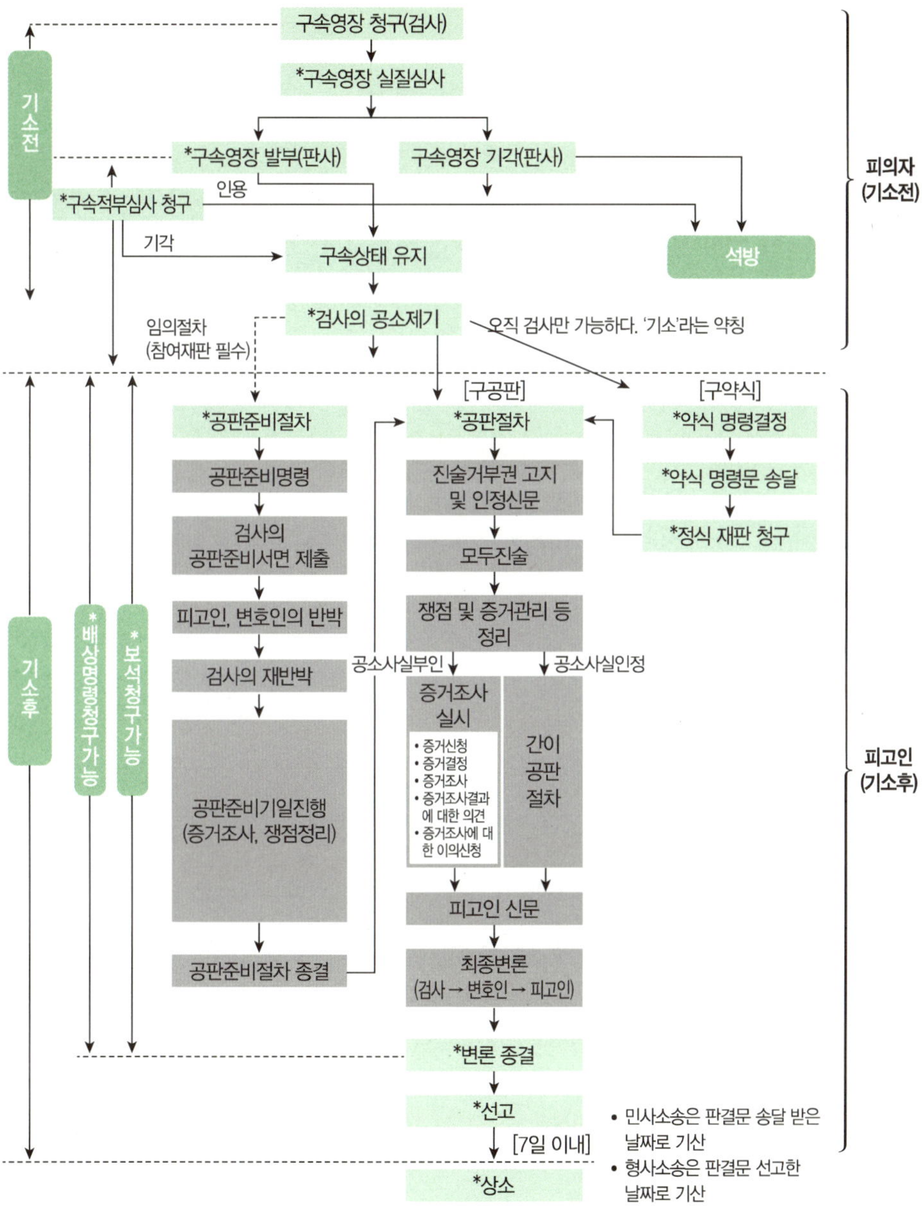
구속영장 청구(검사)
*구속영장 실질심사
*구속영장 발부(판사)
구속영장 기각(판사)
인용
*구속적부심사 청구
기각
구속상태 유지
석방
*검사의 공소제기
오직 검사만 가능하다. '기소'라는 약칭
임의절차
(참여재판 필수)
기소전
피의자
(기소전)
[구공판]
[구약식]
*공판준비절차
공판준비명령
검사의
공판준비서면 제출
피고인, 변호인의 반박
검사의 재반박
공판준비기일진행
(증거조사, 쟁점정리)
공판준비절차 종결
*공판절차
진술거부권 고지
및 인정신문
모두진술
쟁점 및 증거관리 등
정리
공소사실부인
공소사실인정
증거조사
실시
• 증거신청
• 증거결정
• 증거조사
• 증거조사결과
에 대한 의견
• 증거조사에 대
한 이의신청
간이
공판
절차
피고인 신문
최종변론
(검사 → 변호인 → 피고인)
*변론 종결
*선고
[7일 이내]
*상소
*약식 명령결정
*약식 명령문 송달
*정식 재판 청구
기소후
*배상명령청구가능
*보석청구가능
피고인
(기소후)
• 민사소송은 판결문 송달 받은
날짜로 기산
• 형사소송은 판결문 선고한
날짜로 기산

1. 형사소송법

가. 형사소송법의 정의 및 민사소송법과 비교

형사소송법이란 형벌의 구체적인 적용, 실현을 위한 절차를 규정하는 법률이다. 본 교재에서는 위의 그림의 흐름을 중심으로 기술한다. 각 단계가 어느 국가기관을 중심으로 진행되는지 머릿속에 기억해두고 학습하면 교재의 내용을 쉽게 이해할 수 있다. 지엽적인 내용에 집착하지 말고 전체적인 흐름을 이해하도록 노력하자.

민사소송과 비교하여 형사소송의 개념을 설명하면 아래 표와 같다. 민사소송에서 원고란 자신의 요청사항을 법에 호소하는 사람인데 형사소송법에서는 이러한 역할을 검사가 대신한다. 억울하게 범죄로 피해를 받은 자를 대신하여 법원에 판단을 요청하므로 민사소송법의 원고와 비슷한 역할을 한다. 검사는 국가기관으로써 공익의 대변자이다.

민사소송법	형사소송법
원고	검사
피고	피의자, 피고인

전체 사건 중 형사사건이 차지하는 비율은 민사사건보다는 낮다. 많은 개념이 민사소송과 중복되기 때문에 민사소송 진행을 이해한 경우 어렵지 않게 이해할 수 있다.

우리가 접하게 되는 형사사건은 크게 두 분야로 나눌 수 있다. 첫 번째 고소사건, 두 번째 피의 · 피고사건이다. 보편적으로 법률사무소에서는 검찰단계 사건부터 많이 관여한다.

구분	고소사건	피의 · 피고사건
정의	피해를 당한 당사자가 자신의 피해를 구제하기 위해 가해자의 처벌을 요청하는 것.	수사단계: 피의사건 공소제기 이후: 피고사건
주요 처리 업무	고소장 제출, 수사관 및 담당검사 확인, 고소인 진술서 제출, 고소취하서 제출 등	의뢰인 접견, 무인원 및 선임신고서 제출, 보석허가신청서 제출 및 재판진행에 필요한 기타 사항
용지 색상	원고의 입장이니 붉은색 용지	피고 입장이므로 파란색 용지
위임장	고소위임장	변호인 선임계(구속피고인의 경우 무인원 함께 제출)

2. 형사소송의 주체

가. 법원

민사소송에서 법원의 개념은 기술하였다. 형사소송법상에서도 동일하게 3심제도를 적용받으며 아래와 같이 설명된다.

<table>
<tr><th>1심</th><th>2심</th><th>3심</th></tr>
<tr><td>지방법원 합의부</td><td>고등법원</td><td rowspan="2">대법원</td></tr>
<tr><td>지방법원 단독판사</td><td>지방법원 본원합의부</td></tr>
</table>

나. 검사

검사는 검찰권을 행사하는 1인 관청이다. 법원이 대법원, 고등법원, 지방법원 3층 구조로 되어 있는 것과 같이 검찰청도 대검찰청, 고등검찰청, 지방검찰청의 3층구조로 되어 있다. 검사의 직급은 검찰총장－고등검사장－검사장－검사로 되어있다. 검사는 수사의 주재자로 범죄 사실의 증거를 수사하고 경찰의 수사를 지휘하며 수사의 종결을 할 수 있다. 수사의 종결은 검사만이 지닌 고유한 권한이다. 검사는 공소제기를 독점적으로 할 수 있다. 즉, 민사소송법에서 원고의 역할을 형사소송법에서는 검사만이 할 수 있다는 것이다.

	법원	검찰
1	지방법원	지방검찰청
2	고등법원	고등검찰청
3	대법원	대검찰청

〈그림 2〉 검찰조직도

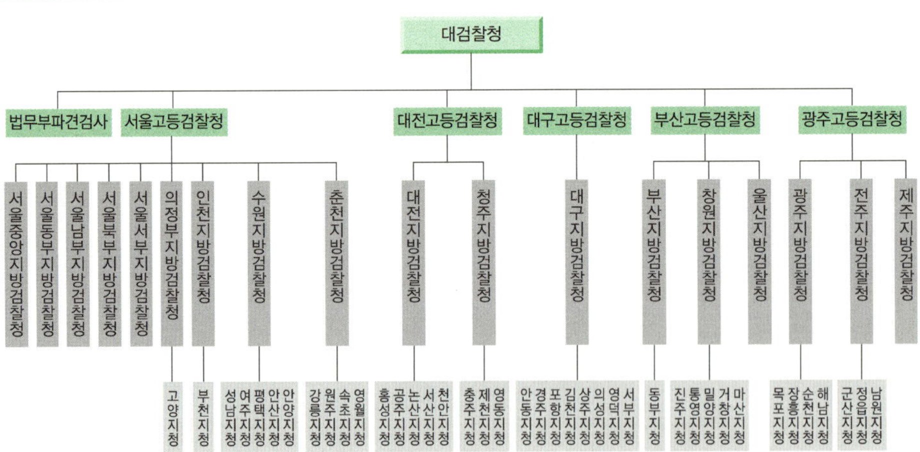

자료: 로앤비.

다. 피고인(피의자)

의뢰인인 피의자, 또는 피고인은 범죄의 혐의를 받아 수사기관에서 수사를 받고 있는 자 또는 법원에서 재판을 받고 있는 자이다. 형이 집행되는 단계에서는 수형자 신분이 된다.

피의자 → 피고인(기소 이후) ——————→ 수형자
수사 중 → 기소 → 공판단계 – 종국재판 확정 → 형 집행단계

피고인은 형사소송의 당사자이며 검사의 공격을 방어하기 위해 자신을 방어할 수 있다.

라. 변호인

변호인은 소송의 주체는 아니지만 검사의 공격을 받는 피고인, 피의자의 방어권을 위해 피고인, 피의자를 보조하는 사람이다. 사선변호인의 도움을 받지 않는 피고인에게는 국선변호인의 조력을 받을 수 있는 권리를 인정한다.

피고인, 피의자는 변호인을 선임하여 변호인의 조력을 받는다. 피고인, 피의자가 해당 사건을 변호사에게 위임한다는 서면이 변호인선임신고서(선임계)이며 공소제기 전에는 담당검사(또는 경찰 수사관), 공소제기 후에는 법원에 제출한다. 변호인을 선임할 수 있는 사람은 아래와 같다.

- 피고인, 피의자 본인
- 법정대리인, 배우자, 친족, 형제자매, 호주

〈그림 3〉 변호인선임신고서

변호인선임신고서

사 건 2015고합1234
사건명 사기 등
피고인 김사기

위 사건에 관하여 법무법인 다이겨(서울 중구 **로 %% @@빌딩)을 변호인으로 선임하고 연서하여 이에 신고함.

2015년 3월 일

선임인

위 본인의 무인임을 증명함 교도

법무법인 다이겨

대표변호사 홍길동

서울서부지방법원 제11형사부 귀중

피고인, 피의자가 구속되어 있는 경우 가족이 대신 선임하는 경우가 많다. 이러한 경우에는 선임신고서와 가족관계증명서를 함께 제출한다. 피고인, 피의자를 접견 시에 무인원을 준비한다. 무인은 '손도장' 이라는 의미로 구속된 사람이 지장을 도장 대신 사용하는 것이다.

3. 수 사

수사란, 수사기관이 범죄 혐의를 확인하기 위해 범인을 확보하고 그 증거를 모으는 절차를 말한다. 여러 형사단계의 첫 번째 순서이며 수사의 주체는 수사기관이다. 수사기관은 검사와 사법경찰관리이며 검사의 지휘로 진행된다. 수사는 두 가지 경로로 시작되는데, 첫 번째 현행범 체포, 기사, 불심검문 등 수사기관 자체가 인지하는 경우이고, 두 번째 고소, 고발, 자수, 범죄의 신고, 진정 등으로 수사가 개시되는 경우이다.

고소, 고발, 자수의 경우 행위의 주체자로 지목된 사람은 피의자로 부르며 수사기관에서 피의자신문조서를 작성한다. 피의자신문이란 검사 또는 사법경찰관이 피의자를 신문하여 그로부터 진술을 듣는 것이다. 피의자는 진술을 거부할 수 있으며 사건 관련자를 대질신문도 할 수 있다. 피의자 이외에 참고인을 조사할 수 있다.

4. 고소 및 고발

고소는 범죄의 피해자 또는 일정 관계가 있는 고소권자가 수사기관에 대하여 범죄사실을 신고해 범인의 처벌을 구하는 의사표시이다.(형소법 223조) 고소와 유사한 개념인 고발은 고소권자와 범인 이외의 사람이 수사기관에 범죄사실을 신고하여 소추를 구하는 의사표시이다.

고소권자는 피해자 본인, 법정대리인, 피해자 사망 시 배우자, 직계친족, 형제자매이며 피해자의 명시한 의사에 반하지 못한다.(형소법 225조) 고소는 서면 또는 구술로 검사 또는 사법경찰관에게 가능하다.

고소장은 다음의 내용으로 구성되어 있다. 고소인과 피고소인의 주소, 성명, 피고소인의 범죄사실, 피고소인을 처벌하여 달라는 의사를 기재하며 그 관할은 피고인의 주소지나 범죄지이다.

〈그림 4〉 고소장

고 소 장

고 소 인　　억울해
피고소인　　나사기

2015.　.　.

고소인들의 대리인
법무법인 다이겨

서울북부지방검찰청 귀중

연락처: 02) 123-4567(변호사 나승리) abcd@Lac.com
02) 123-4567(변호사 완벽해) efgh@Law.com

고 소 장

1. 고소인

성명 (상호, 대표자)	억울해	주민등록번호	111111-2222222
주소 (주사무소 소재지)	서울 @@구 ##동		
직업	회사원	전화	010-123-4567
대리인에 의한 고소	☑ 고소대리인 법무법인 다이겨(담당변호사: 나승리) 연락처: 02-123-4567		

2. 피고소인

피고소인	주민등록번호	주소	직업	전화
나사기	444444-0000000	경기도 @@구 @@동 @@아파트 1동 303호	회사원	031-123-4567

3. 고소취지

피고소인을 사기죄로 고소하오니 처벌하여 주시기 바랍니다.

4. 고소사실

5. 고소 이유

6. 결론

7. 증거자료

8. 관련사건의 수사 및 재판 여부

첨부서류

1. 위 입증방법 각 1부

1. 위임장 및 담당변호사 지정서 각 1부

2015. 10. .

고소인의 대리인

법무법인 다이겨

담당변호사 나승리

서울북부지방검찰청 귀중

5. 강제처분

가. 강제처분의 정의

수사기관이 수사의 목적을 달성하기 위해 피의자를 조사하는 방법으로 두 가지를 들 수 있다. 첫째, 원칙적으로는 임의조사, 둘째 법이 규정하는 범위 내에서의 강제처분이다. 강제처분의 대표적인 예는 체포, 구속, 압수 · 수색 · 검증 등이다.

1) 체포

체포란 범죄가 의심되는 피의자를 단시간 동안 수사관서 등 일정한 장소에 인치하는 제도이다. 구속제도보다 단기적이며 영장 없이 체포 가능하다. 반면 구속은 영장이 필수적으로 필요하다. 체포영장의 유효기간은 영장 발부일로부터 7일이며 판사가 정당하다고 인정하는 경우에 한하여 7일을 초과하는 기간을 정할 수 있다.

수사기관에 피의자가 체포되었을 경우 변호인은 접견을 하여 변호를 준비하게 된다. 접견이란 신체 구속을 당한 피고인, 피의자를 만나서 서류 또는 물건을 수수할 수 있는 것인데 변호인 또는 변호인이 되려는 자가 할 수 있다.

2) 구속

가) 의의

구속이란 피의자 또는 피고인의 신체의 자유를 제한하는 강제처분으로 구인과 구금을 포함한다.(형소법 69조) 구속의 요건은 피의자나 피고인이 죄를 범하였다고 의심할만한 상당한 이유가 있고, 일정한 주거가 없는 경우, 증거를 인멸할 염려가 있고 도망 또는 도망할 염려가 있을 경우에 이루어진다. 검사가 영장담당판사에게 구속

접견에 대해 알아보자!

1) 접견의 의의

접견이란 변호인 또는 변호인이 되려는 자가 신체구속을 당한 피고인 또는 피의자와 만나고 서류 또는 물건을 주고 받을 수 있는 것을 말한다.(형사소송법 34조, 89조)

2) 신청

구속되어 있는 구치소나 경찰서, 교도소의 담당자에게 팩스나 메일로 신청.

3) 실무에서는 대부분 접견일 하루 전에 신청하며 당일에도 신청이 가능하다. 신청 이후 교정기관에 접수 완료를 확인하며, 피고인의 검찰조사 시간과 접견일정이 겹치지 않는지 꼭 확인한다.

4) 접수신청서 작성 시 유의사항

- 메일로 신청할 경우 '제목'에는 변호사 성명, 날짜, 시간을 기재한다.
- 수용자 번호(모르는 경우는 수용자의 '생년월일')를 반드시 기재하여 신청.
- '형이 확정된 기결 수형자'의 경우는 추가 형사사건의 '사건번호'를 반드시 기재하여야 접수 완료되며, '사건번호'없이는 접수 불가하다.
- 접견 시간 : 오전 09:00~11:50, 오후 13:30~17:50
- 변호인은 신청서 원본을 반드시 지참해야 한다.
- 무인증명(무인원)을 원할 경우 무인증명신청서를 반드시 지참한다.
- 무인원(拇印)이란 엄지손가락의 지문을 찍은 것으로서 민사소송의 위임장에 도장과 같은 역할을 하며, 구속된 피고인, 피의자의 경우 도장을 소지하고 있지 않기 때문에 엄지손가락의 지문을 도장으로 갈음하여 그 효력을 인정하는 것이다.

변호사선임계와 함께 접견 시 준비해간다. 무인원은 접견 시 교도관에 제출하며 선임계는 추후 법원에 제출한다.

무 인 원

법무법인 다이겨는 수감자 홍길동(810202-123456)에 대한 사건을 수임하였으므로 별첨 변호인선임신고서에 피고인 본인의 무인을 찍게 한 후 그 무인임을 증명하여 주시기를 바랍니다.

별첨: 변호인선임신고서 1부

2015. 5. .

서울 중구 남대문로 우승빌딩 18층
법무법인 다이겨
담당변호사 이잘난

@@교도소장 귀하

접견신청서

수감번호	성명	사건명	사건번호	국 · 사선	선임여부	희망시간

위 사람을 접견하고자 합니다.

희망시간 및 일시	: 2015. 3. 12. 9:30
주 소	: 서울시 @@구 ##길 &&빌딩
전 화	: 02-123-4567
소속법률사무소	: 법무법인 별천지

2015. 3. 11.

위 변호인 변호사 김 구 제

서울구치소 소장 귀하

※ 정당한 사유 없이 비선임 접견을 계속하는 경우 접견이 제한될 수 있습니다.

영장을 청구한다.

나) 구속영장실질심사

검사로부터 영장청구를 받은 판사가 피의자를 직접 심문하여 구속사유를 판단하는 것이다. 영장청구를 신청 받은 판사가 필요하다고 인정하는 경우에는 구인을 위한 구속영장을 발부하여 피의자를 구인한 후 심문할 수 있다. 이러한 과정에서 변호사가 참여한다. 심문기일이 잡히면 즉시 검사, 피의자, 변호인에게 통지한다.

다) 구속의 기간

구속의 기간은 경찰에서 10일, 검찰에서 10일로 제한되어 있으며, 검찰단계 구속기간은 10일 연장이 가능하다.

라) 체포 구속 적부심사

수사기관에 의한 체포나 구속이 적법한지, 그 상태가 계속 필요한지를 법원이 심사하여 부당한 경우에 구속된 피의자를 석방하는 제도이다. 이는 수사단계에서 피고인 인신구속의 적법 여부를 심사하는 것이고, 이와 비슷한 제도로 공소제기 이후 법원에 신청하는 보석과 구별한다.

3) 압수 · 수색 · 검증

가) 압수

검사가 판사에게 청구한 영장에 의하여 범죄와 관련한 물건을 강제로 빼앗아 보관하는 것이다.

나) 수색

범죄와 관련한 물건 또는 사람을 찾기 위하여 일정 장소나 사람의 신체에 대하여

행하는 것이다.

다) 검증

법관이 직접 자기의 감각에 의하여 사물의 성질 및 상태를 확인하는 증거조사의 방식이다.

위와 같은 절차를 거쳐서 수사절차가 완료되면 검사의 수사종결 처분을 통해 수사절차가 종료된다.

보석의 개념을 이해해보자!

보석이란, 보증금 납부를 하는 조건으로 구속된 피의자를 석방하여 주는 것으로 '보증금납입부 석방'의 줄임말이다. 보석은 구속영장의 효력은 그대로 지속되며 보석청구서를 통해 법원에 신청한다. 신청서 제출 시 별도의 사건번호가 부여되며 수시로 사건검색 내역을 확인해본다.

보석보증금 납입은 피고인 이외의 자가 할 수 있다. 보증금은 검사에게 현금 또는 보석보증보험증권으로 제출한다.

6. 검사의 수사종결

검사가 수사를 진행하며 종국적으로 내리는 결정에는 크게 3가지가 있다. 불기소 처분, 타관송치, 공소의 제기가 그것이다. 검사는 사건을 종결하면서 고소인에게 결과를 통지해야 한다.

가. 불기소처분

① **협의의 불기소처분**: 혐의 없음, 공소권 없음, 죄가 안 됨.
② **기소유예**: 범죄의 혐의가 인정되지만 형사소추 하지 않는 것.
③ **기소중지, 참고인중지**: 기소중지, 참고인중지, 수사재기 신청.
④ **각하**: 고소, 고발사건의 경우 수사의 필요성이 없다고 명백하게 인정되는 경우 피의자를 조사하지 않고 내리는 처분이다.

나. 타관송치

해당 사건이 소속검찰청에 대응한 법원의 관할이 아닐 때는 그 사건을 서류와 증거물과 함께 해당 관할법원에 대응한 검찰청 검사에게 송부하는 것이다.

다. 공소의 제기

1) 의의

검사가 법원에 특정 피의자의 유죄판결을 요청하는 것으로 기소(起訴)라고도 한다. 검사만이 공소제기할 권한을 가진다. 검사의 기소를 통해서 피의자는 피고인으로 명칭이 변경된다. 공소제기는 구속기소, 불구속기소, 약식기소 세 가지 형태로 구분한다.

① **구속기소**: 피의자의 인신을 구속한 상태로 법원에 공소제기 함.
② **불구속기소**: 피의자의 인신을 자유로운 상태로 두고 법원에 공소제기 함.
③ **약식기소**: 벌금으로 공소제기 함. 정식재판청구를 해야 구속기소나 불구속기소와 같이 법정에서 다툴 수 있음.

2) 공소제기 방식

검사가 공소장을 법원에 제출해야 한다. 공소장에는 피고인의 성명, 피고인을 특정할 수 있는 사항, 죄명, 공소사실, 적용법조, 구속 여부 등이 기재된다.

3) 공소장 사건번호

공소장은 검찰을 떠나 법원 민원실 접수계에 접수된다. 접수 순서에 따라 단독사건은 고단, 합의사건은 고합으로 사건번호가 부여된다. 그 후 담당 재판부에 해당 사건은 배당되어 재판절차가 진행된다.

사건번호가 발급되고 재판부 배당이 된 후에는 대법원 나의 사건검색을 통해 사건의 진행내역을 확인할 수 있으니 관리하는 사건 리스트에 업데이트 해 두자.

이제 비로소 수사단계가 종료되고 공판단계로 진입하였다.

7. 공판

가. 의의

공판이란, 검사의 공소제기로 사건이 법원으로 넘어간 후 소송절차가 시작되어 종결 될 때까지의 절차를 말한다. 공판은 특별한 이유가 없는 한 심리를 공개하는 것이 원칙이다.

나. 공판 준비절차

본격적인 공판을 시작하기에 앞서 해당 법원에서 진행되는 절차를 의미하는 것으로 공소장 부본을 피고인이나 변호인에게 전달하고, 공판기일을 지정, 변경, 공판기일 전에 증거를 조사한다. 첫 공판기일이 열리기 전에 주로 해야 할 일은 해당 사건의 기록을 모두 법원에서 등사하여 사건의 수사서류와 증거물들을 모두 파악한다. 또한 피고인을 접견하여 해당 사건의 사실관계를 모두 파악하고 증거조사에 도움이 될 수 있도록 변론의 방향을 결정해야 한다.

다. 공판기일의 지정

공소장 부본이 송달되면 재판장은 제1회 공판기일을 지정한다. 공판기일통지서를 통지하며 공판기일은 직권 또는 검사, 피고인이나 변호인 신청에 의해서 변경할 수 있다.

라. 공판기일 진행

① **공판기일의 개정**: 재판장의 공판기일 개정 선언을 통해 시작된다.

② **사건번호 피고인 호명**: 한 공판장에서 여러 사건이 순차적으로 진행되기 때문에 재판장이 사건번호 및 피고인을 호명하면 대기하고 있던 변호인과 피고인은 자리에 착석한다.

③ **피고인 확인**: 재판장이 피고인에게 성명, 연령, 본적, 주거, 직업 등을 물어 해당 피고인과 출석한 자가 동일한지 확인한다. 이를 인정신문이라고 한다.

④ **모두진술**: 검사가 사건의 개요를 진술하는 것을 뜻하며 본격 심리에 들어가기 전에 피고인에게 충분한 방어권을 주는 것이다.

⑤ **재판장의 진술거부권 고지**

⑥ **피고인신문과 반대신문**: 피고인신문의 순서는 검사 – 변호인 – 재판장 순서로 진행된다. 이 순서에 필요한 것이 피고인신문사항이다. 신문사항은 서면으로 준비해야 한다.

⑦ **증거조사**: 피고인신문 종료 후 증거조사를 진행한다. 증거는 인증과 물증, 서증 세 가지로 나뉘어진다. 인증의 예는 증인과 감정인이 있으며 이는 '신문'을 한다. 물증의 경우 물건을 '제시'하며, 서증은 서류에 기재된 내용 자체가 증거자료의 효력이 있는 것으로 재판장이 서기로 하여금 낭독하게 한다. 위에서 제시된 증거서류들을 정리하여 피고인에게 불리한 증거는 부동의(不同意) 유리한 증거는 동의(同意)

등을 통해 증거서류를 인부한다.

⑧ **최종변론**

⑨ **판결의 선고**: 위와 같은 절차를 통하여 공판기일이 몇 차례 진행된 후 더 이상의 공판기일이 필요 없을 만큼 진행되었다면 재판장은 '결심(結審)'을 하고 판결선고기일을 지정한다. 선고기일은 원칙적으로 공개된 공판정에서 진행하며 재판장이 주문을 낭독하고 요지를 설명한다. 피고인에게 그 이유를 자세히 설명한다. 피고인은 7일 이내에 상소를 제기할 수 있다. 형사사건의 경우 민사와는 달리 필수적으로 판결문이 송달되지 않기 때문에 피고인이 판결서 송달을 원하는 경우에는 등본신청을 한다. 형사소송에서는 판결선고를 한 날로부터 날짜를 기산하므로 민사소송과 혼동해서는 안 된다.

결심이 된 후에도 당사자의 신청에 따라 변론재개 될 수 있으며 재판부에서는 그 내용을 살펴본 후 변론재개 할 수 있다.

마. 판결선고기일에 들을 수 있는 선고 종류

1) 실체재판

가) 유죄

- 형 선고 – 자유형의 선고 범위는 1개월 이상 15년 이하이다.
  – 집행유예: 3년 이하의 징역 또는 금고의 형 선고 시에 1년 이상 5년 이하의 기간 동안 형의 집행을 미루는 것이다.
- 형 면제 – 친족 간의 재산범죄나 자수, 자복을 할 경우 주문에 표기함.
- 선고유예

나) 무죄

공소사실은 인정되나 위법성조각사유, 책임조각사유가 있는 경우를 말한다.

2) 형식재판

- **공소기각**: 피고인에 대한 공소권이 없을 때, 공소제기절차가 위법할 때 선고한다.
- **관할위반**: 해당 사건이 관할에 속하지 않은 경우 관할위반을 선고한다.
- **면소판결**: 동일 사건에 대하여 이미 확정판결이 있은 때에 공소시효 완성 시 판결로 면소한다.

8. 상소

가. 상소의 의의

민사소송과 마찬가지로 확정되지 않은 판결에 대하여 상급법원에 불복하는 것을 말한다. 상소는 항소, 상고, 항고 3가지로 나눈다.

검사 또는 피고인이 상소할 수 있다. 단, 피고인은 자신에게 불리한 재판에 대해서면 상소할 수 있다.

나. 상소 제기

상소는 서면으로 원심법원에 제출해야 한다. 상급법원에 제출되는 실수를 범하는 경우가 많으므로 주의한다.

형사사건에서 항소 및 상고는 판결선고일로부터 7일 이내에 한다. (단, 초일은 산입하지 아니하고 말일이 공휴일인 경우에도 그 기간에 산입하지 않는다.) 형사사건 상소기간과 판결문 송달일과는 무관하므로 선고기일이 언제인지 확인하는 것이 중요하다. 즉, 민사사건 상소제기일과는 기간이 다르기 때문에 주의하도록 한다.

9. 항소

가. 항소의 정의

항소는 1심판결에 대한 불복을 2심법원에 상소하는 것이다. 판결선고일로부터 7일 이내에 항소장을 원심법원에 제출한다. (다만 주의할 것은 1심단독사건의 경우 항소장을 1심합의부에 제출한다는 것이다.) 1심법원 재판부에서는 항소장이 접수된 사건의 경우 기록을 정리하여 14일 이내에 항소심 재판부로 넘기고 그 기록을 받은 항소심 재판부는 즉시 항소인과 피항소인에게 사유를 통지한다.

항소인 또는 그 담당변호사는 소송기록접수통지서를 받은 날로부터 20일 이내에 항소이유서를 제출한다. 항소이유서를 제출 받은 재판부는 상대방에 송달하며 그 상대방은 10일 이내에 답변서를 제출한다.

항소심의 경우 1심의 인지대에 1.5배의 인지대를 납부한다. 인지 금액이 커서 납부하기 힘든 경우에는 실무에서는 일부만 먼저 납부하고 인지보정명령이 나오면 기한 내에 나머지 금액을 보정한다. 만약 인지를 완납하지 못하는 경우에는 항소기각으로 종결된다.

나. 선고

항소심 역시 1심과 마찬가지로 수 차례의 공판기일이 진행된 후 재판장이 변론종결(이는 '결심(結審)'이라고도 한다.)을 선언 후 다음 두 가지 선고를 한다.

① **항소기각**: 변론을 열어 심리하였지만 항소에 이유가 없다고 판단된 경우 항소를 기각한다. 1심의 판결 결과가 합당하다는 것이다.

② **원심판결파기**: 변론을 열어 심리한 결과 항소가 이유 있다고 판단한 경우에는 1심판결을 파기하고 항소심에서 다시 판결을 한다.

10. 상고

가. 상고의 정의

상고는 대법원에 상소하는 것을 말하는 것으로 2심판결에 불복하는 것을 말한다. 상고심은 법률심의 특징을 지니며 특별한 사유가 아니면 변론기일을 열지 않는다. 상고심에서는 변호사 아닌자가 변호인을 할 수 없다.

나. 상고심 진행

2심판결이 있은 후 7일 이내에 원심법원에 상고장을 제출한다. 2심법원은 기록을 정리하여 대법원으로 기록을 송부하게 되는데, 기록 일체를 받은 대법원 재판부는 당사자에게 소송기록 접수통지서를 발송한다. 소송기록 접수통지서를 받은 지 20일 이내에 상고이유서를 제출해야 한다. 제출된 상고이유서는 상대방에게 송달되며 송달 받은 상고이유서를 검토한 상대방은 10일 이내에 답변서를 제출해야 한다. 각 부본은 "상대방 숫자 + 6"부를 제출한다. 위와 같은 진행을 겪은 사건은 다음의 선고 결과를 갖게 된다.

다. 상고심 재판

① **공소기각**: 공소취소, 피고인사망, 법인인 피고인이 존재하지 않는 경우 선고한다.

② **상고기각**: 상고이유서를 20일 이내에 제출하지 않은 경우, 상소기한 종료 후 상고한 경우 선고한다.

③ **원심파기, 파기환송**: 상고한 이유가 명백하여 그 내용이 인정될 경우에는 2심 판결의 내용을 파기하고 2심법원으로 사건을 다시 보낸다. 그러한 경우 2심이 다시 개시되는 것이다.

11. 항고

가. 항고

항고는 결정에 대한 상소를 말한다. (판결에 대한 상소는 항소, 상고임) 결정이란 원칙적으로 판결이라는 종국적인 결과에 이르는 과정에 있어서 발생되는 여러 절차적인 내용에 대해 내려지는 것이다. 항고의 종류는 즉시항고, 보통항고, 재항고로 분류한다.

1) 즉시항고

결정이 난 후 3일 안에 제기한다. 법에 인정하는 경우만 제기할 수 있다. (상소기각결정, 보석허가결정, 소송비용부담결정 등)

2) 보통항고

대부분 가능하지만 특이하게 인정하지 않는 경우에만 제기할 수 없다. (판결 전 소송절차에 대해서는 항고가 불가능함.)

3) 재항고

항고법원, 고등법원의 결정에 대한 항고를 재항고라고 한다.

전자소송 이해하기

1. 전자소송의 정의
2. 전자소송의 특징
3. 사용하기

1. 전자소송의 정의

전자소송이란 법원이 운영하는 전자소송시스템을 이용하여 절차를 진행하는 것이다. 2010년 4월 26일 특허법원에서 시작하여 2011년 5월 2일 민사전자소송을 실시하였고 현재는 모든 사건이 전자소송으로 진행 가능하다. 본 시스템을 이용하면 소송절차가 투명하고 신속해지며 소송문서 제출 시 직접 법원을 방문하지 않아도 된다. 따라서 전자소송제도는 경제적이며 매우 안전한 제도이다.

2. 전자소송의 특징

가. 신속성

과거에는 법원에서 제출된 문서를 각 당사자에게 우편으로 송달해야 하는 번거로움이 있었다. 당사자가 해당 서류 저장소에 접속하여 송달을 받거나 사전에 등록된 이메일로 송달을 받으면 등기를 통해 법원 서류를 수령하였던 시절보다 훨씬 더 경제적이고 신속한 사건 진행이 가능할 것이다. 사건 진행에 필요한 인지대 및 송달료 제출도 은행에서 제출하고 그 증빙서류를 업로딩하면 된다.

나. 편의성

전자소송제도가 없었던 과거에는 각종 사건 서류접수 및 수령을 위해 해당 법원을 직접 방문해야 했다. 하지만 전자소송시스템에 등록된 공인인증서만 있다면 어디서든 해당 사건의 송달 및 서면접수가 가능하다. 이러한 측면은 소송 진행에 있어서 획기적인 발전이라고 볼 수 있다.

다. 투명성

대법원 홈페이지에 "나의 사건검색"을 활용하는 것과 같이 사건이 진행됨에 따라 제출되는 모든 서류들이 낱낱이 공개된다. 소송에 제출된 모든 자료들이 공개되므로 재판절차가 보다 투명하게 진행됨을 알 수 있다.

환경문제가 사회적으로 심각한 이슈로 대두되고 있는 요즘 전자소송을 도입함으로써 소송자료로 제출될 종이의 사용을 줄여서 비용을 낭비하지 않아 친환경적이다.

3. 사용하기

전자소송을 이용할 경우 공인인증서가 필요하다.

- 국가기관 및 공사 · 공단의 경우 필수적으로 전자소송을 진행해야 한다.
- 전자소송으로 사건을 진행할 경우 인지대 및 송달료가 10% 절약된다.

회원가입 → 전자소송 동의 → 전자문서 작성

- 전자소송시스템에 등록 가능한 문서 형식: PDF, HWP, DOC, DOCX, XLS, XLSX, TXT(PDF 이외 파일은 등록 시 자동 변환됨)
  (CF. 멀티미디어 형식: AVI, WMV, MP4, MPG, MPEG, ASF, MOV, PPT, MPS, WMA)
- 소장, 항소장, 상고장, 주소보정서, 증인신청서 등의 서류는 작성 문서를 업로딩하지 않고 준비된 항목에 입력하는 방식을 사용한다.
- 파일 하나의 크기는 10MB를 초과할 수 없다. 초과 시 여러 개의 파일로 분리하여 제출한다.(총 용량은 50MB 초과 불가)
- 전자소송화가 불가능한 서류의 경우 법원에 제출하여 상대방에서 송달 받을 수 있도록 조치한다.

V 조세불복업무

1. 세금의 종류
2. 불복절차
3. 불복 종류에 따른 방법

1. 세금의 종류

로펌 내 조세팀은 회계법인의 업무영역과 비슷하다. 조세팀의 비서는 로펌 내에서도 특수한 부서의 일원이기에 조금은 상이한 업무를 다루기도 한다. 업무의 전반적인 이해를 위해서는 아래 용어들을 이해하고 업무 프로세스를 익히는 것이 필요하다.

불복업무는 위법하거나 부당한 조세 관련 처분을 받은 경우 또는 필요한 처분을 받지 못한 경우 청구를 제기하여 잘못된 세금을 바로 잡을 수 있는 제도이다.[1] 조세는 징수하는 주체에 따라 크게는 국세와 지방세로 나눌 수 있다. 불복업무는 징수하는 주체에 따라 불복 대상이 달라진다. 세금의 고지서가 국세 또는 지방세인지 아래 세목의 분류에 따라 구분이 가능해야 한다.

가. 국세

국세의 징수 주체는 중앙정부이다.

나. 지방세

지방세의 징수 주체는 국가의 수권에 의해 지방자치단체이다.

1) 조세심판원 홈페이지 심판청구에 대한 정의

〈표 1〉 세금의 종류

국세	소득세류	• 소득세 • 법인세
	소비세류	• 부가가치세 • 특별소비세 • 영업세 • 부당이득세 • 통행세 • 주세 • 전기가스세 • 입장세
	자산세류	• 상속세 • 증여세 • 재평가세 • 인지세 • 전화세
지방세	소득세류	• 농지세 • 주민세
	소비세류	• 자동차세 • 마권세 • 도축세 • 면허세 • 등록세
	자산세류	• 재산세 • 취득세 • 도시계획세 • 공동시설세 • 사업소세

출처: 세법, 현암사.

2. 불복절차

다음은 일반적으로 기업 또는 개인사업자가 세무에 대해 행하는 불복절차 및 방법이다.

기업 또는 개인사업자에게는 국세청에서 정기 · 비정기적으로 세무조사를 실시한다. 이 세무조사의 결과를 세무조사결과통지서 또는 과세예정통지서를 통해 안내한다. 기존에 납부한 세금에 대해 세무조사 결과 추가로 납부 요청을 하는 경우도 있고, 감액이 되는 경우도 있다. 불복은 바로 청구인이 납부 요청을 받은 세금이 부당하다고 생각되거나, 또는 증액된 세금에 대해 수정을 요청할 때에 청구할 수 있는 방법이다.

대부분의 법률회사 또는 회계 · 세무법인에서는 전문적인 지식을 가진 변호사 · 회계사 · 세무사가 작성을 하지만, 비서의 업무는 작성된 청구서들이 올바른 양식에 맞게 작성 되었는지를 제출 전에 검토하는 역할이다. 또한, 불복의 업무는 다양하고 복잡한 단계를 거치기 때문에, 현재 준비하고 있는 청구서들이 업무 프로세스상 어떤 단계인지 파악하고, 앞으로 어떤 업무를 해야 할 지 비서로서 파악하고 있어야 한다.

가. 과세전적부심사청구

기본적으로 세금을 납부하기 전, 예상되는 세액에 대해 부당함을 청구할 수 있는 단계이다.

나. 이의신청

심판청구와 동일하게 납세고지서를 받은 이후, 90일 안에 신청이 가능하다. 납세고지서 등을 보낸 세무서장 또는 그 관할을 담당하는 지방국세청장을 상대로 신청이 가능하다. 이의신청에 대한 기각 결정을 받은 이후에는, 국세청에 심사청구를 하거나 조세심판원에 심판청구가 가능하다.

다. 심판청구

납세고지서를 수령한 이후, 심판청구를 하기 위해서는 반드시 납세 이후에 가능하다. 납세 이후 바로 심판청구를 제기할 수도 있고, 또는 과세전적부심사를 거쳐 불채택의 결정을 받은 이후나 이의신청을 제기한 후 기각 결정을 받은 이후, 다음 단계의 불복으로 조세심판원에 심판청구를 제기할 수도 있다.

라. 심사청구

심판청구와 같은 단계의 청구로서, 청구를 요청하는 대상이 다르다. 심사청구는 국세청, 관세청, 감사원으로 청구할 수 있다. 기본적으로 청구 방법은 심판청구와 유사하다.

마. 경정청구

당초에 세무서에 신고한 세금액이, 결산 후 계산된 세금액보다 많거나 적은 경우

세액에 대한 수정을 요청하는 청구이다. 납세자가 잘못 신고한 금액을 바로 잡을 수 있도록 하는 것으로, 법정신고기한 경과 후 5년 내에 관할 세무서장에게 경정을 청구할 수 있다. 경정청구에 대한 기각 결정을 받은 후, 조세심판원에 청구를 제기할 수 있다.

바. 행정소송

심판청구에 대한 결정으로 기각을 받은 경우, 행정법원(지방의 경우 지방법원)에 행정소송을 제기할 수 있다. 기한은 심판청구 결정을 받은 날로부터 90일이다.

〈그림 1〉 불복의 절차

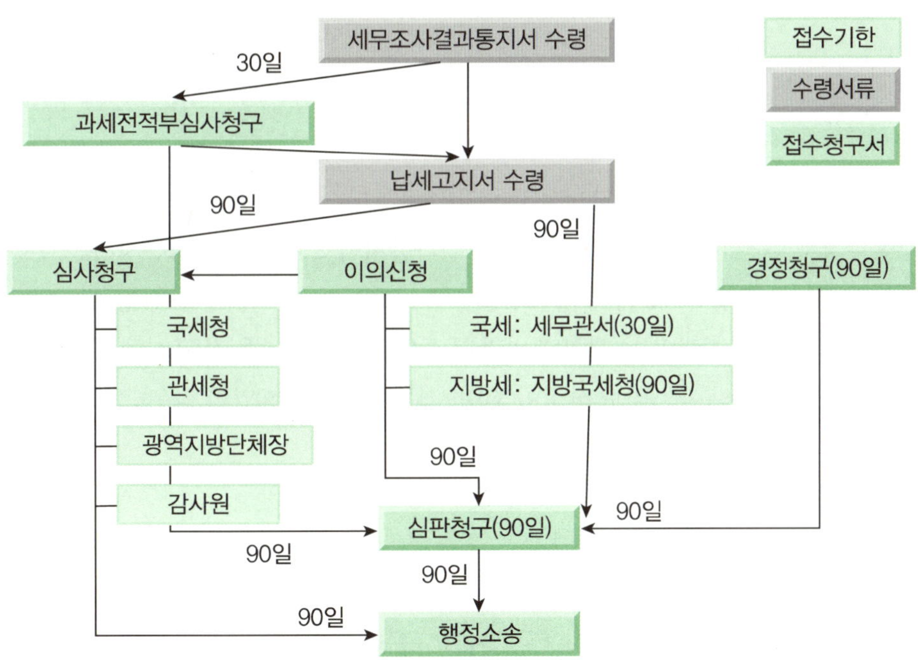

3. 불복 종류에 따른 방법

가. 과세전적부심사청구

1) 정의

과세전적부심사(課稅前適否審查)청구서는 세금을 납부하기 전에 불복을 할 수 있는 절차이다. 일반적으로 기업 또는 개인사업자를 세무조사 한 후, 국세청에서는 세무조사결과통지서 또는 과세예고통지서를 발송한다. 세금을 부과하기 전 예상되는 세금에 대한 고지를 받은 단계이며 아직 세금을 납부하지는 않은 상태이다. 세금을 납부하지 않은 상태에서, 즉 과세 전 세금의 부당함에 대한 심사를 청구하는 것이다.

2) 접수기한

모든 불복의 접수기한은, 고지사항을 안 날로부터 익일(翌日) 산정된다. 즉, 과세전적부심사청구서는 앞서 말한 세무조사결과통지서 또는 과세예고통지서를 수령한 날로부터 30일 이내에 국세청으로 불복이 가능하다. 불복기한을 산정하는 일은 매우 중요하므로, 기업 또는 개인이 위의 통지서를 수령한 날을 잘 표시해 두어야 한다. 수령일 다음날부터 1일로 산정이 되며, 접수기한이 공휴일인 경우 그 다음날까지 기한으로 인정이 된다.

3) 처분청 및 접수처

과세전적부심사청구는 국세와 지방세에 따라 처분청이 달라진다. 국세의 경우 관할 세무서 또는 국세청이 처분청에 해당된다. 지방세의 경우 지방국세청이 처분청이 된다. 적부심의 경우 처분청이 곧 접수처에 해당된다. 다만, 아래의 경우는 무조건 국세청으로 접수를 하게 된다.

- 국세청장의 유권해석 변경사항의 경우
- 법령과 관련하여 새로운 해석이 필요한 사항인 경우
- 국세청장의 훈령 · 예규 · 고시 등과 관련하여 새로운 해석이 필요한 사항인 경우
- 국세청장의 감사결과 과세예고통지에 관한 사항인 경우
- 과세전적부심사청구금액이 10억 원 이상에 해당하는 경우

4) 서식 작성 및 검토법

과세전적부심사청구서의 양식은 국세청에 게재된 서식사항을 참고하면 된다. 청구서 양식은 국세청 제출용과 지방국세청 또는 세무서 제출용으로 구분된다. 청구사항에 적절한 양식을 사용하였는지 확인한다.

청구인란은 청구회사의 정확한 상호명, 사업자등록번호, 대표자명, 전화번호와 정확한 주소가 기입되었는지 확인한다. 주로 청구인란의 정보는 세무조사결과통지서 또는 과세예고통지서에 기재된 정보를 이용하면 된다.

통지관서는 세무조사결과통지서의 하단에 ××지방국세청이라고 적힌 부분이 기재되었는지 확인한다. 특히 통지관서를 기재할 때에는, 청구인의 상대방이 지방국세청이 아닌 국세청장에 해당하므로, ××지방국세청'장'이라고 기재한다. 청구이유서 작성 시에도 항상 처분청에는 ××'장'으로 기재한다.

하단의 대리인란은 청구회사의 대리회사인 법률회사에 해당한다. 대리인란은 위임장과 같은 효력을 가지기 때문에 정확한 대리인 정보를 기재해야 한다. 대리인 중 변호사가 포함되는 경우, 변호사협회에서 판매하는 경유증이 부착되도록 한다. 또

〈그림 2〉 과세전적부심사청구서(국세청용) [별지 제56호의3서식]

[별지 제56호의3서식] 〈개정 2010.3.31〉

<table>
<tr><td colspan="7" rowspan="2">과 세 전 적 부 심 사 청 구 서(국세청용)</td><td>처리기간</td></tr>
<tr><td>30일</td></tr>
<tr><td rowspan="3">청
구
인</td><td>상호(법인명)</td><td colspan="2"></td><td colspan="2">주민(법인)등록번호
(사업자등록번호)</td><td colspan="2"></td></tr>
<tr><td>성명(대표자)</td><td colspan="2"></td><td colspan="2">전화번호
(휴대전화)</td><td colspan="2">(　　　)</td></tr>
<tr><td>주소 또는 사업장
(전자우편)</td><td colspan="6">(우　-　)
전자우편:　　　@</td></tr>
<tr><td colspan="2">세무조사결과(과세예고)
통지관서</td><td colspan="2"></td><td>통지연월일
(통지받은 날)</td><td colspan="3">20　.　.
(20　.　.　)</td></tr>
<tr><td colspan="2" rowspan="2">청구세액관련</td><td rowspan="2">세목</td><td rowspan="2"></td><td rowspan="2">과세대상
기간</td><td rowspan="2"></td><td>통지세액</td><td>원</td></tr>
<tr><td>청구세액</td><td>원</td></tr>
<tr><td colspan="2">과세전적부심사 유형</td><td colspan="6">□ 국세청장의 유권해석 변경사항
□ 법령과 관련하여 새로운 해석이 필요한 사항
□ 국세청장의 훈령 · 예규 · 고시 등과 관련하여 새로운 해석이 필요한 사항
□ 국세청장의 감사결과에 따른 과세예고 통지에 관한 사항
□ 과세전적부심사 청구금액 10억원 이상</td></tr>
<tr><td colspan="2">청구 내용 및 이 유</td><td colspan="6"></td></tr>
<tr><td colspan="2">첨부서류</td><td colspan="6"></td></tr>
<tr><td colspan="8">「국세기본법」 제81조의15 및 같은 법 시행령 제63조의14에 따라 위와 같이 과세전적부심사를 청구합니다.

20　년　월　일
청구인:　　　(서명 또는 날인)
국 세 청 장 귀하</td></tr>
<tr><td rowspan="4">위
임
장</td><td colspan="7">「국세기본법」 제59조제1항에 따라 아래 사람에게 위 청구에 관한 사항을 위임합니다.
(다만, 과세전적부심사청구의 취하는 따로 위임을 하는 경우로 한정합니다)</td></tr>
<tr><td rowspan="2">위임자
(청구인)</td><td colspan="6">대 리 인</td></tr>
<tr><td>구분</td><td>성명</td><td colspan="3">사업장</td><td>전화번호(휴대전화)</td></tr>
<tr><td>(서명 또는 날인)</td><td>□ 세무사
□ 공인회계사
□ 변호사</td><td>(서명 또는 날인)</td><td colspan="3">사업자등록번호:
소재지:　　(우　　)
전자우편:　　@</td><td>(　　)</td></tr>
</table>

귀하의 과세전적부심사청구 진행상황은 국세청홈페이지(www.nts.go.kr)에서 조회할 수 있습니다.

210mm × 297mm(일반용지 60g/m²(재활용품))

〈그림 3〉 과세전적부심사청구서(지방국세청용 또는 세무서용)

[별지 제56호의2서식] 〈개정 2010.3.31〉

과세전적부심사청구서							처리기간 30일
청구인	상호(법인명)			주민(법인)등록번호 (사업자등록번호)			
	성명(대표자)			전화번호 (휴대전화)		( )	
	주소 또는 사업장 (전자우편)	(우 -) 전자우편: @					
세무조사결과(과세예고) 통지관서				통지연월일 (통지 받은 날)		20 . . (20 . .)	
청구세액 관련		세목		과세대상 기간		통지세액	원
						청구세액	원
청구 내용 및 이유							
첨 부 서 류							

「국세기본법」제81조의15 및 같은 법 시행령 제63조의14에 따라 위와 같이 과세전적부심사를 청구합니다.

20 년 월 일

청구인: (서명 또는 날인)

지방국세청장 · 세무서장 귀하

위임장

「국세기본법」제59조제1항에 따라 아래 사람에게 위 청구에 관한 사항을 위임합니다.
(다만, 과세전적부심사청구의 취하는 따로 위임을 하는 경우로 한정합니다)

위임자 (청 구 인)	대리인			
	구분	성명	사업장	전화번호 (휴대전화)
(서명 또는 날인)	□ 세무사 □ 공인회계사 □ 변호사	(서명 또는 날인)	사업자등록번호: 소재지: (우) 전자우편: @	( )

귀하의 과세전적부심사청구 진행상황은 국세청홈페이지(www.nts.go.kr)에서 조회할 수 있습니다.

210㎜×297㎜(일반용지 60g/㎡(재활용품))

한 청구인의 도장이 제출 전 꼭 날인이 되어야 한다.

지방국세청 및 세무서에 접수하는 양식도 위와 동일하게 적용된다.

5) 접수 이후 진행사항

- 과세전적부심사청구는 접수일로부터 30일 내에 처리되는 것이 원칙이다. 접수 이후에는 과세전적부심진행상황 안내서를 수령받게 된다.

〈그림 4〉 과세전적부심사청구서의 진행상황 검색[2)]

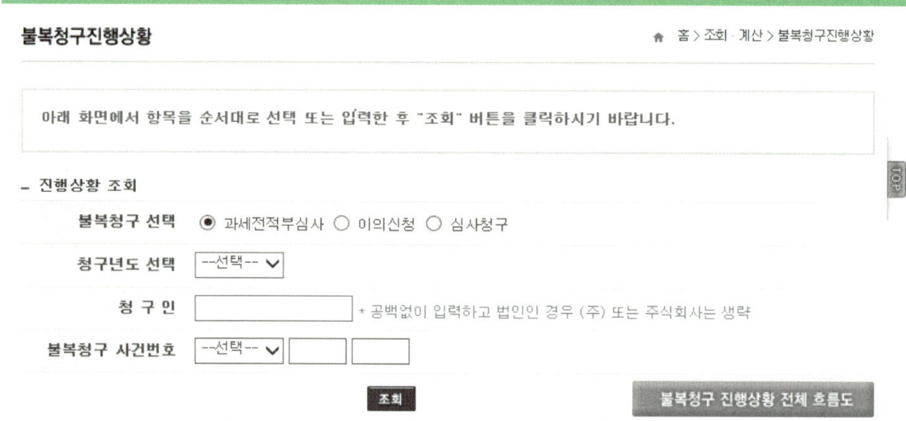

- 과세전적부심 진행상황 안내서 수령: 안내문에는 사건번호가 기재되어 있어, 국세청 홈페이지에서 진행사항에 대해 검색이 가능하다.
- 보정요구 제출서 수령: 초기 서류를 접수한 이후, 조사관이 사건을 파악하기에 부족하다고 생각하는 경우 제출된 서류에 대해 보정을 요구한다. 추가로 증빙자료나 의견서를 제출하라는 의미이며, 보정요구에 대한 공문을 받으면 20일 정도의 적부심 진행 기간을 연장할 수 있다.

2) 국세청 홈페이지, http://www.nts.go.kr/cal/cal_09.asp

- 보충항변서 제출: 보정요구서를 수령하거나, 때로는 조사관의 요청에 의해 보충항변서에 대해 요청을 받는 경우, 추가로 자료를 제출한다.

〈그림 5〉 과세전적부심사청구서의 처리절차[3)]

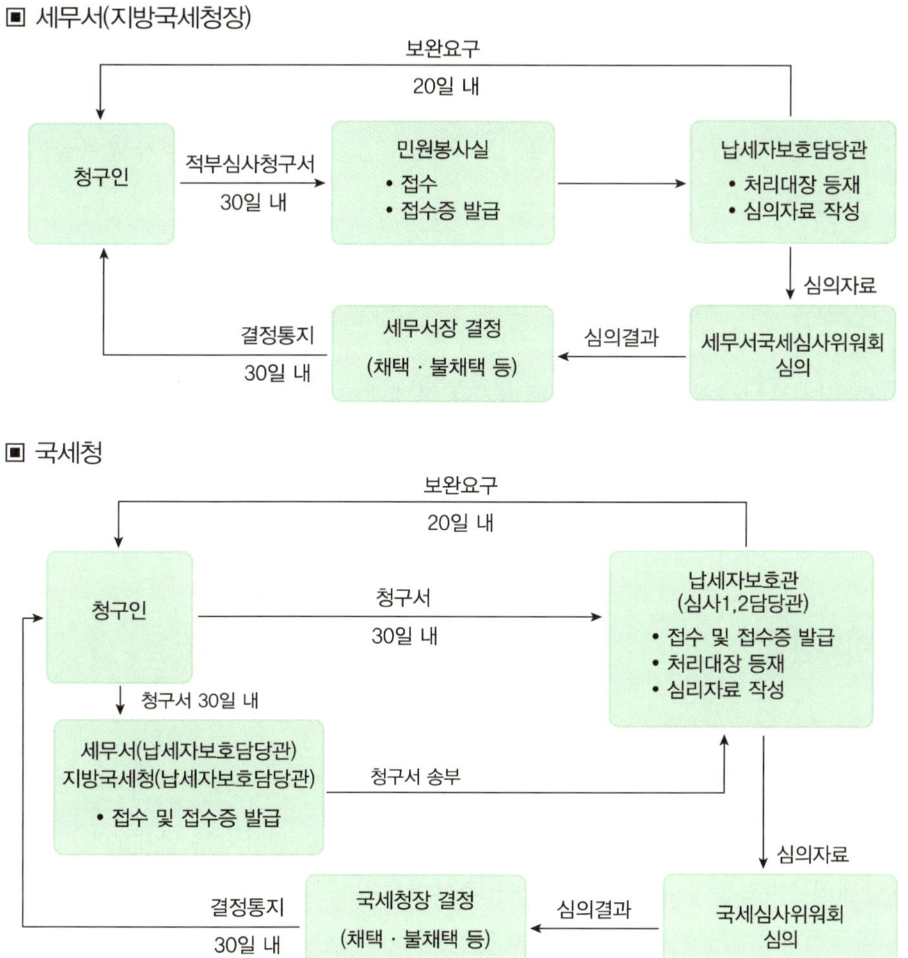

3) 국세청 홈페이지, http://nts.go.kr/info/info_06_03_02_02.asp

6) 결정문의 수령

국세청의 심사결과에 대해 대리인은 청구에 대한 결정문을 받게 된다. 결정문은 크게 세 가지로 나눌 수 있다.

- **채택**: 청구인의 과세불복사항을 인정하는 것이다.
- **불채택**: 청구인의 과세불복사항을 인정하지 않는 것이다. 이후에는 청구인에게 납세고지서가 발급된다.
- **각하**: 청구조건에 부적합하거나, 고지기한을 넘긴 경우 청구 자체가 받아들여지지 않는 것이다.

7) 수령 후 챙겨야 할 사항

과세전적부심사청구 결과가 채택되거나 불채택인 경우라도 **결과에 대해 청구인이 받아들이는 경우, 고지되는 금액을 납부하면 된다.**

반면, 불채택의 경우 청구인의 추가 불복 의사가 있으면 납세 **후 불복이 가능하다.**

나. 이의신청

1) 정의

이의신청은 세무서장으로부터 위법 또는 부당하다고 생각되는 납세고지서, 제2차 납세의무지정통지서 및 납부통지서, 주류면허취소, 재산압류통지서 등을 받았거나, 환급신청을 하였는데 환급을 받지 못한 경우, 감면신청을 하였는데 감면을 받지 못한 경우와 같이 필요한 처분을 받지 못한 경우에 국세청장에게 심사청구를 하기 전에 임의절차로서 세무서장 또는 지방국세청장에게 청구하는 것이다.

〈그림 6〉 이의신청서 양식

[별지 제32호서식] 〈개정 2005.3.19, 2006.2.14〉

<table>
<tr><td colspan="4" rowspan="2">이의신청서</td><td>처리기간</td><td>수수료</td></tr>
<tr><td>30일</td><td>없음</td></tr>
<tr><td rowspan="3">신청인</td><td>①성명</td><td></td><td>②주민등록번호
(사업자등록번호)</td><td colspan="2"></td></tr>
<tr><td>③상호</td><td></td><td>④전화번호
(휴대전화번호)</td><td colspan="2"></td></tr>
<tr><td>⑤주소또는사업장소재지</td><td colspan="4">(우 -)
전자우편(e-mail) :</td></tr>
<tr><td colspan="2">⑥처분청</td><td></td><td>⑦조사기관</td><td colspan="2"></td></tr>
<tr><td colspan="6">⑧처분통지를 받은 날(또는 처분이 있은 것을 처음으로 안 날) : 년 월 일</td></tr>
<tr><td colspan="6">⑨통지된 사항 또는 처분의 내용(과세처분인 경우에는 연도, 기분, 세목 및 세액 등을 기재합니다)
※ 년도 기분 세 원 부과처분</td></tr>
<tr><td colspan="6">⑩불복의 이유(내용이 많은 경우에는 별지에 기재하여 주십시오)</td></tr>
<tr><td colspan="6">「국세기본법」제66조 및 동법 시행령 제54조의 규정에 의하여 위와 같이 이의신청합니다.
년 월 일
신청인 (서명 또는 인)
세무서장
지방국세청장 귀하</td></tr>
<tr><td colspan="6">첨부서류
1. 불복이유서(불복의 이유를 별지로 작성한 경우입니다)
2. 불복이유에 대한 증거서류(첨부서류가 많은 경우 목록을 별도로 첨부하여 주십시오)</td></tr>
</table>

<table>
<tr><td rowspan="4">위임장</td><td colspan="6">「국세기본법」제59조제1항의 규정에 의하여 아래 사람에게 위 이의신청에 관한 사항을 위임합니다(다만, 심사청구의 취하는 별도의 위임을 받은 경우에 한합니다).</td></tr>
<tr><td rowspan="2">위임자
(신청인)</td><td colspan="5">대리인</td></tr>
<tr><td>구분</td><td>성명</td><td>사업장 소재지</td><td>사업자등록번호
(전자우편)</td><td>전화번호
(휴대전화번호)</td></tr>
<tr><td>(서명 또는 인)</td><td>세무사
공인회계사
변호사</td><td>(서명 또는 인)</td><td>(우 -)</td><td></td><td></td></tr>
</table>

<table>
<tr><td colspan="3">이의신청서접수증</td><td>(접수번호 호)</td></tr>
<tr><td>성명</td><td></td><td>주소</td><td></td></tr>
<tr><td colspan="2" rowspan="2">첨부서류
1. 불복이유서( )
2. 불복이유에 대한 증거서류( )</td><td>접수자</td><td></td></tr>
<tr><td>접수일자인</td><td></td></tr>
<tr><td colspan="4">귀하의 이의신청 진행상황은 국세청 홈페이지(www.nts.go.kr)에서 조회가 가능합니다.</td></tr>
</table>

210㎜×297㎜(일반용지 60g/㎡(재활용품))

그러나, 국세청장의 조사 · 결정에 의한 처분, 국세청 감사 결과에 따른 처분, 국세청의 세무사찰 결과에 따른 처분, 국세청장의 특별한 지시에 의한 처분, 세법에 의하여 국세청장이 하여야 할 처분은 이의신청대상이 아니다.[4]

2) 접수기한

접수기한은 납세고지서를 받은 날로부터 90일 이내에만 접수가 가능하다.

3) 처분청 및 접수처

이의신청의 처분청은 납세고지서를 발급한 해당 세무서 또는 그 세무서를 관할하는 지방국세청이 될 수 있다. 두 경우 모두 접수처는 해당 세무서이다.

4) 서식작성 및 검토법

서식작성 및 검토법은 심판청구서의 작성법과 유사하다.

5) 접수 이후 진행사항

이의신청 시 접수증 수령 및 접수일로부터 30일 내(지방세의 경우 90일 내) 결정이 원칙이다. 사건에 따라 처리기간이 30일을 넘는 경우도 있다.

이의신청의 경우, 국세청 홈페이지를 통하여 진행 과정을 알 수 있다. 다음의 불복청구 진행상황 전체 흐름도를 보면, 책에서 설명되는 대부분의 불복청구가 접수 이후 아래의 단계로 진행이 된다.

---

4) 국세청 홈페이지

〈그림 7〉 불복청구 진행상황 전체 흐름도[5)]

심리담당배정

- 담당자 배정
- (조사청) 의견 조회
- 진행상황 및 불복절차 안내문 발송 → 청구인

↓

사건심리 중

- 불복청구 요건 적법성 검토
- 불복청구 내용 검토
- 심리자료 작성

↓

사전열람 중

- 심리자료 이메일 발송 → 청구인 처분청
- 청구인 및 처분청: 심리자료 열람 및 추가의견 제출
- 추가의견 심리자료 반영

↓

위원회 상정 중

- 심리자료 국세심사위원회 상정
- 국세심사위원회 개최
- 결정서 작성

↓

결정서 발송 중

- 결정서 발송 → 청구인 처분청

5) 국세청 홈페이지, http://www.nts.go.kr/cal/cal_09_pop.html

청구서를 접수하면, 국세청에서는 사건에 대해 자세히 조사하기 위해 담당자를 배정한다. 이후 조사청의 의견을 수령 후, 청구인(대리인)에게 진행상황 및 불복절차의 안내문을 발송한다. 이 안내문에는 사건번호 및 추후 진행상황에 대해 기재 되어 있다. 국세청 내에서는 사건에 대해 조사 후, 심리자료를 작성한다. 이 자료는 청구인과 처분청 모두에게 발송이 되며, 열람한 자료에 이의가 있는 경우 보충항변서로 추가자료를 제출한다. 추가의견이 반영된 심리자료로 국세심사위원회에 안건이 상정된다. 국세심사위원회에서는 사건의 과세가 타당한지 여부를 논의 한 후, 그에 대한 결정문을 작성한다. 결정문은 청구인 및 처분청 모두에게 발송된다.

6) 결정문의 수령

심사결과에 대해 대리인은 청구에 대한 결정문을 받게 된다. 결정문은 크게 네 가지로 나눌 수 있다.

- **인용**: 청구인의 과세불복사항을 인정하는 것이다.
- **기각**: 청구인의 과세불복사항을 인정하지 않는 것이다. 이후에는 청구인에게 납세고지서가 발급된다.
- **부분 인용**: 청구인이 주장하는 부분에 대해 부분적으로 인정하는 것이다. 이후 청구인은 예상 고지액에서 수정된 고지서를 받게 된다.
- **각하**: 청구 조건에 부적합하거나, 고지기한을 넘긴 경우 청구 자체가 받아들여지지 않는 것이다.

7) 결정문 수령 후 불복사항

이의신청의 결과가 인용이거나 또는 부분 인용에 대해 청구인이 받아들이는 경우, 고지되는 금액에 대해 납부하면 된다.

반면, 기각 · 각하 · 부분 인용의 경우 청구인의 추가 불복 의사가 있으면 결정문을 받은 날로부터 90일 내에 심판청구를 통해 불복이 가능하다.

다. 심판청구

1) 정의

심판청구는 발급된 고지서에 대해 세금을 납부 한 이후에 불복할 수 있다. 심판청구는 **과세전적부심사청구서를 진행한 이후의** 단계이나, 적부심단계를 거치지 않고도 청구가 가능하다.

2) 접수기한

심판청구서의 접수기한은 납세고지서를 수령한 날(또는 과세고지사항을 안 날)부터 또는 이의신청의 기각 결정문을 받은 날로부터 90일 내에 청구가 가능하다. 불복기한을 산정하는 일은 매우 중요하므로, 기업 또는 개인이 위의 납세고지서를 수령한 날을 잘 표시해 두어야 한다. 수령일의 다음날부터 1일로 산정이 되며, 접수기한이 공휴일인 경우 그 다음날까지 기한으로 인정이 된다.

Q 2015년 3월 2일에 납세고지서를 수령하였다. 불복이 가능한 기간은 언제까지인가?

A 3월 3일부터 불복일 하루로 계산이 된다. 심판청구서의 불복기한은 90일이므로, 5월 30일이 기한이다. 하지만 해당 날짜가 토요일이므로, 실제 접수 가능기한은 6월 1일, 월요일까지이다.

3) 처분청 및 접수처

심판청구서는 처분청과 접수처가 구분된다. 처분청은 납세를 처분한 기간에 해당한다. 이는 사업장 소재지의 관할 세무서가 일반적이다. 즉, 청구인의 상대방이 된다. 반면 심판청구서를 접수 받고, 그에 대해 판단하는 기관은 조세심판원이다.

조세심판원에 접수 시는 청구서 원본 2부를 접수한다. 1부는 조세심판원에서, 1부는 상대방인 관할 세무서로 전달이 된다.

4) 서식작성 및 검토법

심판청구서의 양식은 조세심판원에 게재된 서식사항을 참고하면 된다. 청구서 양식은 국세용과 지방세용으로 구분된다. 세목에 따라 청구사항에 적절한 양식을 사용하였는지 확인한다.

청구인란은 청구회사의 정확한 상호명, 사업자등록번호, 대표자명, 전화번호와 정확한 주소가 기입되었는지 확인한다. 주로 청구인란의 정보는 납세고지서에 기재된 정보를 이용하면 된다.

처분청은 납세고지서의 하단에 '××세무서장'이라고 적힌 부분이 기재되었는지 확인한다. 특히 통지관서를 기재할 때에는, ××세무서'장'이라고 기재한다. 청구이유서 작성 시에도 항상 처분청에는 ××세무서'장'으로 기재한다.

하단의 대리인란은 청구회사의 대리회사인 법률회사에 해당한다. 대리인란은 위임장과 같은 효력을 가지기 때문에 정확한 대리인 정보를 기재해야 한다. 대리인 중 변호사가 포함이 되는 경우, 변호사협회에서 판매하는 경유증이 부착되도록 한다. 또한 청구인의 도장이 제출 전 꼭 날인이 되어야 한다.

지방세의 경우는 청구서 상단에 '지방세심판청구서'라고 구분이 되어 있다.

〈그림 8〉 국세심판청구서 양식

[별지 제35호 서식](2008. 3. 20. 개정)

심 판 청 구 서	처리기간	수수료
	90일	없 음

<table>
<tr><td rowspan="3">청
구
인</td><td>① 성 명</td><td></td><td>② 주 민 등 록 번 호
(사 업 자 등 록 번 호)</td><td></td></tr>
<tr><td>③ 상 호</td><td></td><td>④ 전 화 번 호
(휴대전화번호)</td><td></td></tr>
<tr><td>⑤ 주 소 또 는
사 업 장 소 재 지</td><td colspan="3">(우 –)
전자우편(e-mail) :</td></tr>
<tr><td colspan="2">⑥ 처 분 청</td><td></td><td>⑦ 조 사 기 관</td><td></td></tr>
<tr><td colspan="5">⑧ 처분통지를 받은 날(또는 처분이 있은 것을 처음으로 안 날): 년 월 일</td></tr>
<tr><td colspan="5">⑨ 통지된 사항 또는 처분의 내용(과세처분인 경우에는 연도, 기분, 세목 및 세액 등을 기재합니다)
※ ________연도 ________기분 ___________세 __________원 부과처분</td></tr>
<tr><td colspan="2">⑩ 이의신청을 한 날</td><td>년 월 일</td><td>⑪ 이의신청 결정통지를 받은 날(결정통지를 받지 못한 경우에는 결정기간이 경과한 날)</td><td>년 월 일</td></tr>
<tr><td colspan="5">⑫ 불복의 이유(내용이 많은 경우에는 별지에 기재하여 주십시오)</td></tr>
<tr><td colspan="5">「국세기본법」 제69조 및 동법 시행령 제55조의 규정에 의하여 위와 같이 심판청구를 합니다.
년 월 일
청구인 (서명 또는 인)
조세심판원장 귀하</td></tr>
<tr><td colspan="5">첨부서류: 1. 불복이유서(불복의 이유를 별지로 작성한 경우입니다)
2. 불복이유에 대한 증거서류(첨부서류가 많은 경우 목록을 별도로 첨부하여 주십시오)</td></tr>
</table>

<table>
<tr><td rowspan="4">위
임
장</td><td colspan="6">「국세기본법」 제59조제1항의 규정에 의하여 아래 사람에게 위 심판청구에 관한 사항을 위임합니다(다만, 심판청구의 취하는 별도의 위임을 받은 경우에 한합니다).</td></tr>
<tr><td rowspan="2">위임자(청구인)</td><td colspan="5">대 리 인</td></tr>
<tr><td>구 분</td><td>성 명</td><td>사업장소재지</td><td>사업자등록번호 (전자우편)</td><td>전화번호 (휴대전화번호)</td></tr>
<tr><td>(서명 또는 인)</td><td>세 무 사
공인회계사
변 호 사</td><td>(서명 또는 인)</td><td>(우 -)</td><td></td><td></td></tr>
</table>

<table>
<tr><td colspan="4">심 판 청 구 서 접 수 증 (접수번호 호)</td></tr>
<tr><td>성 명</td><td></td><td>주 소</td><td></td></tr>
<tr><td colspan="2" rowspan="2">첨부서류
1. 불복이유서 ( )
2. 불복이유에 대한 증거서류 ( )</td><td>접 수 자</td><td></td></tr>
<tr><td>접수일자인</td><td></td></tr>
</table>

210㎜×297㎜(일반용지 60g/㎡(재활용품))

〈그림 9〉 지방세심판청구서 양식

■ 지방세기본법 시행규칙[별지 제77호서식]

<table>
<tr><td colspan="4" rowspan="2">지방세 심판청구서</td><td>처리기간</td><td>수수료</td></tr>
<tr><td>90일</td><td>없 음</td></tr>
<tr><td rowspan="3">청
구
인</td><td>성명</td><td></td><td>주민등록번호
(사업자등록번호)</td><td colspan="2"></td></tr>
<tr><td>상호</td><td></td><td>전화번호
(휴대전화번호)</td><td colspan="2">(　　)</td></tr>
<tr><td>주소(영업소)</td><td colspan="4">□□□-□□□
전자우편(e-mail):</td></tr>
<tr><td colspan="2">처 분 청</td><td></td><td>조사기관</td><td colspan="2"></td></tr>
<tr><td colspan="6">처분통지를 받은 날(또는 처분이 있은 것을 처음으로 안 날): 년 월 일</td></tr>
<tr><td colspan="6">통지된 사항 또는 처분의 내용(과세처분인 경우에는 과세연도, 기분, 세목 및 지방세액 등을 기재합니다)
※ ________년도 ________기분 __________세 _________원 부과처분</td></tr>
<tr><td colspan="2">이의신청을 한 날</td><td>년 월 일</td><td>이의신청 결정통지를 받은 날
(결정통지를 받지 못한 경우에는 결정기간이 경과한 날)</td><td colspan="2">년 월 일</td></tr>
<tr><td colspan="2">이의신청에 대한
결 정 사 항</td><td colspan="4"></td></tr>
<tr><td colspan="6">불복의 사유(내용이 많은 경우에는 별지에 기재하여 주십시오)</td></tr>
<tr><td colspan="6">「지방세기본법」 제119조 및 같은 법 시행령 제96조제1항에 따라 위와 같이 심판청구를 합니다.
년 월 일
청구인 (서명 또는 인)
조세심판원장 귀하</td></tr>
<tr><td colspan="6">첨부서류: 1. 불복사유서(불복의 이유를 별지로 작성한 경우입니다)
2. 불복사유에 대한 증거서류(첨부서류가 많은 경우 목록을 별도로 첨부하여 주십시오)</td></tr>
</table>

<table>
<tr><td rowspan="4">위
임
장</td><td colspan="6">위 심판청구에 관한 일체의 권한을 아래 사람에게 위임합니다
(다만, 심판청구의 취하는 별도의 위임을 받은 경우에 한합니다).</td></tr>
<tr><td rowspan="2">위임자
(청구인)</td><td colspan="5">대 리 인</td></tr>
<tr><td>구 분</td><td>성 명</td><td>사업장소재지</td><td>사업자등록번호
(전자우편)</td><td>전화번호
(휴대전화)</td></tr>
<tr><td>(서명 또는 인)</td><td>세 무 사
공인회계사
변 호 사</td><td>(서명 또는 인)</td><td>(㊒ -)</td><td></td><td></td></tr>
</table>

<table>
<tr><td colspan="4">지방세 심판청구서 접수증　　　　(접수번호　　호)</td></tr>
<tr><td>성 명</td><td></td><td>주 소</td><td></td></tr>
<tr><td colspan="2" rowspan="2">[첨부서류]
1. 불복사유서 (　)
2. 불복사유에 대한 증거서류 (　)</td><td>접 수 자</td><td></td></tr>
<tr><td>접수일자인</td><td></td></tr>
</table>

210mm×297mm(일반용지 60g/㎡(재활용품))

5) 접수 방법

조세심판원은 총 세 가지 방법으로 접수가 가능하다.

세종시에 위치한 조세심판원이나 창성동에 위치한 별관에 직접 방문하여 접수가 가능하다. 우편으로 접수할 경우에는 세종시 조세심판원으로만 발송 가능하다. 또한 조세심판원 홈페이지에서 사이버심판청구 접수를 통해서도 가능하다. 다만, 사이버심판청구를 통해 접수할 경우, 심판청구일로부터 3일 이내에 심판청구서 원본 2부를 우편으로 꼭 발송하여야 한다.

6) 접수 이후 진행사항

조세심판원에 사건이 접수되면 일정 기간이 지난 후, 심판관에게 사건이 배정된다. 심판원에서도 사건 배정에 대해 통지서와 처분청 의견서를 청구인에게 발송한다. 통지서에는 사건번호가 기재되어 있어, 조세심판원 홈페이지 '나의사건조회'에서 진행상황에 대해 열람이 가능하다.

〈그림 10〉 조세심판원 사건 진행상황 검색[6)]

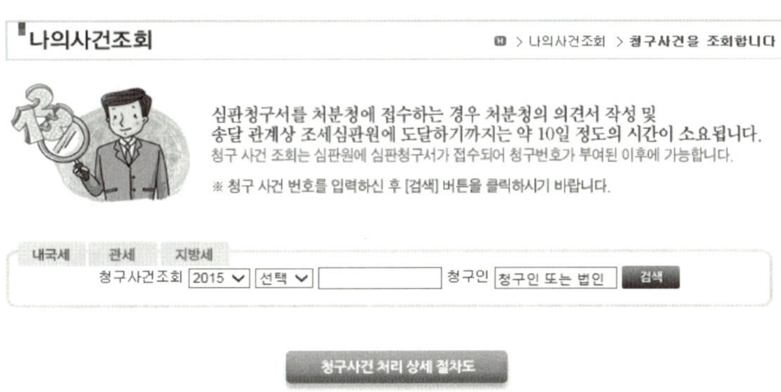

6) 조세심판원 홈페이지, http://www.tt.go.kr/mUser/search/myDemList.do

심판원에서는 사실 및 관계를 조사하여 심리자료를 작성한다. 청구인은 사건을 배정 받은 이후에는 심판원의 홈페이지에서 사전열람자료를 신청하면 심판원에서 작성되는 심리자료에 대해 심판관 회의 상정 이전에 열람이 가능하다.

안내 된 날짜에는 조세심판원에서 심판관회의가 상정이 되고, 이 회의에는 청구인 및 대리인이 참석할 수 있다. 회의에 참석을 하기 위해서는 사전에 의견진술신청서를 작성하여야 한다. 이 또한 홈페이지에서 신청이 가능하다. 심판관 회의에서 결정이 이루어진 후 조정 및 검토 과정을 거친다. 다만, 이 과정에서 종전의 결정례를 변경하는 경우 심판관합동회의를 통해 다시 결정이 되는 경우도 있다. 결정이 된 후에는 청구인에게 결정문이 발송된다.

〈그림 11〉 조세심판청구사건의 접수 · 심리 및 결정절차

〈그림 12〉 조세심판원 의견진술서 신청[7)]

※출석진술 신청을 사이버로 접수한 후 24시간 이내에 접수사실이 이메일로 청구인에게 통지되지 않을시에는 즉시 접수담당자 (044-200-1800) 에게 전화확인하여 주시기 바랍니다.

개인정보처리방침

조세심판원 홈페이지 개인정보 수집 및 이용

[수집하는 개인정보의 항목]

☐ 위의 개인정보처리방침에 동의합니다.

접수확인

(인터넷접수시에는 개인정보보호를위해 주민등록번호, 사업자번호의 기입을 생략합니다.) •서식내려받기

출석진술신청서	처리기간 3일
① 심판청구번호	(예:2001서0001)
② 성 명	
③ 주민등록번호	– (인터넷접수시에는 개인정보보호를위해 기입을 생략합니다.)
④ 주소 또는 영업소	(우) 검색
⑤ 전화번호	
⑥ 상 호	
⑦ 진술하고자 하는 요지	

국세기본법 제58조 동법시행령 제 47조 제1항 및 지방세기본법 제120조 동법시행령 제98조 제1항에 규정에 의하여 위와같이 신청합니다.

신청인 이메일주소 : @ 직접입력

신 청 인 :

2015 년 12 월 28 일

조세심판원장 귀하

신청서를 제출합니다.

인쇄 •서식내려받기

7) 조세심판원 홈페이지, http://www.tt.go.kr/mUser/pleading/atendanceList.do

7) 결정문의 수령

조세심판원의 결과에 대해 결정문을 받게 된다. 결정문은 크게 세 가지로 나눌 수 있다.

- **인용**: 청구인의 과세불복사항이 타당하다고 판단하여 처분청의 처분을 취소, 경정, 재조사하도록 결정하는 것이다.
- **기각**: 청구인의 과세불복사항이 타당하지 않다고 판단하는 결정으로, 청구인의 불복을 받아들이지 않고 처분청의 처분 등을 정당하다고 인정하는 것이다. 기각의 경우 결정문의 수령 후 90일 이내에 행정법원에 행정소송 제기가 가능하다.
- **각하**: 청구조건에 부적합하거나, 고지기한을 넘긴 경우 청구 자체가 받아들여지지 않는 것이다.

8) 결정문 수령 후 불복사항

심판청구의 결과가 인용이거나 또는 부분 인용에 대해 청구인이 받아들이는 경우, 고지되는 금액에 대해 납부하면 된다.

반면, 기각 · 각하 · 부분 인용의 경우 청구인의 추가 불복 의사가 있으면 결정문을 받은 날로부터 90일 내에 행정소송 제기가 가능하다. 또한, 심사 · 심판 결정기간인 90일 내에 결정의 통지를 받지 못한 경우에는 결정의 통지를 받기 전이라도 그 결정기간이 경과한 날부터 행정소송을 제기할 수 있다.[8)]

---

8) 조세심판원 홈페이지, http://www.tt.go.kr/mUser/pleading/atendanceList.do

라. 심사청구

1) 정의

심사청구는 위법 또는 부당하다고 생각되는 납세고지서, 제2차 납세의무지정통지서 및 납부통지서, 주류면허취소, 재산압류통지서를 받았거나, 환급신청을 하였는데 환급을 받지 못한 경우, 감면신청을 하였는데 감면을 받지 못한 경우와 같이 필요한 처분을 받지 못한 경우에 해당 세무서장을 상대로 국세청장에게 하는 '사후'권리구제제도이다.[9)]

2) 접수기한

심사청구는 심판청구와 같은 단계로 납세고지서를 받은 날로부터 90일 이내 또는 이의신청에 대한 결과통지를 받은 날로부터 90일 이내에 접수가 가능하다. 다만, 심사청구를 접수할 경우 심판청구를 제기할 수는 없다.

3) 처분청 및 접수처

심사청구의 경우 처분청의 최상급기관인 국세청장, 관세청장 또는 광역지방자치단체의 장에게 제기하는 불복절차이다. 또한 감사원을 통해서도 심사청구를 제기할 수 있다.

---

9) 국세청 홈페이지, http://nts.go.kr/info/info_06_03_06_01.asp

4) 서식작성 및 검토법

심사청구서의 서식은 국세청, 관세청, 감사원 홈페이지에서 서식 양식을 찾을 수 있다. 작성 및 검토법은 심판청구와 유사하다.

5) 접수 이후 진행사항

심사청구는 접수 이후 90일 내에 국세심사위원회의 심의를 거친 후, 국세청장이 결정하여 청구인과 세무서에 결정문을 발송하게 된다.

〈그림 13〉 심사청구서 처리절차[10)]

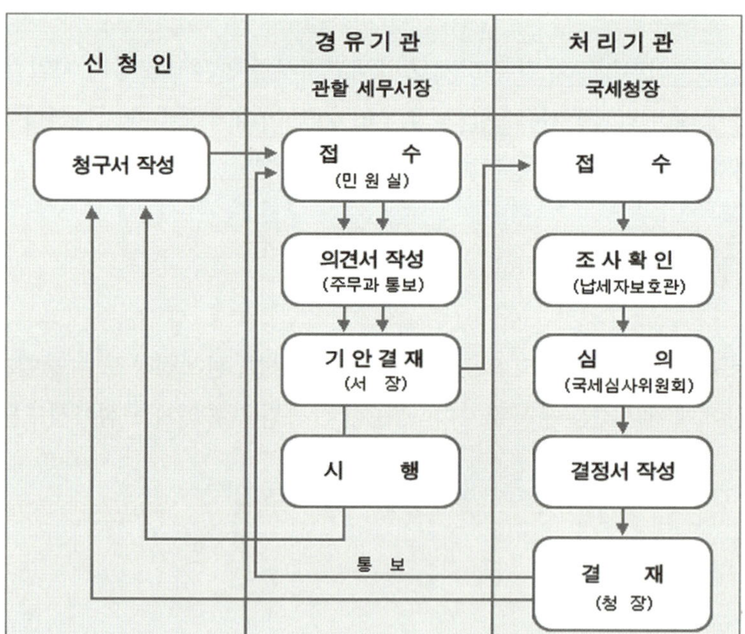

10) 국세청 홈페이지, http://nts.go.kr/info/info_06_03_06_02.asp

〈그림 14〉 국세청 심사청구서 양식

[별지 제29호서식] 〈개정 2005.3.19, 2006.2.14〉

<table>
<tr><td colspan="4" rowspan="2">심사청구서</td><td>처리기간</td><td>수수료</td></tr>
<tr><td>90일</td><td>없음</td></tr>
<tr><td rowspan="3">청구인</td><td>①성명</td><td></td><td>②주민등록번호
(사업자등록번호)</td><td colspan="2"></td></tr>
<tr><td>③상호</td><td></td><td>④전화번호
(휴대전화번호)</td><td colspan="2"></td></tr>
<tr><td>⑤주소또는사업장소재지</td><td colspan="4">(㊐ -)
전자우편(e-mail) :</td></tr>
<tr><td colspan="2">⑥처분청</td><td></td><td>⑦조사기관</td><td colspan="2"></td></tr>
<tr><td colspan="6">⑧처분통지를 받은 날(또는 처분이 있은 것을 처음으로 안 날) : 년 월 일</td></tr>
<tr><td colspan="6">⑨통지된 사항 또는 처분의 내용(과세처분인 경우에도 연도, 기분, 세목 및 세액 등을 기재합니다)

※ ———— 년도 ———— 기분 ———— 세 ———— 원 부과처분</td></tr>
<tr><td colspan="2">⑩이의신청을 한 날</td><td>년 월 일</td><td>⑪이의신청 결정통지를 받은 날(또는 결정기간이 경과한 날)</td><td colspan="2">년 월 일</td></tr>
<tr><td colspan="6">⑫불복의 이유(내용이 많은 경우에는 별지에 기재하여 주십시오)</td></tr>
<tr><td colspan="6">「국세기본법」제62조 및 동법 시행령 제50조의 규정에 의하여 위와 같이 심사청구를 합니다.
년 월 일
청구인 (서명 또는 인)
국세청장 귀하</td></tr>
<tr><td colspan="6">첨부서류 : 1. 불복이유서(불복의 이유를 별지로 작성한 경우입니다)
2. 불복이유에 대한 증거서류를(첨부서류가 많은 경우 목록을 별도로 첨부하여 주십시오)</td></tr>
</table>

<table>
<tr><td rowspan="4">위임장</td><td colspan="6">「국세기본법」제59조제1항의 규정에 의하여 아래 사람에게 위 심사청구에 관한 사항을 위임합니다(다만, 심사청구의 취하는 별도의 위임을 받은 경우에 한합니다).</td></tr>
<tr><td rowspan="2">위임자
(청구인)</td><td colspan="5">대리인</td></tr>
<tr><td>구분</td><td>성명</td><td>사업장소재지</td><td>사업자등록번호
(전자우편)</td><td>전화번호
(휴대전화번호)</td></tr>
<tr><td>(서명 또는 인)</td><td>세무사
공인회계사
변호사</td><td>(서명 또는 인)</td><td>(㊐ -)</td><td></td><td></td></tr>
</table>

<table>
<tr><td colspan="4">심사청구서접수증 (접수번호 호)</td></tr>
<tr><td>청구인</td><td></td><td>주소</td><td></td></tr>
<tr><td colspan="2" rowspan="2">첨부서류
1. 불복이유서( )
2. 불복이유에 대한 증거서류( )</td><td>접수자</td><td></td></tr>
<tr><td>접수일자인</td><td></td></tr>
<tr><td colspan="4">귀하의 심사청구 진행상황은 국세청 홈페이지(www.nts.go.kr)에서 조회가 가능합니다.</td></tr>
</table>

210㎜×297㎜(일반용지 60g/㎡(재활용품))

〈그림 15〉 감사원 심사청구서 양식

감 사 원 심 사 청 구 서

<table>
<tr><td rowspan="3">1.
청
구
자</td><td>주 소
(사무소의 소재지)</td><td colspan="5"></td></tr>
<tr><td>성 명(상호)</td><td colspan="2"></td><td>전화번호</td><td colspan="2"></td></tr>
<tr><td>직업
(업종)</td><td></td><td>주민등록번호
(사업자등록번호)</td><td></td><td>연령</td><td></td></tr>
<tr><td colspan="4">2. 심사를 요하는 대상기관 및 관계자</td><td colspan="3"></td></tr>
<tr><td colspan="4">3. 심사청구의 대상이 되는 행위의 내용</td><td colspan="3"></td></tr>
<tr><td colspan="4">4. 심사청구의 취지 및 그 이유</td><td colspan="3"></td></tr>
<tr><td colspan="4">5. 행정심판(행정심판법외의 타법률에 의한 행정심판 절차를 포함) 또는 소송 제기 유무</td><td colspan="3"></td></tr>
<tr><td colspan="4">6. 관계기관의 처분 또는 행위가 있은 날 또는 그 처분 또는 행위가 있은 것을 안 날</td><td colspan="3"></td></tr>
<tr><td colspan="4">7. 대리인 또는 대표자의 성명 및 주소</td><td colspan="3"></td></tr>
<tr><td colspan="7">감사원법 제43조 및 감사원심사규칙 제3조의 규정에 의하여 관계서류를 첨부하여 위와 같이 심사를 청구합니다.

20 . . .
청구인 (인)

첨부서류 : 표지포함 매.

감 사 원 귀중</td></tr>
</table>

〈그림 16〉 관세청 심사청구서 양식

관세 불복청구 및 처리에 관한 고시 [별지 제1호서식] 관세청전자통관시스템(portal.customs.go.kr)에서도 신청하실수 있습니다.

심사청구서

※ [ ]에는 해당되는 곳에 √표를 합니다.

접수번호	접수일자	접수증 발급일자	처리기간 90일

청구인	상호(법인명)			사업자등록번호	
	성명(대표자)			주민등록번호	*개인에 한함
	주 소				
	청구담당자	직함		이메일	
		성명		휴대전화번호	
		전화번호		팩스번호	
	수신동의	※ 본 청구에 대한 진행정보, 세관장의견서 등 각종 정보를 실시간으로 제공받으실 수 있습니다. [ ]휴대폰 문자서비스 [ ]이메일			
청구대상	처 분 청	세관장	처분유형	[ ]고지처분 [ ]경정청구기각처분 [ ]기타처분	
	수입신고번호			신고일자	
	품명 및 규격				
	처분의 내 용	20 년 월 일 관세 등 원 납부고지			

처분이 있음을 안 날	20 년 월 일(처분의 통지를 받은 날 : 20 년 월 일)
이의신청을 한 날	20 년 월 일(결정의 통지를 받은 날 : 20 년 월 일)
불 복 의 이 유	* 불복이유를 입력하시거나, 별도 화일(종이)로 작성하여 첨부(제출)하실 수 있습니다. * 경정통지서 등 증거서류는 별도로 첨부하시거나, 양이 과다한 경우 우편으로 발송하여 주시기 바랍니다. * 위원회에서 의견진술을 원할 경우 관세청전자통관시스템(portal.customs.go.kr) "업무처리>전자민원>처리현황조회"에서 신청하거나, 별지 제15호서식의 "의견진술신청서"를 해당 결정기관에 제출하시기 바랍니다. ☞ 인터넷통관포탈 : 인터넷으로 수출입신고 등 민원업무처리 및 정보서비스를 받을 수 있는 인터넷 사이트

「관세법」 제122조 및 「관세 불복청구 및 처리에 관한 고시」 제10조에 따라 위와 같이 심사청구를 합니다.

년 월 일

청구인 (서명 또는 인)

관세청장 귀하

위임장	「관세법」 제126조에 따라 아래 사람에게 위 심사청구에 관한 사항을 위임합니다. (다만, 심사청구의 취하는 별도의 위임을 받은 경우에 한합니다) 위임자 (서명 또는 인)			
	대리인	성명	구 분	[ ]관세사 [ ]변호사
		주소	전화번호	
		휴대전화번호	이메일주소	팩스번호

심사청구서 접수증

접수번호	접수일자	청구인	처분청	청구금액

접수담당자 (서명 또는 인)

210㎜×297㎜[일반용지 60g/㎡(재활용품)]

6) 결정문 수령 후 불복사항

심사청구의 결과가, 인용이거나 또는 부분 인용에 대해 청구인이 받아들이는 경우, 고지되는 금액에 대해 납부하면 된다.

반면, 기각 · 각하 · 부분 인용의 경우 청구인의 추가 불복 의사가 있으면 결정문을 받은 날로부터 90일 내에 행정소송 제기가 가능하다.

마. 경정청구

1) 정의

당초에 세무서에 신고한 세금액이, 결산 후 계산된 세금액보다 많거나 적은 경우 세액에 대한 수정을 요청하는 청구이다. 납세자가 잘못 신고한 금액을 바로 잡을 수 있도록 하는 것으로, 법정신고기한 경과 후 5년 내에 관할 세무서장에게 경정을 청구할 수 있다. 경정청구에 대한 기각결정을 받은 후, 조세심판원에 청구를 제기할 수 있다.

2) 처분청 및 접수처

처분청과 접수처는 당초에 신고한 세무서가 해당된다.

3) 청구서의 처리일

경정청구는 접수일로부터 60일 내에 처리되는 것이 원칙이나, 기간을 경과하거나 때론 60일 이후에도 결과에 대한 답변을 받지 못하는 경우가 있다. 이때 답변을 받지 못하는 경우, 접수일로부터 60일이 경과하면 심판청구를 접수할 수 있다.

4) 결정문의 수령

경정청구의 결과, 인용으로 납부한 세금에 대해 경정이 되거나 환급을 받을 수도 있다. 반면 기각이 된 경우, 90일 내에 심판청구를 제기할 수 있다.

바. 조세소송

조세소송을 제기하기 위해서는 무조건 심판청구, 심사청구의 단계를 거쳐야만 한다. 다만, 지방세의 경우에는 행정심판(심판청구, 심사청구)의 단계를 거치지 않고도 소송 제기가 가능하다. 조세행정소송은 원고인 납세자가 심판결정 또는 심사결정에 불복하는 경우 결정의 통지를 받은 날부터 90일 이내에 처분청(피고) 소재지 관할 행정법원에 소를 제기하여야 한다. 다만, 심사 · 심판 결정기간인 90일 내에 결정의 통지를 받지 못한 경우에는 결정의 통지를 받기 전이라도 그 결정기간이 경과한 날부터 행정소송을 제기할 수 있다.

조세소송의 제1심 관할법원은 피고인 처분청의 소재지를 관할하는 행정법원이며, 고등법원이 제2심이 되고 대법원이 제3심으로서 최종심이 된다.

Ⅵ 로펌비서 취업전략

1. 로펌비서 채용 트렌드
2. 로펌비서 취업 실전
3. NCS 기반 능력 중심 채용
4. 로펌비서 경력관리

1. 로펌비서 채용 트렌드

가. 일반 채용 트렌드

1) 역량 중심 채용

1998년 IMF 이후 대기업 중심으로 인재와 역량을 확보하고 개발한다는 관점에서 채용을 비롯하여 직무, 승진, 교육, 배치, 평가 및 보상관리 등이 역량을 바탕으로 구축되고 있다. 역량은 개인이 직무를 수행하여 실제 우수한 성과로 나타나는 데 있어 필요한 구체적 특성이라 할 수 있다.

따라서 요즘 기업의 채용에서 가장 먼저 염두에 두는 것이 '사람'을 뽑는 것에서 기업에 필요한 '인재와 역량'을 확보하는 것이다. 이에 따라 지원자가 얼마나 기업, 해당 직무 및 직급에 적합한 개인역량을 보유하였는지를 판별하여 채용하는 역량 중심의 채용이 중요해지고 있다. 예를 들어, 면접의 경우 직무별로 구체적인 평가요소와 평가기준을 정해 면접관의 주관적인 판단을 배제하고 발표, 토론, 상황 등을 활용하는 다양한 역량 중심 면접 방법을 도입하여 철저히 직무역량을 검증하는 방식으로 변화하고 있다.

2) 직무 중심 채용

채용이 표준형 인재 중심에서 전문형 인재 중심으로 변화하고 있다. 과거 채용은 직무에 대한 구체적인 자격, 능력, 기술 등의 직무 중심의 채용이기보다 매우 일반적인 기준에 의한 채용이 대부분이었다. 사람 중심의 철학을 가지고 있던 과거에는 특정 직무를 정하지 않고 신입사원을 대량으로 공채하였고 직무수행역량보다는 학력이나 잠재력에 초점을 두었다. 그러나 요즘 기업에서는 직종별 모집이 아닌 직무별 채용 방식을 사용하고 있다. 예를 들어, 사무직의 경우 모집공고에 인사, 노무, 구매, 회계, 재무 등 구체적인 직무를 명시함으로써 직무에 적합한 인재를 모집하는 것이다.

직무별 채용 방식에서는 모집 직무에 대한 지원자의 경력과 능력이 우선적으로 고려된다. 과거와 같이 학벌이나 학력, 성별, 전공 위주의 획일적인 기준에서 능력, 개성, 잠재력을 중시하는 방향으로 가고 있다. 직무별 수시채용과 경력직 개별채용이 늘어나고, 직무역량의 검증을 어떻게 효과적으로 할 것인가에 관심이 모아지고 있다.

또한 서류전형, 인·적성검사, 면접 등 전형절차에서도 직무 중심의 평가가 강화되고 있다. 서류전형의 경우 스펙 중심에서 해당 직무와 관련된 교육, 경력, 경험, 자격, 역량 중심으로 변하고 있다. 자기소개서도 직무 관련 경험을 구체적으로 기술해야 한다. 면접 역시 직무에서 필요로 하는 역량과 자질 보유 여부를 검증하기 위한 다양한 면접 방식이 사용되고 있다.

韓電 등 公기업 100곳, '스펙' 안 보고 뽑는다

전체 공공기관… 직무 중심으로 채용 변화

2017년엔 전체 공기업 적용… 민간 기업에도 도입 유도

대한지적공사는 지난해 직원채용 방식을 직무 중심으로 바꿨다. 입사지원서부터 학점, 연수경험 등 소위 '스펙' 쓰는 칸을 없애고 직군별로 필요로 하는 자격증과 경력, 이수한 과목을 쓰도록 했다. 필기시험도 분야별로 필요한 인·적성과 직무지식을 테스트하는 방식으로 바꿨다. 직무와 무관한 영어, 상식 시험도 없앴다. 영어는 토익 기준 500점만 넘기면 되도록 했다. 이렇게 바꾸니 직무와 상관없이 지원서를 내는 '묻지 마' 지원자가 줄었고 허수지원이 줄면서 시험을 치르는 비용과 시간을 절약할 수 있었다.

올해부터 전체 공공기관의 채용 방식이 단계적으로 이렇게 바뀐다. 고용노동부는 22일 대통령 업무 보고에서 '능력 중심 사회'를 실현하는 방안으로 이 같은 계획을 밝혔다. 앞으로 각 공공기관은 직군 · 직무별로 채용 방식을 달리하고 학점이나 영어점수, 가족관계 등 스펙 위주 지원서 대신, 직무와 관련해 받은 직업교육, 인턴경험, 자격증 등을 쓰는 새로운 지원서를 도입해야 한다. 영어, 상식, 한국사 등 직무와 직접 관련이 없는 필기시험 과목도 직군 · 직무별로 필요한 인 · 적성을 테스트하는 방식으로 바뀐다. 각 공공기관은 청년들이 미리 준비할 수 있도록 채용 3개월~1년 전에 직무별 업무내용과 채용 시 필요한 요건 등을 공개한다. 청년들은 기업이 어떤 인재를 원하는지도 모른 채 스펙 쌓기에만 몰두하고, 기업은 지원자들이 스펙만 높고 실무지식은 부족하다고 불만인 상황을 해소해 보자는 것이다.

올해 한국전력공사, 한국가스공사, 인천공항공사, 한국관광공사, 산업은행, 국민연금공단 등 규모가 큰 100곳을 우선 선정해 시행하고 2017년까지 302개 공공기관 전체로 확대하기로 했다. 고용부 장관은 "민간기업에 대해서도 30대 기업을 중심으로 이런 모델을 도입하도록 유도할 것"이라고 말했다. 이와 함께 고용부는 2017년까지 전국의 모든 특성화고(475곳)와 전문대 100곳의 교육 · 훈련 과정(약 2만 개)을 직무 중심으로 전면 개편하기로 했다. 채용 방식을 직무 중심으로 바꾸는 동시에 교육 과정도 직무 중심으로 개편하려는 것이다. 재학중에 다양한 직무경험을 쌓을 수 있도록 올해 상반기 청년 인턴십 활성화 방안도 발표할 계획이다.

[조선일보, 2015.1.23.]

3) 선발 방식의 변화

과거에는 기업마다 획일적이었던 채용 방식이 기업과 직무특성에 맞는 직무적성 검사나 다면적 · 심층적 면접 등 다양한 선발 방식들이 나타나고 있다. 예를 들어, 주요 그룹의 경우 영어 · 전공 · 상식 등의 필기시험을 채용 과정에서 폐지하고 직무적성 및 인성검사를 도입하고 있다. 면접을 강화하고 면접 방식도 구체화됨과 동시에 다양해지고 있다. 이는 기업이 필요로 하고 직무에 꼭 맞는 인재를 선발하기 위한 노력이라 할 수 있다. 기존 스펙으로는 정작 기업이 원하는 역량을 갖추지 못한 경우가 많기 때문에 점수 위주의 스펙보다 인성이나 면접 중심으로 뽑는 방향으로 가고 있는 것이다. 면접은 희망직무에 어느 정도 적합한 인재인가를 평가하는 데 초점을 두고 직군별로 면접 방식을 다르게 적용하고 있다.

한편 구시대 채용 방식이라 여겨지던 '필기시험'이 부활의 조짐을 보이고 있다. 비슷한 학력에 비슷한 스펙, 준비 과정까지 비슷한 수많은 지원자 중 회사에 필요한 인재인지를 파악하기에 필기시험이 효율적인 측면이 있기 때문이다. 그중 하나가 기업별로 시행하고 있는 인 · 적성검사이다. 과거에는 기초인지능력과 인성에 대한 평가 중심이었다면 최근에는 직무별 특성을 반영한 인 · 적성검사가 대기업과 공기업 중심으로 활용되고 있다.

4) 소규모, 수시, 개별채용

과거의 대규모, 정기, 공채 방식에서 필요한 때, 필요한 인재를, 필요한 만큼 확보하는 소규모, 수시, 개별채용으로 바뀌고 상시채용을 도입하는 기업들이 늘고 있다. 과거 대기업은 매년 두 번씩 그룹 전체에서 필요한 보편적인 자격을 갖춘 사람을 한꺼번에 선발하여 필요한 계열사들에 배치하였으나, 금융위기를 겪으면서 각 계열사별로 수시채용 방식으로 전환하면서 필요한 곳에서 필요한 자격과 역량을 갖춘 적합한 사람을 뽑는 구조로 가고 있다.

더욱이 공채를 아예 없애고 상시채용으로만 뽑겠다는 기업도 늘어나고 있다. 부서에서 인력이 필요할 때마다 이미 지원서를 낸 사람을 대상으로 전형절차를 거쳐 채용하겠다는 것이다.

5) 실무형 경험 중시

그동안 많은 기업이 인재를 학력, 학점, 영어점수 등 객관적인 수치로 평가해 온 반면, 최근에는 다양한 경험을 가진 직무능력 중심의 인재를 선호하고 있다. 이에 따라 신입보다 해당 직무에 필요한 자격요건을 갖추어 즉시 현업에 투입되어 성과를 창출할 수 있는 경력직을 선호하는 현상이 나타나고 있다. 신규채용 시에도 관련 분야에서의 아르바이트나 인턴과 같은 실무경험이 있었는지를 중시하는 경향이 두드러지고 있다.

이처럼 최근 기업에서 '경력직 같은 신입직'을 선호하면서 채용전형도 실제 업무능력을 평가할 수 있는 방식으로 전환하고 있으며 실무면접도 강화되고 있다. 현장 중심의 실무형 인재 선호로 학력, 학점, 토익 등 서류 스펙이 다소 부족하더라도 실무능력과 경험이 차별화된다면 좋은 점수를 받을 수 있다.

6) 인턴 연계 채용

요즘 취업시장의 가장 큰 특징은 인턴제를 연계한 신입사원 채용 방식이라 할 수 있다. 일정 기간 인턴사원으로 채용하여 근무하게 한 뒤 평가를 통해 우수자에 한해 정규직으로 채용하는 것이다. 인턴 연계 채용 방식은 이전부터 일부 국내 기업과 외국계 기업 등에서 시행해 왔지만 최근 대기업을 중심으로 인턴십 프로그램을 도입하는 회사가 늘고 있으며, 채용인원 또한 증가 추세에 있다. 신입사원 전원을 인턴제로 뽑아 그중 상당부분을 정규직으로 채용하거나 전체 신입직원의 절반 정도를 인턴 방식으로 채용하고 있다. 이 외에도 인턴제를 연계한 채용 방식을 활용중인 기업들이 있어 인턴 연계 채용이 새로운 채용 관행의 대세로 자리잡아 가고 있다. 인턴제는 회사에 적합한 인재인지 미리 검증해 볼 수 있을 뿐 아니라 애사심과 충성심도 미리 고취시킬 수 있다는 장점이 있다.

7) 스펙 초월 채용

요즘 취업에 성공하려면 5대 스펙(학벌, 학점, 어학점수, 자격증, 해외연수) 또는 8대 스펙(5대 스펙 + 공모전 수상, 봉사, 인턴십)을 갖춰야 한다는 속설들이 있는데, 구직자들이 취업준비와 관련하여 스펙 쌓기에만 몰두하는 현실을 꼬집는 말이다.

그러나 최근 많은 기업들이 채용 과정에서 스펙 중심 채용에서 탈피한 열린채용을 확대하고 있다. 획일화된 스펙보다는 직무역량, 개성 있는 경험이 담긴 '스토리'를 중점적으로 파악하겠다는 의미다.

기업 입장에서 스펙을 볼 수밖에 없는 이유는 기업에 입사지원을 하는 구직자들이 너무 많아 서류전형 시 걸러내는 객관적인 수단이 필요하기 때문이다. 1차 평가는 스펙이지만 기업들은 1차는 기본적으로 2차 전형에 들어갈 수 있는 사람을 솎아내는 정도로만 생각하고, 2, 3차 전형에서는 인성과 전문성에 더 비중을 두고 있다. 또한 모든 기업이 이런 스펙을 요구하고 있지는 않다. 중소기업들은 정량적인 지표보다는 오히려 그 개인이 가지고 있는 정성적 부분인 역량, 열정, 비전 등을 더 많이 본다.

지방대 출신의 근무태도나 업무성과가 4년제 명문대학 졸업자들에 못지않은 경우가 많고 오히려 회사에 대한 충성심과 장기간 근무성향이 높은 경우가 많다는 것이 기업 인사담당자들의 일반적인 평가이다. 이에 스펙이 아닌 다양한 가능성과 역량, 인성에 바탕을 두고 채용하는 기업들이 늘어나고 있는 것이다.

기업들은 학점이나 영어점수, 자격증 같은 지원자의 스펙으로는 볼 수 없는 숨겨진 부분들을 파악하기 위해 다각적인 방법들을 강구하고 있다. 이력사항으로는 알 수 없는 행동의 패턴이나 문제해결능력, 커뮤니케이션 방식 등에 관심이 많다. 이런

면은 대학생활을 성실히 하고 각종 외부 활동을 하면서 얻게 될 가능성이 큰 만큼 동아리 활동, 각종 세미나 및 토론회, 봉사 활동, 해외배낭여행, 공모전 등 다양한 대외 활동 경험을 활용할 필요가 있다.

〈그림 1〉 일반 채용 트렌드

1) 역량 중심 채용

- '사람'이 아닌 '인재'를 확보한다는 관점으로
- 기업과 직무에 적합한 역량 보유 여부 판단

2) 직무 중심 채용

- 직무에 적합한 인재 채용 → 직무별 채용
- 지원자의 능력, 잠재력, 경력 우선 고려

3) 선발 방식 변화

- 다양한 선발 방식 도입(면접 강화, 인·적성검사, 캠퍼스 리쿠르팅)
- 면접 방식 다양화

4) 소규모, 수시, 개별채용

- 필요한 때, 필요한 사람을, 필요한 만큼 채용

5) 실무형 경험 중시

- 경력직 선호, 실무능력과 경험 중시

6) 인턴 연계 채용

- 일정 기간 근무 후 평가를 통해 정규직으로 채용

7) 스펙 초월 채용

- 자신만의 생각과 경험 위주의 스토리

"실무능력"
이 핵심

나. 비서직 채용 트렌드

비서직 채용에 있어서도 일반적인 채용 트렌드를 상당부분 반영하여 비서직 채용 시장에서 보여지는 현상은 다음과 같다.

1) 비서직 채용의 구분

최근 비정규직 종업원이 급증하는 국내 고용시장에서 2000년대 이후 특히 비서직이 비정규직으로 고용되고 있는 비율이 증가하고 있다. 대기업의 상당수, 특히 10대 그룹의 기업이 다른 사무직에 비해 비서직을 비정규직으로 채용하고 있다. 특히 대기업일수록 비정규직으로 채용하는 경우 자체 계약직보다 파견 계약직을 선호하는 경향이 훨씬 많다. 반면 중견기업과 중소기업의 경우 거의 모두 정규직으로 채용하고 있다.

계약직을 채용하는 이유는 비용 절감의 목적이 가장 크다. 대기업의 경우 정규직과 파견직으로 이원화하여 기업의 핵심 임원의 경우는 정규직 비서를 채용하고 일반 임원을 보좌하거나 각 부서에서 일하는 팀비서인 경우 파견 형태, 즉 비정규직 형태로 고용하고 있는 추세에 있다. 비정규직 비서는 정규직 비서에 비해 요구되는 업무 내용과 수준이 낮다. 이는 직종별 · 직무별로 직무 내용 및 특성과 필요 역량에 따라 채용 방식이 달리 이루어지고 있는 일반적인 채용 트렌드를 반영한 것이다.

2) 비서직 업무 범위 확대

비서직에게 요구되는 업무 범위가 일상적인 비서 고유 업무에서 일반관리 업무로 확대되는 경향을 보이고 있어 비서직의 역할이 비서 고유 업무에 더하여 일반 사무 지원직으로서 그 업무 영역이 넓어지고 있다.

현재 조직의 축소와 인건비 절감 차원에서 비서는 한 사람에게 소속되어 업무보좌 역할을 하기보다는 경영진 업무 보좌 외에 팀이나 부서 지원 업무까지 다기능 역할을 수행하는 사례가 보편화되고 있다. 국제비서협회(IAAP)의 2005년도 조사결과에서도 비서 역할에 많은 변화가 생길 것이며 향후 더 많은 직무들이 추가될 것으로 예상한 것이 현실로 나타나고 있다.

3) 직무능력 중시

비서직 채용도 역량, 직무 중심 채용 경향을 보이며, 조직 및 해당 직무에 적합한 능력과 잠재력 보유를 중시하는 방향으로 가고 있다. 직무역량과 직접적인 관련이 없는 조건은 상대적으로 중요성이 낮아지고 있다. 과거와 달리 비서직 채용공고 시 연령, 용모, 결혼 여부를 명시하지 않는 경우가 대부분이다.

최근 들어 비서직 채용에 있어서 대기업일수록 신입보다 2년 이내의 경력직을 선호하는 현상은 직무능력을 중시하고 직무에 바로 투입하여 성과를 올릴 수 있는 인재 확보에 대한 중요성이 증대되고, 해당 직무에 필요한 자격 요건을 갖춘 경력사원에 대한 요구가 많아지고 있는 채용 트렌드와 맥을 같이 하는 것이다. 경력직 선호 이유는 신입의 경우 업무상 미숙함과 교육비용이 많이 들어가기 때문이다. 기업들이 현장교육에 드는 시간과 비용을 줄이고 즉각 실무에 투입할 수 있고 업무 성과를 낼 것이라 기대하기 때문에 경력직을 선호하는 것이다.

요구하는 학력이 높을수록 영어 활용 요구 수준이 높은데, 외국어 공인 점수보다는 실제 활용 여부를 중요시하고 있다. 컴퓨터 활용 정도에 대해서는 일반적인 OA 활용, Ms-office 활용을 요구하고 대개 특정 프로그램의 활용 여부를 조건으로 제시한 반면, 특정 컴퓨터 관련 자격증을 요구하는 경우는 거의 없다. 반면 비서 직무 관련 자격증과 비서 전공자를 우대하는 경우가 많다. 자격보다는 직무에 투입되어 성과를 낼 수 있는 능력을 판단할 수 있는 역량 중심의 채용이 비서직 채용 시에도 관행이 되고 있다. 그 밖의 자격 요건으로 직무를 성공적으로 수행하기 위해 필요한 구체적으로 갖추어야 할 요건을 상세하게 제시하고 있다. 이로써 해당 직무에 꼭 필요한 역량을 갖춘 적합한 인재를 뽑으려는 직무 및 역량 중심의 채용 경향을 엿볼 수 있다.

4) 비서로서의 기본 자질 중시

비서직 채용공고상에 지원자가 갖추어야 할 자격요건에 인성 및 자질에 관해 언급하는 경우가 많다. 비서직 채용 시 기업들은 인성적인 측면과 대인기술을 중요시 한다. 비서직에 필요한 자질로서 실력, 전문지식도 중요하지만 인성과 조직과 타인에 대한 태도 등을 중요하게 여긴다.

주로 기업에서는 비서직에게 성실성과 밝은 성격을 가장 중요한 요소로 평가하고 있다. 그 외 센스, 긍정적인 마인드, 책임감, 적극성, 커뮤니케이션 스킬, 서비스 마인드, 원만한 대인관계, 꼼꼼함, 열정적이고 의욕적인 성격 등을 중요하게 여기고 있다. 이러한 인성 측면 외에도 업무능력과 관련된 자질(신속함, 창의성, 업무수행능력, 전략적 · 기획적, 학습능력, 정확성, 논리적 등)도 언급되고 있다.

다. 로펌비서 채용 트렌드

매년 배출되는 변호사 수가 증가하고 법률시장의 개방으로 나날이 치열해지는 경쟁 환경 속에 로펌들은 매년 신입변호사 또는 고문변호사, 기타 전문가들의 채용을 통해 규모를 확장하고 있다. 국내 변호사의 숫자가 2만여 명에 달하고 그 중 90% 이상이 수도권에 집중되어 있다. 로펌이 나날이 대형화, 전문화됨에 따라 변호사 등 전문가뿐만 아니라 지원 인력에 대한 수요도 많아지고 또한 해당 분야 또는 업무에 탁월한 전문성을 갖춘 사람을 선호하고 있다(읽을거리 1-2 참조).

요즘 대형 로펌비서 채용 시 100대 1의 경쟁률이 보여주는 것과 같이 로펌에 취직하려는 열기가 점점 높아지고 있으며, 로펌비서는 여대생들이 가장 가고 싶어 하는 직장으로 인식되어 있다.

근무환경이 쾌적하고 출퇴근시간이 정확하고 연봉도 높은 편이어서 여성들이 일하기에 좋은 회사라는 것이 장점이다. 일반 기업체의 경영진 비서에 비해 상사에 예속되지 않기 때문에 결혼이나 출산, 연령 등으로 회사를 그만두지 않고 평생직으로 할 수 있다. 또한 업무 특성상 차분하고 꼼꼼함이 중요하여 여성이 맡기에 적합할 뿐만 아니라, 조직이 법을 다루는 곳이므로 근로기준법이 잘 지켜지고 있어 육아휴직, 야근수당 등 법적인 근로자에게 제공되어야 하는 것들이 철저히 지켜지고 있어 입사 후에도 육아와 병행이 비교적 수월하다. 근무시간이 잘 지켜지고 정년까지 다닐 수 있고 야근도 많지 않고 야근을 할 경우에도 수당 지급이 된다. 5대 로펌 정도는 복지 수준이 대기업 못지않다. 이와 같이 여성들이 일하기에 좋은 근무환경은 여대생들에게 매우 매력적인 직업으로 인식하게끔 한다.

1. 로펌 간에 고객서비스 경쟁이 뜨거워지고 있다. 특히 법률시장 개방과 변호사 숫자의 증가로 고객 중심으로 가고 있는 것이다. 프론트데스크에서 단정한 유니폼을 입은 리셉셔니스트가 환환 미소로 고객을 맞는다. 벽면과 바닥의 대리석이 고급스럽고 깨끗한 인상을 준다. 소품과 편안하고 감각있는 의자 등 갤러리에 온 느낌이다. 로펌들의 고객 대 서비스가 전문화되고 있다. 대형 로펌의 경우 전문회의시설을 갖춘 비즈니스센터를 갖추고 있고 회의시설 운영을 전문적으로 담당하는 사람은 항공사, 호텔에서 고객서비스를 전문적으로 했던 이를 특별 채용하기도 한다.

김앤장이나 태평양의 경우 방문 고객을 위한 발레파킹 서비스는 일반화됐다. 태평양의 경우 특급호텔 근무 경력을 지닌 전문가를 고객응대 서비스팀장에 임명해 접객교육 프로그램을 실시하는 등 외부 전문가의 영입도 활발해지고 있다.

2. 로펌의 전문가들의 업무를 지원하는 일반 사무지원 인력에 대한 채용공고를 보면 채용분야가 구체적으로 세분화되어 있고 전문화된 인력 채용이 대세가 되고 있음을 알 수 있다.

리셉셔니스트 채용공고의 예 – T, K, S 대형 로펌

◆ 업무내용: 전 층이 외부 고객을 위한 20여개의 회의실로 구성된 리셉션 구역의 정해진 자리에서 내・외부 고객 응대, 대표 전화 응대 및 연결, 구역 내 회의실 준비, 정리 등 관리, 회의실 전담 요원과 협업, 상호 연계하여 업무 지원, 기타 고객 요청 시 업무 지원 등

◆ 지원자격

- 리셉셔니스트로서 세련된 매너를 갖추고 있으며 원활한 영어로 의사소통이 가능한 사람
- 외국계 회사 리셉션, 항공사 승무원, 호텔 등 서비스 관련 경력자 우대
- 다국적기업 혹은 대기업 임원급이 주 내방객으로 프로페셔널한 경력자로서 자긍심을 가지고 회사 분위기를 이끌어 갈 사람

회의실 전용층 안내직 채용공고의 예 – T 대형 로펌

◆ 업무내용: 회의실 전용층 회의실 예약 및 안내, 대표전화 수신

◆ 지원자격

- 초대졸 졸업 및 졸업예정자
- 경력자 우대
- 용모, 복장이 단정하고 서비스 마인드를 소유한 자
- 생활・전화영어 회화 가능자 우대

1) 국내 로펌비서 채용

5대 로펌의 경우 기타 업무 지원인력을 제외하고 비서만 120~500명 가량 된다. 대형 로펌에서는 예전에는 시니어(Senior) 변호사가 아닌 어쏘시에이트(Associate) 변호사의 경우 2명당 1명의 비서를 채용하였으나, 요즘은 변호사 3명 이상을 담당하는 추세이다.

일반적으로 5대 로펌은 전문가와 일반 스탭으로 구분하여 채용하고 있다. 전문가 집단이 아닌 일반 Staff은 비서직, 패러리걸, 송무 · 공증 · 등기직, 지원 사무직 등으로 구분하여 채용한다. 지원 사무직은 예를 들어 빌링팀, 리셉션팀, 경영지원팀, 송무팀, 총무팀, 전산정보팀 등 지원 업무를 구체적으로 세분화하여 뽑고 있다. 국내 로펌들이 일반적으로 비서 채용 시 채용공고에 제시하고 있는 내용은 채용 방법과 채용 조건, 업무내용, 자질, 채용 전형 방법 등이 있다.

가) 채용 방법

로펌들이 매년 신입변호사 또는 고문변호사, 기타 전문가들의 채용을 통해 경쟁적으로 규모를 확장하면서 로펌비서 채용은 거의 매년 있다. 그러나 채용 시기는 일정하지 않으며, 대형 로펌 경우 1년에 2~3번씩 채용하기도 한다. 일반적으로 정기 채용보다는 필요 시 수시채용하고 있다. 대개 잡코리아, 사람인, 리쿠르트 등 취업포털사이트에 채용공고를 올린다.

대형 로펌(10대 로펌)은 대개 회사 홈페이지에서 온라인상으로 지원하도록 되어 있고 수시채용뿐만 아니라 상시채용제도를 활용하고 있다. 지원한 분야에 인력 수요 발생 시 접수된 입사지원서를 검토하여 개별 연락을 주는 상시채용제도를 활용하는 로펌은 해당 로펌 홈페이지의 인력 채용란에서 확인 가능하며, 홈페이지를 통해 지원하면 된다.

특정 학교를 선호하는 로펌의 경우 서울 소재 대학의 취업지원처에 필요 시 수시로 의뢰하므로 학교 취업 지원 부서의 홈페이지 게시판을 활용하도록 한다. 모 로펌의 경우 특정 대학에서 하반기에 캠퍼스 리쿠르팅을 하기도 한다. 중소형 로펌의 경우 비서 관련 학과가 있는 학교에 추천 의뢰를 하기도 한다. 헤드헌팅업체를 통해 채용을 하는 경우도 있는데, 이 경우에도 대개 취업포털사이트에 구인공고가 올라와 있다.

나) 채용조건

비서 채용 시 대개 채용공고에서 자격요건으로 제시하고 있는 것은 학력, 나이, 경력 유무, 전공, 자격요건(외국어능력, 컴퓨터능력, 자질) 등이다. 로펌은 일반 기업에 비해 매우 보수적인 전문가집단이므로 가정환경과 기본 자질을 중시하는 경향이 있다. 뿐만 아니라 대형 로펌은 학력부터 시작해서 까다로울 정도로 스펙 점검을 한다. 그러나 중소형 로펌은 학력이나 큰 자격요건을 제시하지 않는 경우가 대부분이고 비서로서의 기본 자질과 인성을 갖추면 충분하다.

① **학력**: 지원자격은 전문대 또는 대졸 이상을 요구한다. 5대 로펌의 경우 대개 4년제 대졸자를 요구하고 있으며 리셉셔니스트나 회의실관리 등을 담당하는 비서는 2년제 대학 졸업자도 지원이 가능하다. 소위 4대 로펌으로 불리는 곳들의 채용 경우 특정 학교 출신을 선호하는 곳이 있고 그렇지 않은 곳도 있다. 10대 로펌 중에는 2년제 졸업자를 채용하기도 한다.

중소형 로펌의 경우 4년제 졸업자를 요구하는 경우도 있지만 2 · 3년제 졸업자 또는 고졸 학력 등 학력에 제한을 두지 않는 곳이 많다.

② **나이**: 경력직보다는 신입직 채용이 대부분이다. 10대 로펌들의 경우 졸업예정자와 경력 없는 졸업자에 대한 채용이 많았으나, 최근 들어 어느 정도의 경력이나 경험을 가진 비서를 선호하는 추세를 보이고 있다. 그러나 오랜 경력보다는 2년 미만의 경력자를 선호하는 편이다.

많은 로펌들이 신입비서 채용 시 나이가 적은 사람을 선호하나, 3~5년 이상의 경력자를 채용하는 경우 지원 가능 나이는 20대 후반에서 30대 초반까지 가능하다. 대형 로펌보다 오히려 중소형 로펌이 경력직을 채용하는 사례가 많다. 이는 대형 로펌에서의 비서 역할이 비서 고유업무가 주를 이루는 반면 중소형 로펌에서는 비서 고유업무뿐만 아니라 전반적인 사무실관리업무와 송무지원업무까지 담당하기 때문에 전반적인 업무 경험이 있는 비서가 필요하기 때문이다. 경력직 채용 시 2년 이내의 경력을 가장 선호하는 것으로 나타나고 있다.

채용 시 결혼 여부에 대해서는 일반 기업에 비해 관대한 편이며 오래 근무할 사람을 선호한다. 특히 로펌의 대표변호사 비서의 경우 비서업무 2~5년 유경험자와 기혼자를 우대하는 곳들이 많다.

③ **전공**: 채용 시 학과 제한이 없는 곳이 대부분이다. 로펌에는 인문대, 경영, 법학, 심지어는 이공계 등 다양한 학과를 졸업한 비서들이 일하고 있다. 대개 전공을 제한하거나 특정 전공을 우대하지 않지만, 일부 대형 로펌의 경우 상경, 어문, 법학계열 등으로 제한하는 곳이 있고, 어문계열과 상경계열 전공자들의 대형 로펌비서 취업률이 높은 편이다. 비슷한 스펙이라면 비서학, 법학, 영문학과가 유리할 수 있다.

대형 로펌에서는 업무 중 영어를 많이 사용하기도 하지만 보통 소송 담당 변호사의 비서인 경우 업무상 영어를 사용하는 일이 많지 않다. 또한 법률서비스를 제공하는 회사이다 보니 법학과를 선호한다고 생각하지만, 실제 법학 전공자가 많지는 않으며 법 지식보다는 법원의 행정절차나 법률실무, 법률용어를 알고 있는 것이 도움이 되는 정도이다. 변호사의 고유업무와 비서직업무가 분명히 구분되어 있기 때문이다. 법을 다루는 것은 변호사의 고유업무이고 비서는 변호사들이 미처 신경 쓰지 못하는 부분을 관리하고 변호사와 고객 간의 중간 역할, 변호사가 하는 업무에 대한 전반적인 지원, 법원의 행정절차에 대한 지원업무를 하는 것이다.

④ **고용 형태**: 현재 거의 모든 로펌이 정규직으로 채용하고 있다. 일부 중소형 로

펌 경우 6개월 이내 인턴경험을 거친 후 정규직으로 전환해 주기도 하고 정규직 채용 시 3개월 정도의 수습기간이 있는 곳도 있다.

⑤ **자격요건**: 로펌은 실무 역량과 외국어능력, 자질을 많이 본다. 일반 기업에 비해 매우 보수적이고 전문가집단이다 보니 스펙과 기본적인 자질을 중시하는 경향이 있으며 지적이고 단정하고 반듯한 사람을 선호한다. 고객 대하는 일이 많다 보니 호감가는 인상은 필수이다. 용모, 가정 분위기, 센스와 상냥함, 단정함 등 호감을 주는 비서로서의 기본적인 자질과 서비스 마인드, 어학능력, 컴퓨터 활용능력을 갖춘 비서를 선호한다. 또한 무엇보다 로펌 내 비서들이 많아 성격이 온순하고 협조적인 사람을 원한다.

대형 로펌의 경우 외국어, 특히 영어능력 우수자를 요구하고 있다. 외국 클라이언트와 국내 기업의 해외 비즈니스 증가, 외국인 변호사 증가 등으로 영어 서류 작업 및 업무상 영어 서류를 다룰 일이 많기 때문이다. 법률시장이 개방되면서 외국 로펌은 물론 국내 로펌의 업무 영역도 글로벌화됨에 따라 국제적 감각은 기본 소양이다. 일부 대형 로펌은 토익 등 어학점수를 800 또는 850점 등 일정 점수를 제시하고 있다. 중소형 로펌의 경우에도 영어 가능자를 우대하는 사례가 있다. 일본어와 중국어 가능자를 우대하기도 하며 해외 분사무소 설립 등으로 제2외국어도 잘하면 더욱 유리할 수 있다.

또한 대형 로펌에서 한글, Ms-office(워드, 엑셀, 파워포인트) 등 컴퓨터 활용은 필수이며 중소형 로펌에서도 기본적인 컴퓨터 활용능력을 요구한다. 로펌에서는 문서작성 및 편집업무가 많기 때문이다.

자격증은 채용에 큰 비중을 차지하지 않으며, 비서 관련 전공자나 비서직무 경험자, 직무 관련 교육 이수가 도움이 된다.

다) 업무내용

5대 대형 로펌은 구인공고에 구체적인 직무 관련 정보와 근무 조건(예를 들어, 구체적인 직무내용, 전형 방법, 급여 수준, 복리후생 등)을 제시하고 있으나, 중소형 로펌의 경우 구체적인 조건을 제시하지 않은 경우가 많다.

대형 로펌(10대 로펌)과 중소형 로펌, 개인법률사무소에서의 비서 역할은 차이가 있으나, 공통적으로 로펌비서는 개인비서라기보다는 업무비서라 할 수 있다. 개인비서로서의 업무보다도 업무적인 지원을 주로 하는 비서로서 일반 기업 비서에 비해 상사 개인적인 업무가 훨씬 적다. 기본적으로 로펌비서는 한 명이 아닌, 여러 명의 전문가들의 업무를 지원하기 때문에 개인적인 업무 지원 비중은 크지 않다. 반면 대표 변호사나 높은 시니어 파트너가 상사인 경우에는 개인적인 업무의 비중이 높아질 수 있다.

대형 로펌에서 비서들에게 요구하는 업무의 내용은 비서 일반업무와 로펌비서 고유 실무, 전문가 및 소속 팀에 따른 특수업무로 크게 구분할 수 있다. 주로 담당하는 업무는 일정관리, 전화 및 내방객 응대, 간단한 송무업무, 서류작성, 편집 및 관리, 법원문서수발, 번역, 청구서 작성, 기타 비서업무 등이다. 대형 로펌에서 비서는 자문비서와 송무비서로 나뉘는데 업무의 차이가 있다. 자문비서의 경우 기업 법률 자문과 관련하여 계약서나 의견서를 편집, 관리하는 일을 주로 담당하며, 송무비서는 소송과 관련하여 문건 작성, 재판일정 체크, 제출 자료 준비, 고객에게 서면 보고, 기록관리 등의 업무를 주로 수행한다.

중소규모 로펌에서는 송무가 주 업무이므로 송무, 등기, 공증업무를 주로 다루게 된다. 기본적인 비서업무뿐만 아니라 송무업무, 사무실관리 등 사무실의 전반적인 지원업무를 요구한다. 변호사 일정관리, 법원 및 공문 서류편집 및 제출, 서류작성(문서작성 및 편집, 편철), 문서송부(법원 관할 사건서류 접수 및 우편송부업무), 법원문서수발, 홈페이지관리, 전화응대 및 손님안내 등 기타 잡무가 포함된다.

대형 로펌의 일반 Staff 업무 분야

대형 로펌의 경우 전문가집단 외 조직업무를 지원하는 구성원으로 크게 비서, 스탭, 패러리걸로 나누어 볼 수 있다. 스탭은 빌링과 기타 업무지원으로 크게 나누어 볼 수 있다. 모 로펌은 업무 분야별로 명확히 구분하여 채용하고 있는데, 채용공고에 나와 있는 업무 구분은 다음과 같다.

- 비서업무
  - 비서 일반업무 및 로펌비서 고유실무
  - 상사(Professional) 및 소속 팀에 따른 특수업무
- 패러리걸 업무(예: 금융전문 패러리걸(Paralegal))
  - 법률전문가 그룹(Professional)과 함께 금융감독원, 한국은행, 금융위원회 등 금융관련 주요 업무를 수행하는 패러리걸(Paralegal)
  - 금융거래 관련 외국환거래신고 및 대주주변경신고, PEF 등록신고 등 금융거래 관련 신고 제반 업무 등
  - 법률실사보고서 편집 및 Sorting, 각종 계약체결 이후 클로징 업무, Bible(바인더) 작성 등의 업무 등
- 빌링(billing) 업무
  - 변호사보수금(착수금, 성공보수금, 법률자문료, 고문료 등)을 고객에게 청구하는 일련의 제반 업무처리를 담당
  - 주요 업무: 국내 · 외 청구서의 작성 및 발송, 관련 세금계산서 발급 등
- 회계팀
  - 회계 및 세무업무 일반, 예산 기획 및 관리업무, 해외지사관리
- 총무팀
  - 구매 · 문서 · 보안 · 서무 · 의전 · 인쇄물 · 차량 · 통신 · 행사 등

• 추심팀

– 변호사보수금(착수금, 성공보수금, 법률자문료, 고문료 등)의 청구 및 추심과 관련하여, 청구 미확정 건들의 확정업무(청구 전) 및 고객을 상대로 한 국내 · 외 미수금의 추심업무(청구 후) 등

• 정보전산팀

– IT 인프라 관리(서버, 네트워크, PC 포함), IT 인프라 설계/기획/관리/운영, 응용 프로그램 개발/운영, 보안 솔루션 운영/관리

• 지식관리팀

– 지식관리(KM) 프로세스 기획 및 운영

– 지식관리 현황 모니터링 및 사용자 변화관리

– 업무 산출물 관리 및 리서치

• 지식기획팀

– 행사/세미나 진행 및 뉴스레터 제작 등 관련 업무 보조

• 경영지원실

– 경영분석 및 평가 관련한 보고서 작업

라) 자질

채용 트렌드가 바뀌어도 비서직 채용에 있어 비서 본연의 업무와 기본적인 자질이 매우 중요하다. 즉, 비서의 기본적인 업무, 기본적인 자세와 태도 등이 핵심이다. 다만 변화된 것이라면 기본 자질에 더하여 업무의 전문성을 요구하고 업무 역량을 중요시한다는 것이다. 연륜있는 전문가들이 많아 기본적인 인성과 단정하면서도 차분한 인상과 태도를 매우 중시한다. 비서업무의 특성상 자신이 앞에 나서서 주도하는 것보다는 조력하며 든든히 뒷받침해주는 자세가 바람직하다.

채용공고에서 대형 로펌이 자질과 관련하여 제시한 것으로 전문비서로서의 품위를 잃지 않는 용모 단정함과 서비스 의식을 갖춘 자, 비서로서 기본자세와 업무인지 능력이 빠르고 재치 있고 성실한 자, 전문비서로서의 품위를 잃지 않는 용모 단정함과 서비스 의식을 갖춘 자, 매사에 능동적이며 열정적으로 임하며, 전문비서로서 성장하고자 하는 비전을 가진 자, 전문비서직에 대한 관심과 열의가 있는 사람, 모든 일에 적극적이며 책임감이 강한 사람 등이 있다.

중소형 로펌은 대형 로펌에 비해 학력과 스펙, 자질 면에서 덜 까다롭지만 기본적인 성실성과 적극적으로 일할 책임감 있는 인재, 기본적인 인성을 갖춘 인재를 원한다.

다만 컴퓨터 활용능력 및 문서작성능력이 우수한 자, 성실하고 용모 단정한 자, 대인관계가 뛰어나고 긍정적인 사고를 가진 자는 규모에 관계없이 모든 로펌이 공통적으로 요구하는 인재이다.

Y 대형 로펌의 비서직 응모자격

- 영어 및 컴퓨터(Ms-Office) 사용에 능숙한 사람
- 전문비서직에 대한 관심과 열의가 있는 사람
- 모든 일에 적극적이며 책임감이 강한 사람
- 전문비서로서의 품위를 잃지 않는 용모 단정함과 서비스 의식을 갖추신 분
- 4년제 대학 졸업 혹은 2월 졸업예정자로 채용즉시 출근 가능하신 분
- 영어 및 컴퓨터(MS Office)사용에 능숙하신 분
- 매사에 능동적이며 열정적으로 임하며, 전문비서로서 성장하고자 하는 비전을 가지신 분

로펌비서에게 요구되는 역량

- 정직한 업무처리와 투철한 기업윤리를 발휘하여 끝까지 책임지는 자세
- 효율적인 업무처리와 양질의 서비스 제공을 위해 업무에 집중하는 태도
- 상대의 기대나 욕구를 명확히 이해하고 자신의 의사를 구두 또는 문서를 통해 명확히 표현하고 전달하여 이해와 공감을 이끌어내는 능력
- 당황스런 상황에서도 문제의 핵심을 잃지 않고 냉정하게 대응하며 업무에서 개인적 감정을 반영하지 않고 이성적으로 행동할 수 있는 능력
- 주어진 업무의 핵심과 연관관계를 종합적으로 파악하고 체계적으로 수행할 수 있는 능력
- 업무를 수행함에 있어 내 · 외부 고객의 관점에서 처리하며, 고객을 위한 서비스 제공시 사명감을 갖고 수행하는 태도
- 전문가로서 신뢰감을 주는 인상과 용모를 갖추고 매너있는 행동
- 능숙한 외국어로 업무를 원활히 진행하는 능력
- 기본적인 법률 제반 지식을 바탕으로 업무수행에 적용하는 능력

마) 채용전형

채용은 일반적인 전형 방식인 서류전형과 면접으로 이루어지게 된다.

서류전형은 규모에 관계없이 모두 이력서와 자기소개서를 제출하도록 하고 있다. 대부분은 자유양식으로 홈페이지상이나 이메일로 온라인 지원을 하도록 하고 있다. 대형 로펌 중에는 홈페이지에서 제공되는 자사 지원 양식을 사용하도록 하는 곳들이 있는데, 자사 양식이 있는 경우에는 지원할 때 해당 로펌의 양식에 맞춰서 작성해야 한다. 영어능력을 중요시하는 로펌의 경우 영문이력서와 국·영문 자기소개서를 첨부해야 하고 토익점수 기재를 요구하고 있다. 일어 가능자의 경우 일문이력서 및 일문자기소개서를 추가 작성하여 제출하도록 하는 곳도 있다.

일반적으로 면접은 두 번으로 이루어지나, 중소형 로펌은 한 번의 면접을 보는 경우도 많다. 그러나 대형 로펌, 특히 4대 로펌은 요즘 세 번의 면접을 보는 곳도 있는 등 면접이 강화되고 있다.

2) 외국계 로펌비서 채용

가) 국내 외국계 로펌 현황

한국은 미국 및 유럽연합(EU)과의 자유무역협정(FTA)에 서명함으로써 국내 법률시장의 빗장을 단계적으로 열기로 했다.

1단계 법률시장 개방은 외국법 자문사들이 국내에서 외국법 자문업무만 처리할 수 있는 수준이다. 2013년 7월 2차 법률시장 개방(한–EU FTA 기준, 한–미 FTA는 2014년 3월)이 되면서 국내 로펌과 제휴해 국내법 사무를 일부 처리하고 수익을 나눌 수 있게 되었다. 2단계부터는 외국 로펌이 사실상 수익 활동을 할 수 있어 외국 로펌의 국내 법률시장 내 입지가 크게 증가할 수 있다. 3단계 개방인 2016년 7월(한–미 FTA는 2017년 3월)부터는 한국 로펌과 지분을 투자한 합작기업(joint venture) 설립이 가능하다. 3단계 개방이 되면 외국 로펌이 세운 합작기업이 국내 변호사를 직접 고용해 국내 소송까지 맡을 수 있게 돼 법률시장이 사실상 완전 개방된다. 법조계에선 국가 간 FTA가 속속 발효되고 외국법 자문사가 국내에 생기면서 외국계로펌의 국내시장 공략이 한층 가속화될 것으로 전망하고 있다.

2012년 법무부가 롭스앤그레이, 쉐퍼드 멀린, 클리포드 챈스 등 외국 로펌 3곳의 외국법 자문사 설립을 인가하면서 외국 로펌이 한국사무소를 공식 개설하고 국내에서 활동하기 시작했다. 영국 로펌인 클리포드챈스는 영국 최대로 세계 3대 로펌 중

하나로 꼽힌다. 미국 로펌인 롭스앤그레이는 세계 30위권에 드는 대형 로펌이다. 미국 로펌인 쉐퍼드 멀린도 세계 100대 로펌에 들어간다.

2015년 현재 법무부의 설립인가를 받은 외국 로펌은 26개이며, 현재 19개의 외국 로펌이 국내에 진출하였다. 현재 국내 시장에 사무소를 개설한 총 19개의 외국 로펌은 미국계 15곳, 영국계 4곳이다. 이들 외국계로펌들은 지난 2014년 1분기 국내 인수・합병(M&A) 시장에서 상위권의 성적을 거두며 국내 시장을 점유하는 중이다.

외국 로펌들의 한국사무소는 대사관이 가깝고 대기업 본사가 많은 중구 을지로와 광화문 일대 오피스빌딩에 둥지를 틀고 있다.

외국계로펌들은 주로 국내 대기업을 대상으로 기업 인수・합병(M&A), 국제 특허 소송을 맡는다. 이들은 글로벌 네트워크를 바탕으로 국내기업의 해외 M&A 자문 시장점유율을 높여가고 있다. 예전엔 (M&A 과정에서) 국내 로펌이 인수대상 기업이 있는 현지의 로펌과 공동으로 처리했지만 이제는 곧바로 대기업이 국내에 사무소를 둔 외국계 로펌과 직접 계약을 맺고 인수 대상 기업이 있는 현지 사무소를 이용해 M&A를 진행하게 될 것이다.

이미 LG나 삼성 같은 한국의 기업들이 특허권을 놓고 국제적인 법적 분쟁에 휘말리는 경우가 많고, 그 수가 해가 갈수록 계속해서 늘고 있는 상황속에서 외국 로펌은 그에 대한 법률적 자문과 정보를 제공할 것이다. 또한 국내법 관련 소송 시장 성장은 둔화되고 있는 반면 한국 기업의 활발한 해외 진출로 현지 법률 관련 서비스에 대한 수요는 높아지고 있어 특허 소송, 기업 인수・합병 등에 집중할 것이다.

한-미 자유무역협정(FTA)이 발효된지 2년이 지남에 따라 법률시장 개방 2단계로서 외국 로펌이 국내 로펌과 공동으로 법률 사무를 처리할 수 있게 되었다. 영국계 로펌 허버트 스미스 프리힐즈는 외국 로펌으로는 처음으로 대한변호사협회에 외국법자문법률사무소 공동사건처리 등록을 신청했으며, 업계에서 조만간 외국 로펌이 국내 로펌과 공동으로 사건을 수임하게 될 것으로 보고 있다.

나) 외국계 로펌비서 채용

유명 외국 로펌의 한국 법인들이 법률시장 개방에 따라 본격적으로 서울 사무소를 개설하면서 역량있는 로펌비서 채용이 본격화될 것이다.

외국계 로펌은 주로 헤드헌팅업체를 통해 비서를 채용하고 있다. 외국계 기업이 상시채용이나 특별채용으로 비서를 채용하는 경우가 많은 것처럼 외국계로펌 역시 다르지 않다. 따라서 국내에 진출한 외국계 로펌에 대한 꾸준한 모니터링이 필요하다. 채용에 있어서는 신입보다는 경력직 위주로 채용이 이루어지고 있다. 외국 로펌은 규모가 크지 않기 때문에 주로 비서업무뿐만 아니라 전반적인 관리업무를 담당하는 경력있는 비서를 채용하는 경우가 많다.

채용 시 기업명은 회사의 요청에 따라 비공개로 진행되는 경우가 많다. 업무내용의 경우 스케줄관리, 전화 응대, 내방객 응대, 우편물 정리 등 기본적인 비서업무를 수행하는 신입비서를 채용하는 경우와 상당한 비서경력을 가진 사무실 전반 관리업무를 담당하는 관리자급의 비서(시니어 비서)를 채용하는 경우로 나뉜다.

외국계로펌의 경우 외국계 기업 비서 출신 또는 대형 로펌 출신의 영어능통자를 선호한다. 로펌과 업무환경이 비슷한 국내 로펌, 금융컨설팅 등의 비서들과 외국계 기업 출신 비서들에게 유리한 면이 있다. 채용 조건의 경우 국내 로펌보다는 나이 제한이 적으며 30세 미만 또는 30대 비서 채용에 대해 관대한 편이다.

자질 면에서는 일반적인 바람직한 비서상과 크게 다르지 않다. 밝고 성실하며 비서로서의 기본적인 소양을 갖춘 사람을 요구한다. 다만 영어 활용 수준에 있어 의사소통에 문제가 없는 원어민 수준의 활용을 요구한다는 점이 다르다.

라. 로펌비서 취업전략

법률시장의 개방으로 해외 로펌들의 국내진출이 활발해지면서 역량 있는 전문 로펌비서에 대한 수요가 증가할 것이다. 로펌마다 요구하는 인재상과 역량이 차이가 있는 부분이 있지만, 로펌에서 원하는 실무 역량과 외국어능력, 스펙과 자질을 갖추고 있다면 로펌 취업에 유리할 것이다. 공통적으로 모든 로펌에서 로펌조직에 대한 이해, 로펌비서 업무에 대한 이해, 비서로서의 올바른 자세 및 태도, 기본적인 법률용어 및 법 제반 지식, 컴퓨터 활용, 한자 등은 필수적이다. 부가적으로 외국어능력과 로펌업무에 대한 지식과 교육경험이 있다면 더욱 유리할 것이다.

1) 비서로서의 자질 함양

로펌에서도 일반적으로 비서직에게 요구하는 자질 부분을 중요하게 생각한다고 볼 수 있다. 비서에게 가장 우선적으로 요구되는 것이 눈치(센스), 서비스 마인드, 상사에 대한 로열티, 상냥한 성격, 웃는 얼굴이며, 예의, 예절, 매너가 가장 기본이 되는 자질이다. 이는 상사와의 업무관계, 고객과의 관계에 있어 가장 중요한 것이기 때문이다. 기본적인 비서직에 적합한 자질뿐만 아니라 그 외 로펌업무 특성상 요구되는 자질 또한 갖추는 것이 채용에 있어 훨씬 유리하다.

꼼꼼함과 정확성이 특히 요구된다. 법원에 제출하는 서류를 다루는 일을 주로 하는 송무비서는 소송서류를 형식에 맞게 편집하고 증거자료를 챙기고 제출 서류를 챙기고 정확한 재판 날짜를 체크하고 고객과 접촉하게 된다. 그렇기 때문에 굉장히 꼼꼼하게 일을 처리해야 하고 실수하지 않는 것이 중요하다. 비서의 실수로 소송이 무효가 되거나 질 수도 있고 상대방이 알면 안 되는 사실이 잘못 전달될 수 있다. 자문업무를 담당하는 비서 또한 고객에게 송부하는 의견서의 최종 편집 및 발송을 하기 때문에 실수해서는 안 된다. 일례로 고객에게 보내는 의견서에 도장 없이 찍어보내게 되면 그 의견서는 온전한 문서로서 효력을 갖지 못하게 된다.

상황판단력 또한 중요하다. 여러 업무가 한꺼번에 발생할 때 우선순위대로 일을 그때그때 바로 처리해야 한다. 마감 시간이 정해진 업무들이 많아 마감 시간에 맞추어 일을 해야 한다.

로펌비서 자질 중 매우 중요한 것이 비밀유지이다. 알만한 기업과 유명인사, 언론에서 접하는 사건들에 대한 소송 및 자문을 담당하므로 고객 및 업무 과정에 대한 철저한 비밀유지가 필수이다.

지원하고자 하는 로펌이 홈페이지가 있는 경우 해당 로펌의 핵심 가치와 인재상을 미리 확인하여 그에 맞는 자질을 갖추는데 있어 미리 준비하면 큰 도움이 될 것이다. 이는 실제 지원 시에 이력서와 자기소개서 작성과 면접에도 반드시 반영되고 준비되어야 하는 부분이다.

2) 조직 및 업무에 대한 이해

로펌조직에 대한 이해, 로펌비서 업무에 대한 이해는 필수적이라 할 수 있다. 취업준비에서 반드시 선행되어야 할 것이 희망 직무에 대한 분석, 희망 기업에 대한 분석이다. 자신이 원하는 직무가 어떤 것인지에 대한 분명한 이해가 있어야 직무와의 적합성을 판단할 수 있고 준비된 지원자라는 인상을 줄 수 있다. 또한 희망 직무를 할 수 있는 아무 곳이 아니라 특정 회사에의 입사를 목표를 준비한 사람이 훨씬 더 준비되어 있다고 여겨질 수 있다. 이를 통해 직무와 관련된 능력을 갖추는 데 노력을 기울여야 한다. 비서업무와 로펌업무에 대해 파악하고 있는 것이 중요하므로 비서 고유업무와 소송 절차나 기본적인 법률용어 등 법 제반 지식을 알고 있는 것만으로도 채용에 도움이 될 것이다.

3) 직무 전문성

일반적인 비서 채용 시 중요하게 여겨지는 직무능력, 즉 비서업무와 로펌업무는 기본이다. 비서직뿐만 아니라 모든 직종에서 신입보다는 경력직을 선호하는 채용 트렌드에 맞물려 로펌비서 또한 직무에 대한 경험이 채용에 있어 유리하다. 예전에는 외국계 기업의 경우 직무적합성과 직무능력을 중시하여 경력비서를 주로 채용하였는데 요즘 국내 기업 역시 신입직을 뽑더라도 2~3년의 경력비서나 어느 정도의 직무 경험을 중요하게 여기고 있다.

10대 로펌들의 경우 졸업예정자와 경력 없는 졸업자에 대한 채용이 많았으나, 최근 들어 어느 정도의 경력이나 경험을 가진 비서를 선호하는 추세를 보이고 있다. 신입 같은 경력직을 선호하여 직무에 대한 경험 여부가 채용에 유리하다. 중소형 로펌에서는 비서 고유업무뿐만 아니라 전반적인 사무실관리업무와 송무지원업무까지 담당하기 때문에 전반적인 업무 경험이 있는 비서를 선호한다. 따라서 대형 로펌이든 중소형 로펌이든 취업 시 직무 관련 경험과 직무 관련 교육 프로그램 이수 등이 채용에 있어 유리할 것이다.

비서업무 관련 교육 과정을 이수하였다면 회사에서는 비서직에 대한 관심과 열정이 있고 직무에 대한 열의를 느끼게 된다. 또한 로펌업무교육을 이수하면 유리하다. 법률시장 개방에 맞서 국내 로펌의 기존 비서 및 스탭들의 역량을 개발하기 위해 법률사무직 훈련 프로그램들이 상당히 많이 있다. 로펌업무에 대한 교육 이수는 비서직에만 관심이 있는 것이 아니라 로펌에의 입사 의욕을 느끼게 하여 좋은 점수를 받을 수 있다. 관련 교육기관에서의 교육 프로그램을 이수한다면 입사뿐만 아니라 자신이 원하는 일에 대한 열정을 느낄 수 있고 준비된 사람이라는 긍정적인 인상을 줄 수 있다. 또한 교육기관에서 채용을 알선해 주는 경우도 있다.

비서 관련 전공자나 비서직무 경험자, 직무 관련 교육 이수가 유리하다는 것은 그만큼 업무에 대한 전문성을 중요하게 여긴다는 의미이다.

4) 정보에의 민감

일반적으로 로펌은 정기채용보다는 수시채용이나 상시채용 방식을 활용하므로 구직정보에 항상 관심을 기울이고 채용공고를 수시로 탐색하여 채용 시기를 놓치지 않도록 한다. 또한 기존 채용공고 분석을 통해 채용에 필요한 요건들을 갖추어가는 준비를 하는 것이 좋을 것이다.

5) 지원에 대한 대비

평소 미리 국문이력서와 영문이력서, 국문자기소개서를 준비해 두는 것이 좋다. 대형 로펌 중, 특히 5대 로펌의 경우 이력서와 자기소개서의 완성도가 상당히 높은 것을 요구하므로 자신의 장점과 경쟁력이 부각될 수 있는 이력들을 상세하게 작성하는 것이 좋으며, 글로벌 역량과 직무에 대한 가능성을 보여줄 수 있어야 한다.

각 로펌마다 다른 인재상을 갖고 있으며 홈페이지에서 확인 가능하다. 자기소개서를 쓸 때는 해당 로펌의 인재상을 염두에 두고 작성하도록 한다. 자신이 지원하는 로펌의 인재상을 반드시 숙지하고 지원서를 작성하는 것은 기본이다.

2. 로펌비서 취업 실전

일반적인 채용 전형은 서류전형, 필기전형, 면접전형, 신체검사로 이루어지나, 대기업과 공기업 등을 제외하고 대부분 모든 조직에서 서류전형과 면접전형, 신체검사로 진행된다. 일반적으로 로펌의 채용전형절차도 이와 유사하나, 일부 로펌 중심으로 서류전형만으로 옥석을 가려내기가 어려운 현실에서 적합한 사람을 걸러내기 위해 타이핑테스트, 영어구술시험 등 직무 관련 테스트를 하기도 한다.

서류전형은 이력서나 자기소개서와 같은 지원서를 바탕으로 지원 자격 여부를 검토하고 지원자의 잠재역량이나 지원직무와의 적합성 여부를 심사한다.

취업 시 가장 많은 비중을 차지하는 것이 면접이다. 면접전형은 직무수행에 필요한 역량보유 여부와 인성을 판단하기 위해 면접관과의 질의응답을 통해 합격자를 걸러내게 된다. 그렇다면 면접관은 무엇을 토대로 질문을 던질까. 가장 기본적인 것이 바로 이력서와 자기소개서, 입사지원서이다. 서류전형 시 제출된 학력, 자격 등

기본정보와 어떤 경험을 해왔는지를 보고 면접관은 지원자를 가늠하게 된다.

가. 서류전형

대부분 로펌은 이력서와 함께 자기소개서로 채용 여부를 1차적으로 판단한다. 수많은 지원서 중 이력서상의 학교, 전공, 학점, 어학점수, 자격증 등을 기준으로 걸러낸 뒤 자기소개서로 다시 일부를 추려내게 되나, 과거에 비해 자기소개서 비중이 커지고 있는 추세이다.

서류전형에서 통과하지 못하면 면접 기회조차 얻지 못하게 된다. 따라서 이름 한 자라도 또박또박 써야 할 만큼 입사지원서를 정성스럽게 작성하는 것은 중요하고 기본 중의 기본이다.

자기소개서에서 반드시 읽는 부분은 각 항목의 맨 위에 쓴 주제 문구이다. 주제를 먼저 읽고 내용은 훑어보게 되므로 이 주제를 잘 만들어야 한다. 지원자가 몇 명 안 되는 경우라면 내용 전체를 다 읽는 것이 가능하겠지만 지원자가 많으면 전부 다 읽기 힘들기 때문이다.

입사서류의 핵심은 무엇을 했고, 그를 통해 무엇을 배웠으며, 성공한 경험은 무엇이고, 입사 후 회사에 어떤 도움이 될지이다. 입사서류는 ① 직무에 도움이 되는 핵심 위주로 작성하고, ② 남들과 차별화되는 특징 및 경험을 최대한 부각시키며, ③ 지원한 회사에 맞는 맞춤형 서류를 작성하고, ④ 만나보고 싶은 호감을 유발할 수 있도록 작성하며, ⑤ 회사와 직무에 대한 언급과 직무 전문성을 보여주고, ⑥ 자신이 회사에 어떤 도움이 될지를 구체적으로 밝히는 데 중점을 두는 것이 좋다.

1) 이력서

가) 이력서란

이력서는 자신의 스토리를 한 장으로 요약해서 표현하는 것이다. 이력서는 구직자에 대한 첫 이미지인 동시에 구직자를 가늠하는 첫 번째 단계이다.

이력서는 입사를 위한 첫 관문이자 입사 후 배치, 승진, 이동, 교육 등의 근거로 사용된다. 따라서 이력서 한 장 안에 자신을 제대로 PR할 수 있는 것이 무엇인지 고민해 보아야 한다. 이력서는 대개 사진, 기본 인적사항, 학력, 경력, 자격, 특기 및 상벌사항, 가족관계 등으로 구성된다.

인사담당자가 봐야 하는 이력서는 넘쳐나기 때문에 한 장의 이력서를 보는 데 1분도 걸리지 않고 면접 대상자로 떨어뜨릴 이력서를 찾는다. 입사지원 시 서류전형 합격을 결정하는 항목은 지원자의 경력사항과 전공이 중요한 요인이다.

나) 이력서 작성요령

이력서는 지원회사에서 제공하는 양식을 사용해야 하거나 자신이 자유 양식으로 작성할 수 있다. 자신이 자유롭게 작성하는 경우에는 기본 이력서 양식에다 자신만의 개성 있는 장점을 부각시킬 수 있는 양식으로 수정 보완하여 만들도록 한다. 이력서는 어떤 틀에 얽매이지 않고 포함되어야 할 기본사항들을 작성하고 자신의 장점과 특이점을 최대한 살려 내용을 깔끔하고 명확하게 표현하면 된다. 이력서의 구체적인 작성요령은 다음과 같다.

① 솔직하고 정성들여 깔끔하게 작성하라

정성들여 깨끗이 작성하고 가능하면 시각적으로 한눈에 들어오는 깔끔한 형식을 만들어 보도록 한다. 문구점 이력서 구성에서 벗어나 개성 있게 작성하되 경력과 지원 분야의 특징을 최대한 살릴 수 있는 형식으로 지원회사의 맞춤형 이력서를 준비하도록 한다. 오탈자가 없는지 반드시 체크한다. 맞춤법은 개인의 교육이나 교양 수준을 나타내는 것이며, 사소한 오탈자는 지원자의 성의와 지식 수준을 의심하게 되고 빈틈 있는 것처럼 보일 수 있다. 또한 이력서는 자신의 정보를 부각시켜야 하기 때문에 과장이나 왜곡의 소지가 있을 수 있다. 입사지원서는 기업이 구직자를 판단하는 첫 인상이기 때문에 신뢰감을 주지 못하면 아무리 화려한 스펙이라도 합격하기 어렵다. 또한 면접 과정에서 질문을 통해 허위나 과장이 드러날 수 있으며, 입사지원서의 기재내용이 허위임이 판명될 경우에는 추후에 합격 및 입사를 취소할 수 있다.

② 간단명료하되, 구체적으로 기술

이력서는 대개 기본 인적사항, 학력사항, 경력사항, 자격 · 면허사항, 수상경력, 대내외 활동(봉사 · 동아리 · 해외경험 활동 등), 자신의 능력이나 장점을 돋보이게 할 수 있는 사항(특별한 기술이나 능력)을 기재하도록 되어 있다. 경력직 지원을 제외하고는 가능하면 A4 1장을 넘지 않도록 한다. 간단명료하게 내용을 작성해야 하나, 작성된 내용을 보고 궁금한 점이 없도록 구체적으로 중요한 내용을 빠뜨리지 않고 기술해야 한다. 예를 들어, 직무경험이 있는 경우 대개 기관명, 근무기간, 직위 등을 위주로 작성하지만 인사담당자들이 관심 있게 보는 것은 어떤 경험을 했는지 이다. 담당직무의 내용을 구체적으로 작성하여 어떤 일을 할 수 있다는 것을 보여주도록 한다. 또한 학력이나 경력, 활동사항, 자격사항 등은 구체적인 기간이나 날짜를 정확히 명시하도록 한다.

③ 알맞은 사진 사용

사진은 이력서에서 제일 먼저 눈이 가는 부분으로 거기서 지원자의 첫인상이 굳혀진다. 사진을 보고 호감을 느끼면 서류전형에 합격할 확률이 높아지게 된다. 반드시 지원서 사진 규격에 맞는 것으로 사용하고 밝고 부드러운 표정과 정장차림에 단정한 헤어스타일로 촬영한 사진이어야 한다.

사진 촬영 시 복장은 무난하고 단정한 것으로 한다. 단정한 블라우스와 재킷이 좋다. 귀걸이나 목걸이를 하지 않는 것이 오히려 단정한 이미지에 도움이 되나 귀걸이를 하는 경우 귀에 부착되는 작은 것이 좋다.

④ 호주와의 관계는 호주의 입장에서

호주와의 관계는 쓸 때에는 호주 입장에서 작성해야 한다. 호주가 아버지나 어머니라면 장남, 차녀 식으로 쓰면 된다.

⑤ 기본 인적 사항

기본 인적 사항은 성명, 주민등록번호, 주소, 전화번호, 휴대폰번호, E-mail, 지원분야가 포함된다. 모든 항목을 빠뜨림 없이 작성하도록 하고 e-mail 주소의 경우 이모티콘이라든지 숫자와 알파벳을 의미 없이 단순 나열한 아이디는 진중하지 못한 인상을 주므로 피하도록 한다.

⑥ 학력사항

졸업연도나 졸업예정 시기를 명시하고 전공명을 정확하게 기재하도록 한다. 학력은 고등학교 졸업 이후부터 작성하고 대학교는 입학 시기도 함께 명시한다. 최근 것부터 기재하는 영문이력서 방식에 따라 최근 학력부터 쓰기도 한다.

⑦ 경력사항

경력사항은 지원하고자 하는 업무와 관련 있는 아르바이트나 인턴, 기업연수 등의 직무 관련 경험을 기재하면 된다. 이때 기관명과 직위, 부서 중심이 아니라 무엇을 했는가와 할 수 있는가를 제시하는 것이 중요하다. 따라서 지원 기업과 지원 분야와 관련있는 실무능력 위주로 작성하고 직장명, 재직기간, 소재지, 근무부서, 직급 및 직위, 주요 업무, 성취 업적 등을 기재한다. 특히 주요 업무와 성취 업적을 구체적으로 기입하도록 한다.

⑧ 특기사항

특기사항에는 상벌사항, 보유 자격증, 외국어구사능력, 컴퓨터 기술 및 활용능력 등을 기재한다. 자격 및 면허 발급사항을 취득연도별로 기입하고 취득일과 발급기관명을 정확하게 명시한다. 외국어 관련 수상 경력, 어학연수 경험, 공인된 외국어 성적, 수상 경험을 모두 기재하고 응시기업이나 업무와 관련된 연구업적(대학생 공모전 입상, 대학생 논문현상 입선)뿐만 아니라 지원 분야와 관련된 수강과목을 기재할 수 있다. 이를 통해 지원자가 무엇을 할 수 있는 역량을 갖추었는지를 보여줄 수 있도록 한다.

⑨ 취미 및 관심 분야

자신이 특별히 관심 있는 분야 혹은 취미 활동 등에 대해 기재한다. 독서, 영화감상 등의 일반적인 것을 기재하기보다는 색다르고 활동적인 것, 팀웍 기술과 관련된 내용을 기재하는 것이 좋다.

⑩ 서명

모든 이력사항을 기재한 후 아래와 같이 마무리한다. 이력서를 오프라인으로 제출 시 서명 없이 제출하는 일이 없도록 한다.

위 내용은 사실과 틀림이 없습니다. 2016년 3월 일 김 ○ ○(인)

〈그림 2〉 이력서 양식 샘플

입사지원서

성 명	(한글)	지원분야		사진
	(한자)	핸드폰		
		전화번호		
	(영문)	e-mail		
주민등록번호				
주 소				

학력 사항		기 간	출신교 및 전공	구분	학 점

자격 사항	자격 면허명	등 급	취득일	인증기관

외국어	외국어명	기간명	내 용

경험 사항	기 간	회사명(부서명)	업무내용

교육 사항	기 간	학원명	과정명	비 고

기타 사항	기 간	활동명	활동내용

〈그림 3〉 K로펌 이력서 양식

지 원 서(비서)

성명		영문		사 진
생년월일		성별		
연락처(휴대전화)		비상연락처	(관계:)	
E-mail				
주소				

학력사항	학교명(고등학교부터 기재)	소재지	기 간	학위	학 과	성적

기타연수	기 간	소속 / 장소	목적 / 내용	자격사항	취득연도	내용

경력	기 간	소 속	직위 등

외국어	종류	Level, 점수 등	병역	필 ( ) 미필 ( ) 면제 ( )	
				복무기간	
				복무내용	
				면제사유	

특이사항	(보훈, 장애인 기타)

첨부서류	1. 영문 이력서 1매 (영어시험(TOEIC 등) 점수 기재 요망) 2. 국/영문 자기소개서 각 1~2매 3. 최종학교 전 학년 성적증명서 1통 4. 졸업증명서 또는 졸업예정증명서 1통 5. TOEIC 등 성적증명서, 자격증 사본(소지자에 한함)

〈그림 4〉 S로펌 이력서 양식

지원서(직원)

IMAGE	성 명	한글	영문	
	생년월일		SNS	
	휴대폰		E-mail	
	주 소			
	보훈대상 여부	대상 ( ) 비대상 ( )		

학 력 사 항

기간	학교명	전공	학점(/4.5)	졸업구분
-	고등학교		N/A	
-	대학교			
-	대학원			

해 외 연 수

기간	연수처	연수내용

경 력 사 항

기간	근무처명	부서 및 직위
-		
-		
-		

병 역 사 항

필( ) 미필( ) 면제( ) 여성( )	
복무기간	
군별	
계급	
면제사유	

외 국 어

종 류	공인시험성적	취득일자

자 격 증

명칭 / 발행처	취득일자

단 체 활 동

단체명칭	동아리, 학회, 사회단체 등의 주요활동사항	직책

법무법인 S에 지원하는 이유 등 기타 참고사항	

2) 자기소개서

가) 자기소개서란

자기소개서는 지원 시 이력서와 함께 제출해야 하는 필수서류이다. 이력서가 개인의 객관적인 정보를 나열하는 것이라면, 자기소개서는 자신을 소개하는 글로서 지원자에 대해 보다 상세히 인사담당자에게 어필할 수 있는 자료이다.

기업은 지원자의 자기소개서를 통해 다음과 같은 것들을 파악하고자 한다.

- 가정환경과 성장 과정을 통해 개인의 성격 또는 가치관
- 학교생활이나 아르바이트, 봉사 활동 등 다양한 경험을 통해 지원자의 대인관계나 조직 적응력, 성실성, 책임감, 창의성 등
- 전공 외에 외국어, 컴퓨터 활용, 관심 있는 분야에 대한 전문성
- 어떠한 동기로 지원하게 되었고, 또 입사 후에 어떠한 자세로 임할 것이며, 장래성은 어떠한 것인가
- 문장 구성력 및 글의 논리성, 어휘력뿐만 아니라 자신의 생각을 표현해 내는 능력

인사담당자는 자기소개서에서 관심이 가거나 중요한 부분은 표시를 해 두었다가 면접 시 질문하는 데 기초자료로 활용한다. 자기소개서를 포함하여 회사에 제출한 모든 자료는 반드시 복사본을 보관하고 있다가 면접 전에 충분히 내용을 숙지하고 예상질문에 대한 답변을 준비한 후 면접에 참석하는 것이 바람직하다.

나) 자기소개서 작성요령

지원하는 회사와 직무에 자신이 가장 적임자임을 보여주는 것이기 때문에 자신을 가장 잘 어필할 수 있는 자기소개서가 최고의 자기소개서이다.

회사 인사담당자들이 말하는 자기소개서의 핵심은 단순하다. 하나는 회사와 직무

에 대해 얼마나 알고 있는지, 직무에 대한 전문성과 열정이 얼마나 있는지, 얼마나 입사하고 싶어 하는지를 보고자 한다. 또 다른 하나는 과거에 어떻게 살아 왔고 어떤 사람인지에 대한 구체적인 사실을 평가한다는 점이다.

자기소개서에는 “자신을 왜 채용해야 하는가?”에 대한 판단을 할 수 있도록 자신이 회사에서 필요로 하는 인재라는 점을 보여줄 수 있어야 한다. 회사에서 원하는 사람은 완벽한 사람이 아니라 회사가 필요로 하는 사람임을 염두에 두자. 자신이 갖고 있는 강점 중에서 회사에 도움이 될 수 있는 점을 보여주면 된다. 그에 앞서 우선 자신의 강점에 대한 키워드와 지원하는 회사 및 직무에서 요구하는 인재상에 대한 키워드를 찾은 다음, 이 두 가지 키워드의 공통점을 찾아 어떤 점을 어떻게 보여줄 것인가를 구상해 볼 필요가 있다.

그렇다면 인사담당자들이 생각하는 괜찮은 자기소개서는 어떤 내용을 담고 있을까? 휴지통으로 직행하는 자기소개서는 무슨 이유 때문에 그런 것일까? 자기소개서 작성 시 유의해야 할 구체적인 몇 가지 사항이 있다.

① 기본에 충실하라

자기소개서 내용을 불성실하게 작성하거나 일부라도 기입하지 않은 성의가 보이지 않는 자기소개서는 바로 탈락대상이다. 자기소개서 항목마다 두서너 줄로 간략하게 적어 놓는다면 성의 없다고 생각하며 내용뿐만 아니라 형식에 맞춰 기입했는지 살펴본다. 중요한 이야기는 모두 포함하되 장황하게 길게 늘어놓지 않는다. 문장은 쉽게 읽히고 이해할 수 있도록 간결하게 표현하도록 하고 전문용어는 되도록 피하며 약자는 사용하지 않도록 한다. ‘그리고, 그리하여, 그러므로’ 등의 접속사가 너무 많이 들어가지 않도록 한다. 분량이 정해져 있다면 그에 맞추어 작성하고 대개 A4 기준으로 1~2장 이내가 적당하다. 문장과 표현은 일관성 있게 작성하도록 하고 오탈자 없이 정확한 어휘 사용뿐만 아니라 어색하지 않은 자연스러운 문장이 되도록 해야 한다.

② 과장을 피하고 솔직하게 작성하라

거짓된 내용을 담거나 자신을 지나치게 미화시켜서는 안 된다. 자칫하면 면접 과정에서 자기소개서 내용과 관련된 심도 있는 질문을 받아 거짓이 드러날 수 있다. 자신의 장점 및 경험을 잘 포장하여 극대화하되, 가능한 한 과장됨이 없이 작성하여 진실성이 전달되도록 한다.

시중에 돌아다니는 모범 자기소개서의 문구를 베끼는 것은 절대 하면 안 된다. 진솔하지 못하고 과대 포장된 자기소개서는 거부감을 느끼게 하고 너무 모범적으로 잘 쓴 자기소개서는 진실성을 의심하게 된다. 다른 사람이 쓴 모범 자기소개서는 전체적인 흐름이나 맥락 정도만 참고하도록 한다. 잘 쓰려고 남의 멋진 문장을 가져오는 것보다는 소탈하고 진솔한 자신의 이야기를 쓰는 것이 감동을 줄 수 있다.

③ 시간의 여유를 두고 완성하라

많은 구직자들이 생각을 제대로 표현하는 것을 어려워하여 자기소개서 작성을 어려워하고 쓸 만한 특이한 내용이 없다고 생각한다. 무슨 내용을 채워야 할지 고민할 때에는 회사 입장에서 어떤 내용을 자기소개서에서 보고자 하는 것인지를 고려하는 측면에서 접근하도록 한다. 그동안 해 온 경험이나 특이사항이 없어 쓸 내용이 없다고 생각되는 경우에는 지나온 시간을 초등, 중등, 고등, 대학시절로 나눠서 기억에 남는 주요 사건을 생각해 보고 사건별로 스토리를 적어보도록 한다.

자기소개서를 입사지원 전에 급히 즉흥적으로 쓰거나 내용에 대해 깊이 고민하지 않고 대충 써 내거나 남들이 써 놓은 자기소개서의 문장을 짜깁기해 놓은 지원자가 많다. 자기소개서는 지원 시에 바로 작성하지 말고 회사에 대한 충분한 정보 수집을 통해 초고를 작성하여 여러 번 수정 · 보완을 거친 뒤 본격적인 작성에 들어가도록 한다. 시간을 두고 자기소개서 내용에 대해 깊이 고민하고 많은 수정 · 보완 작업을 거쳐 정성스럽게 작성하면 문장이 다듬어지고 그만큼 좋은 자기소개서가 만들어지게 된다.

④ 지원 회사와 직무에 맞는 '맞춤 소개서'를 작성하라

대개 지원자들은 동시에 여러 회사에 지원하면서 이전에 사용한 자기소개서를 재활용하는데, 이전에 지원한 회사 이름이 그대로 남아 있거나, 해당 회사에 내용이 맞지 않은 부분을 수정하지 않고 그대로 제출하는 실수를 하는 경우가 많다. A회사에 제출할 자기소개서에 B회사 이름만 바꿔 넣으면 될 정도의 내용이라면 지극히 평범한 내용의 자기소개서라는 의미이고 해당 회사에 지원하는 데 성의와 열정이 없는 것으로 비칠 수 있다.

자기소개서는 지원하려는 회사와 직무에 대한 완전한 이해가 담겨 있어야 하고 지원 분야를 명확히 밝혀야 한다. 지원하는 회사가 하는 사업이 무엇이고 회사현황이 어떠한지, 경영이념과 비전은 무엇인지 정확하게 알고 있는 지원자에게 더 끌릴 수밖에 없다. 또한 지원 회사 및 직무와 관련된 외부 활동이나 자격증, 전문성 등을 담아 준비된 구직자라는 점을 효과적으로 드러내는 것이 좋다.

⑤ 진부한 표현은 자제하고 눈길을 끌 수 있는 내용으로 표현하라

자신에 대해 '책임감이 강하다', '대인관계가 원만하다'와 같은 흔한 문구 대신에 구체적 경험을 더하면 인상적인 글을 쓸 수 있다. 예컨대 '대학 1학년 때 학과 대표를 맡아 학과 행사의 참여율이 두 배 이상 높아졌고, 3학년 여름방학 때 A기업 인턴으로 활동하면서 같이 일하고 싶은 최고의 인턴사원으로 뽑혔다'는 식으로 어필한다. 그동안 했던 고생담과 이를 극복해낸 과정과 같은 내용은 보는 이로 하여금 인간적인 공감을 불러일으키고 남들과는 다르게 살아온 인생이 솔직하게 묻어나는 자기소개서로 눈길을 끌 수 있다.

⑥ 주제 문구로 시선을 잡아라

자기소개서는 간결하고 효과적인 표현으로 각 항목의 처음과 끝을 잘 다듬는 것이 효과적이다. 자기소개서의 각 항목마다 주제 문구를 넣어주면 좋다. 인사담당자가 자기소개서를 볼 때 각 항목 위에 작성된 주제 문구에 제일 먼저 눈이 가게 된다.

따라서 주제 문구가 다른 지원자들과 차별화될 수 있도록 고민을 해야 한다. 한정된 분량의 자기소개서 첫 문장에서 눈길을 확 끄는 표현이어야 한다. 인사담당자의 관심을 불러일으키고 만나보고 싶다는 느낌을 확 줘야 한다.

주제 문구는 자신을 한마디로 표현할 수 있는 압축적인 문구나 인사담당자 입장에서 지원자가 우리 회사에 대해 이런 것도 알고 있는가? 라는 느낌을 갖게 하는 것을 쓰도록 한다. 예를 들어 "안개꽃, 누군가를 빛나 보이게 하는 비서", 같이 지원직무의 역할이나 자신의 강점을 드러낼 수 있는 깔끔한 문장 하나를 만들어 보도록 한다. "쇠는 두드릴수록 강해진다"와 같은 격언, 속담 등으로 특징적인 제목을 정할 수도 있다.

⑦ 스토리가 담긴 자기소개서로 일관성 있게 작성하라

자기소개서 작성 시 스펙 나열에 급급하지 말고, 스토리가 담긴 자기소개서를 쓰도록 한다. 자기소개서에서의 스토리란 살아온 인생을 평면적으로 나열한 것이 아니라 어떠한 경험을 했으며 그 속에서 무엇을 찾았느냐가 핵심이다.

중요한 것은 여러 경험을 자신이 희망하는 직무와 관련 있는 일관성 있는 경험으로 채워야 한다는 것이다. 자기소개서는 원하는 직무를 위해 얼마나 일관되고 체계적으로 노력해 왔는지가 드러나도록 써야 한다. 아무리 좋은 경험을 다양하게 했더라도 왜, 무엇을 얻기 위해 했는지가 명확히 드러나지 않는다면 꿈과 비전, 목표가 없는 것으로 보일 수 있다.

⑧ 입사하려는 의지를 강력히 어필하라

입사 의지가 약하거나 보이지 않는 자기소개서는 인사담당자가 가장 좋지 않게 평가하는 자기소개서 유형 중 하나이다. 인사담당자는 구직자가 얼마나 회사에 대해 많이 아는지, 얼마나 회사에 입사하고 싶어 하는지, 직무에 대한 관심과 열정이 얼마나 있는지를 검증하려고 한다. 자기소개서에는 회사에 대한 관심과 열정이 크고 구체적으로 드러날수록 좋다. 그저 '꼭 입사하고 싶다'는 등의 추상적인 얘기로는 관심과 열정을 보여주기 어렵다. 대신 회사에 대한 구체적인 정보의 습득 정도로 관심과 열정을 파악할 수 있다.

자기소개서를 통해 직·간접적으로 드러낼 수 있는 회사에 대한 내용은 해당 회사의 홈페이지뿐만 아니라 홈페이지 내에 올라와 있는 회사에 대한 보도자료를 보면 도움이 많이 된다. 자기소개서를 쓰기 전에 이런 정보들을 사전에 충분히 조사하고 숙지해 자기소개서 내용을 작성할 때 주요 내용이 반영되도록 한다.

다) 자기소개서의 구성 항목

자기소개서는 짧은 시간 안에 호감을 얻을 수 있도록 내용을 구성해야 하는데, 내용 전체를 처음부터 끝까지 쭉 쓰기보다는 항목별로 구분하여 눈에 띄도록 표현하는 것이 좋다.

일반적으로 자기소개서는 성장 과정, 성격 및 특기사항, 학교생활 및 사회경험, 지원동기 및 포부 등의 내용으로 구성된다. 자유 양식을 사용하는 경우에는 분량에 제한은 없지만 A4용지 기준으로 1~2장 내에 작성하도록 하고 각 항목에 대해 제목을 기재하면 된다.

회사에서 제공하는 지원서 양식을 사용하는 경우에는 각 항목당 500자 또는 1,000자 이내 식으로 분량의 제한을 두는 경우가 많다. 회사에서 제공하는 자기소개서 질문은 지원자에 대해 반드시 알고 싶어 하는 부분을 확인하기 위한 것이다.

질문의 의도에 맞게 구체적이고 정확하게 답변하는 게 중요하고 핵심적인 내용을 간결하게 표현해야 한다. 모든 내용은 지원 회사와 직무에 부합하도록 맞춤형으로 작성되어야 한다. 따라서 취업을 준비하는 과정에서 기본적인 자기소개서 내용을 시간의 여유를 두고 만들어 놓은 다음 지원하는 회사와 직무에 맞는 내용으로 달리 변형하여 사용하도록 한다.

① 성장 과정

성장 과정에 대한 부분은 어디서 태어나고 어디서 자랐고 그런 이야기가 궁금한 것이 아니다. 가정교육을 잘 받은 사람인지, 올바른 가치관을 가진 사람인지 확인하고 싶은 것이다. 따라서 자신의 가치관이 어떻게 형성되었는지에 초점을 두고 회사에서 바라는 인재상과 연관시켜서 작성할 필요가 있다.

가족관계, 출생지, 성장지역을 단순 나열하거나 성장 과정을 시간대별로 나열하는 것은 좋지 않다. 한정된 분량 안에 자신을 표현하기 위해선 모든 성장 과정을 일대기식으로 나열하기보다는 자신이 보여주고 싶은 이미지에 집중해 구체화하도록 한다. 자신의 가치관, 인생관, 성격, 마인드, 꿈, 비전 등이 형성된 배경을 가족 분위기와 성장 과정을 통해서 기술하고 가족사항과 가풍, 성장 과정에서 자신에게 도움을 주거나 영향을 미친 주변인물에 대한 언급을 하는 것이 좋다.

생활신조에 대해서도 갖게 된 이유와 어떤 의미인지, 그리고 자신의 생활에 어떤 영향을 미쳤는지에 대해 기술하고 성장 과정에서 어려움을 극복한 사례를 포함하면 좋은 점수를 받을 수 있다. 구체적 일화를 들어 극복내용을 흥미롭게 풀어내 보고 성실함, 원만한 성품 등이 드러날 수 있도록 작성하는 게 효과적이다. 너무 일반적이거나 "나는 몇 년 몇 월 몇째 딸로 태어나…", "저는 화목한 가정에서 태어나 부모님의 따스한 보살핌하에…" 등의 진부한 표현은 삼간다.

② 성격 및 특기사항

자신의 성격을 밝힐 때에는 자신의 장점을 최대한 부각시키고 특이한 점을 구체적으로 밝힌다. 자신의 성격을 지원 기업과 직무에 필요한 자질과 매칭해 관련 있는 것 중심으로 표현한다.

성격의 단점도 중요하다. 면접에서 성격의 단점에 대해 질문하고 집요하게 추궁하는 면접관도 있다. 단점을 밝힐 때에는 단점 속에 숨겨진 장점, 단점을 극복하기 위해 한 노력과 성과를 함께 밝히도록 하고 대인관계, 성실함과 책임감, 문제해결능력에 문제가 있다고 생각되지 않는 것으로 하도록 한다. 예를 들어, 결정을 하는 데 시간이 좀 걸리지만 한번 결정된 일에 대해서는 쉽게 번복하지 않는다는 식으로 작성하면 좋을 것이다.

성격의 장·단점을 적을 때 외향적이라면 적극적·사교적이며 추진력이 있다고 이야기하고, 단점이 꼼꼼함과 신중함 부족 등이라면 이런 단점을 보완하는 방법으로 매일 메모나 계획표 작성과 계획 실행 점검 등의 노력을 하고 있다고 하면 된다.

③ 학창시절 및 경험

학창시절 및 경험은 주로 대학생활 동안 어떤 경험을 했고 어떤 노력을 했는가를 보려는 것이라 할 수 있다. 초·중·고시절에 대해서는 특징적인 것만을 간단히 소개하고 대학생활 중심으로 언급하도록 한다. 어떤 활동을 경험했고 그것을 통해 무엇을 배웠으며 성장했는지를 중심으로 쓰면 된다. 나열식으로 주절주절 많이 적는 것보다는 키포인트 한 개만 잡고 무엇을 목표로 대학생활 동안 어떤 경험이나 활동을 하면서 노력했는지를 중심으로 기재해야 한다.

전공, 자격, 주요 활동 등에 대한 기재내용은 자신의 이력에서 지원 분야와 관련이 깊은 부분에 역점을 두고 전공이나 활동내용을 지원하고자 하는 회사의 업종, 직무와 관련시켜 작성한다. 전공 수업 중 직무와 관련된 부분의 언급을 통해 지원 분야에 대한 지식과 역량을 보유했음을 보여준다. 전공이 일치하지 않는 경우에는 관련 교육 경험 등 본인의 노력을 보여주어도 된다.

학업 성취도, 리더십, 동아리 활동 등을 중심으로 작성하고 사회봉사 활동, 아르바이트, 해외연수, 배낭여행 경험 등을 통해 그 과정에서 느낀 점과 얻은 것을 기록한다. 사실을 나열하는 것에 그치는 것이 아니라 그동안 한 경험이 본인에게 어떤 영향을 주었고 지원하는 분야에 어떻게 연관이 되는지 경험을 통한 느낌을 표현하는 것이 효과적이다.

④ 지원동기 및 포부

자기소개서 내용 중 지원동기는 인사담당자가 가장 주의 깊게 보는 항목이다. 그러나 지원자들은 지원동기를 빼거나 막연하게 기술하는 경우가 많다. 동기가 확실치 않으면 입사 의욕이나 의지가 약하다고 생각되기 때문에 뚜렷한 지원동기를 밝

〈그림 5〉 S로펌 자기소개서 양식

자기소개서

성장 과정
성격 장 · 단점
대외 활동 경험 (동아리/해외연수/인턴 등)
지원 동기 및 입사 후 포부

혀 입사 후에도 매사에 의욕적으로 일에 임하게 될 것이라는 인상을 심어줄 필요가 있다. 이를 위해서는 평소에 해당 회사 및 업종, 희망직무에 대한 분석이 필요하다.

지원동기는 해당 회사의 업종이나 특성, 지원직무, 전공 및 자격, 희망, 회사의 경영이념 등과 연관시켜 밝히고 회사의 업종 및 특성과 장래희망이나 포부를 통해 일에 대한 의욕과 입사 후 전문인으로서의 발전방향을 구체적으로 피력한다. 희망직무의 경우 그 직무에 대해 정확히 알고 있으며 직무수행을 할 수 있음을 보여주는 지식, 경험, 자격 등을 제시하고 그 직무에 적합한 인재임을 밝히는 게 핵심이다.

장래 포부는 희망직무를 출발점으로 하여 일정한 시간이 지나 도달하게 될 목표점이다. 직무와 관련한 목표 제시, 어떤 분야에서 어느 정도 역량을 갖춘 전문가가 되겠다고 하는 것이 무난하다. 막연하게 '열심히' 또는 '최선을 다해' 등의 표현은 자제하도록 한다. 반드시 본인의 인생관이나 가치관을 토대로 5년, 10년 후 정도의 포부를 정확히 밝히는 것이 좋다. 지원동기, 장래 목표 등이 일관성이 있도록 서로 관련이 있어야 한다.

나. 면접

1) 면접의 역할

면접은 회사가 원하는 인재를 찾는 과정으로서 지원자들의 다양한 면을 직접 관찰하고 확인하기 위한 것이다. 서류전형에서 우수한 성적으로 합격하였더라도 면접에 대한 대비가 제대로 되어 있지 않으면 탈락의 고배를 마시게 된다. 뿐만 아니라 서류전형에서는 다른 지원자에 비해 뛰어나지 않더라도 면접에서 강렬한 인상과 높은 호감을 얻게 되면 채용될 수 있다.

면접에서는 회사 인재상과 직무에 적합한 사람인지, 직무를 수행하는 데 필요한 지식과 능력을 보유하고 있는지, 기본적인 자세를 갖추고 있는지를 중점적으로 평가하게 된다. 면접을 통해 지원자의 성격과 인성, 지원동기와 열의, 전문지식과 교양 수준, 사회성, 이해력, 표현력, 판단력, 가치관 등 여러 가지를 판단할 수 있다.

2) 면접준비단계

면접은 자신에 대한 이해, 회사와 업계에 대한 분석, 지원 직무에 대한 분석, 예상 질문에 대한 답안 작성, 실전연습, 사후분석의 6단계에 따라 준비하도록 한다.

〈그림 6〉 면접준비단계

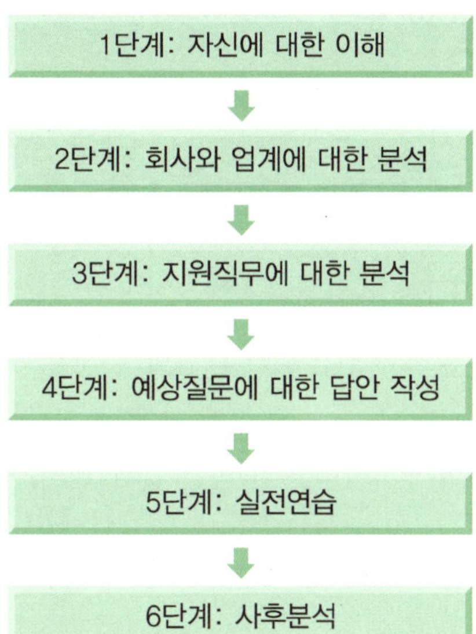

가) 1단계: 자신에 대한 이해

서류전형에서 제출한 지원서류의 기재사항을 다시 확인하고 자신의 스펙, 자신의 장 · 단점, 지원회사 및 지원직무, 가치관 및 비전을 재정리해 본다. 자신에 대한 철저한 분석으로 자신이 어떤 사람인지에 대해 분명히 표현할 수 있어야 한다.

나) 2단계: 회사와 업계에 대한 분석

면접에서 지원회사와 업계에 대한 질문을 받을 수 있다. 회사와 업계 전반에 대해 많은 정보를 알고 가면 많은 준비를 해 온 성의와 해당 회사에 대한 관심과 열정이 있다는 인상을 주게 된다.

회사 홈페이지에 나와 있는 내용을 통해 경영이념과 연혁, 사명, 회사의 최근 동향, 주요 서비스 등 회사에 대한 주요 사항을 정리해 두도록 한다. 뿐만 아니라 업계 분석을 통해 업계의 동향, 성장성과 미래전망, 해당 업계의 고민거리 등을 이해하도록 한다.

다) 3단계: 지원직무에 대한 분석

지원직무가 구체적으로 어떤 업무를 담당하는 것이고 그 직무를 수행하는 데 필요한 것이 무엇인지를 정리해 두도록 한다. 직무수행에 필요한 것들을 자신의 강점, 능력, 경험들과 연결하여 면접답변을 만들어 두도록 한다.

라) 4단계: 예상질문에 대한 답안 작성

면접에서는 당황하지 않고 자신감 있게 대답할 수 있어야 한다. 그러기 위해서는 면접에서 나올 만한 질문 리스트를 뽑고 그에 대한 답변내용을 정리해 두어야 한다. 답변내용은 간결하고 명확해야 한다. 지원하는 업계, 회사, 직무에서 주로 하는 면접 유형 및 질문에 대한 정보를 입수(기사, 취업카페, 블로그 등)하여 준비하도록 한다.

마) 5단계: 실전연습

면접 전 질문에 대한 답변이 바로 나올 수 있도록 답변내용을 암기해야 한다. 그런 다음에 암기한 내용을 자연스럽게 또박또박 분명한 목소리로 이야기하는 연습을 반복해야 한다. 거울 앞에서 소리 내어 연습한다. 이때 시선과 표정이 편안하고 안정적이며 밝아 보여야 하고 자세가 발라야 한다. 인터뷰 시뮬레이션을 녹화하여 자신의 모습을 분석하고 반복을 통하여 부족한 점을 보완하도록 하는 것이 큰 도움이 된다.

또 인터뷰 과정뿐만 아니라 면접장에 들어가서 인사하고 면접에 임한 뒤 마치고 나오는 모습도 연습해 두어야 한다.

바) 6단계: 사후분석

면접을 마친 후 자신의 부족했던 점들을 정리하고 분석하여 다음 면접에서 보완될 수 있도록 한다.

3) 면접 이미지메이킹

면접 과정에서의 응답요령과 함께 복장, 헤어스타일, 메이크업 등 '면접코디'도 세심하게 신경 써야 할 부분이다. 면접 시 첫인상을 결정하는 중요한 변수 중 하나가 바로 옷차림이다. 면접에서 일반적으로 선호되는 공통된 면접코디법이 있는데, 그것은 바로 단정하면서도 세련된 감각, 신뢰감이 느껴지도록 하는 것이다. 특히 로펌은 매우 보수적인 조직이므로 더욱 단정하고, 세련되어야 한다.

회사, 직무에 따라 다르긴 하지만 대부분의 면접에서는 정장을 입는 것이 기본이다. 복장에서 개성을 발휘하고 싶다면 액세서리로 포인트를 주는 것이 좋다. 베이직한 슈트를 바탕으로 스카프나 넥타이의 소재나 색으로 포인트를 주거나 지원한 회사의 대표 컬러를 파악해 센스 있게 매치한다면 개성을 어필할 수 있다.

복장은 깔끔해야 하고 튀는 것보다는 보수적으로 입는 것이 좋다. 색은 계절과 어울리는 무난한 색으로 하되 여름엔 밝은 색, 겨울엔 짙은 색이 어울린다. 노출이 심한 옷, 너무 헐렁하거나 팔랑거리는 옷, 몸에 달라붙는 옷은 피한다.

가) 면접 시 용모

① 헤어스타일

• 커트나 단발 스타일은 활동적인 직업여성의 이미지를 준다.

- 긴 머리의 경우에는 뒤로 묶는 것이 깔끔한 인상을 준다.
- 앞머리는 눈을 가리지 않도록 주의하고 짙은 염색이나 강한 웨이브는 삼간다.

② 복 장

- 단정한 스커트 투피스 정장이 좋다.
- 칼라는 차분한 베이지나 회색, 감청색, 검은색이 무난하다.
- 재킷이 엉덩이선을 살짝 덮는 길이가 좋다. 재킷 안의 상의는 흰색 · 아이보리색 · 베이지색 등 깨끗한 색상으로 얼굴을 밝게 받쳐준다.

③ 핸드백, 구두, 스타킹

- 모두 같은 계열의 토탈 코디로 연출하는 것이 좋다.
- 구두는 심플한 디자인으로서 굽이 너무 높은 것은 피한다.
- 검정 스타킹도 배제해야 한다. 살색 또는 커피색이 무난하다.
- 면접에 들고 갈 가방은 심플하면서 모던한 스타일로 단단한 재질로 된 것이 가장 좋다. 가방은 입고 있는 옷과 같은 계열의 컬러로 선택하고, 너무 작은 가방이나 큰 백은 피하도록 한다.

④ 기 타

- 손톱은 최대한 단정하게 정리하고, 연핑크나 투명한 색으로 마무리하는 선에서 그친다.
- 주렁주렁한 액세서리, 화려한 브로치 등은 피한다. 액세서리는 단정하게 몸에 붙는 모양으로 적절한 포인트를 주면 좋다.
- 여성의 경우 큐빅, 진주 등 알이 작은 귀걸이나 목걸이는 괜찮지만 팔찌나 반지는 착용하지 않는 게 좋다.

나) 면접 메이크업

의상과 함께 신뢰감을 줄 수 있는 메이크업도 중요하다. 취업 메이크업은 '노 디테일(No Detail)'이 핵심이다. 단정하면서도 깔끔한 메이크업이어야 한다.

① 자신의 분위기에 맞게 자연스럽고 밝은 이미지를 표현하는 것이 중요하다. 과장된 메이크업이 되지 않도록 주의를 기울여야 한다.

② 화사하게 보이기 위해 원래 피부톤보다 한층 밝은 컬러를 사용하는 경우가 있는데 오히려 화장이 들떠 보일 수 있다. 대신 파우더를 바른 후 T존 부위(눈썹 위, 이마와 코로 이어지는 부위)와 눈 밑에 흰색 아이섀도로 포인트를 주는 게 좋다. 비서직의 경우 눈과 입술 모두를 부드럽게 표현해 정숙하고 세련된 느낌을 주도록 한다.

③ **피부**: 피부톤과 유사한 베이지 계열의 파운데이션을 얼굴 전체에 가볍게 펴 바른 다음 투명 파우더를 이용해 깔끔하게 마무리한다. 눈매나 입술을 강조하는 것은 피하는 대신 피부톤은 최대한 자연스럽게 살린다.

④ **눈썹**: 눈썹은 인상을 좌우하는 중요한 부위다. 자연스러운 곡선미를 살려 부드러운 느낌을 주도록 한다. 선명하게 그리는 것보다 최대한 자기눈썹 모양을 그대로 살려 브라운 색상의 아이섀도로 빈 공간만 살짝 메워 준다.

⑤ **눈**: 너무 진한 눈썹은 자칫 인상이 강해 보일 수 있으므로 최대한 자연스러움을 잃지 않도록 브라운 섀도로 그려준다. 화이트 섀도를 눈 전체에 바르고 눈 밑 부분에도 적당량을 바른다. 오렌지, 베이지 계열의 아이섀도를 아이 홀에 가볍게 발라준다. 쌍꺼풀에는 브라운과 오렌지 색상을 이용해 눈매가 또렷해 보이도록 음영을 넣어주고, 맑고 시원한 느낌을 살리기 위해 언더라인에 살구색과 베이지 섀도를 바른다. 리퀴드 아이라이너와 마스카라로 눈매의 깊이감을 더하고 풍성한 볼륨감을 준다. 블

루, 그린 등이나 회색, 검은색을 섞은 그라데이션 기법은 쓰지 않는 것이 좋다.

⑥ **볼**: 살구색을 광대뼈를 중심으로 얼굴에 둥글게 굴리듯이 발라 윤곽을 잡아준다. 혈색이 도는 건강한 이미지를 연출한다. 연한 핑크색 블러셔로 마무리하면 순수하면서도 신뢰감이 드는 이미지를 전달할 수 있다. 진한 톤의 블러셔를 이용한 입체화장은 피해야 한다.

⑦ **입술**: 립스틱 색상은 너무 진하거나 어두운 색은 피한다. 살구 계열의 립글로스나 레드 브라운 립스틱을 발라 전문적인 이미지를 표현한다. 레드 계열의 립스틱을 바를 경우 섀도는 화이트나 베이지를 사용하는 것이 좋다. 립밤이나 립케어 제품으로 영양과 수분을 공급해 준 뒤 촉촉한 타입의 립스틱으로 마무리해 준다.

4) 면접요령

① 면접전 면접장 대기에서부터 입장, 인사, 착석, 퇴장까지 일련의 과정을 연습하여 몸에 익힌다. 면접은 주로 다대일 형식으로 이루어진다.

② 면접시간 30분 전에 면접 대기실에 도착하도록 한다. 회사 현관에 들어서는 순간부터 면접시험이 시작된다고 생각하고 사람들이 모여 있는 공간이나 로비, 엘리베이터, 화장실 등에서 잡담을 하지 않도록 하고 정숙한 자세를 유지하도록 한다.

③ 대기실

대기실에선 침착한 모습을 유지하고 자신의 차례를 기다리는 동안 예상질문에 대한 답변을 정리하면서 마음을 가다듬는다. 복장 및 용모를 점검하고 면접상의 주의나 순번을 잘 들어 둔다.

④ 입실할 때

- 입실하기 전 심호흡을 한 번 하고 미소를 띤 표정을 만들고 면접 내내 유지하도록 한다. 본인 차례가 되어서 자신을 호명하면 "예" 하고 분명히 대답한다.
- 면접실 문을 상대에게 소리가 들릴 수 있도록 가볍게 노크를 두 번 한 뒤 응답이 있으면 문을 조용히 열고 들어간다. 문을 열고 들어오는 태도는 첫인상을 결정한다.
- 면접실에 들어서면 면접관을 보지 않은 채 몸을 문 쪽으로 돌려 문을 살며시 닫는다.
- 면접관 방향으로 몸을 돌려 예의를 표하는 정도로 가볍게 몸을 숙여(15도 정도) 인사를 한 후, 의자를 보면서 의자 쪽으로 걸어가 의자 앞에 가서 선다.
- "안녕하십니까"와 함께 성명을 또렷이 말한 후 45도 정도 몸을 숙여 정식 인사를 한다(두 손을 앞으로 모은 자세).
- "자리에 앉으세요"라는 면접관의 지시에 따라 의자에 앉는다.

⑤ 의자에 앉을 때

- 허리를 꼿꼿이 펴고 의자에 깊숙이 들여 앉되 등을 의자에 기대지 않는다.
- 무릎과 다리를 가지런히 붙인다.
- 양손은 모아서 허벅지 자연스럽게 올려놓는다.

⑥ 면접 중 밝고 자신감 있는 태도 유지

- 시종일관 침착하면서도 밝은 표정으로 예의를 지킨다.
- 부담스러운 질문을 받더라도 우물거리거나 당황하지 않고 침착함과 자신감을 유지한다.
- 질문에 대해서는 논리적인 대답을 한다.
- 질문 의도가 무엇인지 파악하여 적절한 답변을 하고 자세와 태도 등에 지속적으로 신경을 써야 한다.

⑦ 모르는 것에 대해서는 너무 오래 끌거나 가만히 있지 말고 솔직히 모른다고 대답하거나 "잠시 생각할 여유를 주십시오"라고 말한 다음 생각을 정리해 말하도록 한다.

〈그림 7〉 면접태도

표정	밝고 자신감 있게	자세	정중하고 바르게
복장	단정하게	말	간결하고 논리정연하게
발음	분명하게	목소리	또렷하게

⑧ 퇴실할 때

- 면접관의 "수고하셨습니다"라는 멘트로 면접이 끝나면 조용히 자리에서 일어나 "감사합니다"와 함께 45도 인사를 한다.
- 몸을 문 쪽으로 돌려 당당한 자세로 문 앞까지 가서 문을 열고 나간 뒤 조용히 문을 닫는다.
- 면접관은 응시생이 들어와서 나가기까지의 일거수일투족을 관찰하고 있음을 잊지 말도록 한다.

5) 면접 주요 질문

로펌 면접에서는 일반 기업 면접과 마찬가지로 이력서와 자기소개서에 기초한 질문이 이루어진다. 일반적으로 1분간 자기소개, 자신의 성격, 지원동기, 비서직에 대한 이해, 로펌에 대한 이해, 앞으로의 포부 또는 비전 등이 단골질문이다. 로펌에서 묻는 면접 질문도 일반 기업과 유사하나, 로펌 조직의 특수성과 비서 직무에 대한 이해, 비서직에 적합한 자질 관련 질문이 많은 편이다. 면접은 대개 실무형 면접과 인성 면접으로 구분된다.

로펌에서 주로 나오는 면접 질문에는 다음과 같은 것들이 있다.

- 비서가 무슨 일을 하는 사람인가?
- 비서업무에는 무엇이 있는가?
- 비서업무에서 가장 자신있는 것은 무엇인가?
- 비서의 역량과 자질이 무엇이라고 생각하는가?
- 전공자가 아닌데 바로 비서업무를 할 수 있겠는가?
- 비서가 되기 위해 어떤 준비를 했는가?
- 과거 경험이나 경력에서 주로 한 업무는 무엇인가?
- 존경하는 사람이 누군가?
- 생에 있어 가장 중요한 것이 무엇인가?
- 학점이 낮은데 이유가 무엇이냐(압박질문)?

어떤 비서가 될 것이고 꼭 필요한 비서가 되기 위해 어떻게 노력할 것인지에 대한 각오를 피력하도록 한다. 로펌조직과 로펌비서의 특징을 잘 이해하고 있는 것이 중요하다. 일반기업과 로펌조직의 문화적 차이에 대해서도 이해할 필요가 있다.

로펌비서 기존 면접 기출 문제

1. 자기소개를 해보세요.
2. 왜 우리 회사에 지원하였습니까?
3. 우리 법률회사에 대해 30초 이내로 간단히 소개할 수 있습니까?
4. 우리 법률회사의 인재상에 대해 알고 있습니까?
5. 기업비서와 로펌비서의 차이점은 무엇이라고 생각합니까?
6. 왜 비서가 되려고 하십니까?
7. 본인의 장점과 단점에 대해서 말해보세요.
8. 로펌비서라는 직업에 대해서 정의해보세요.
9. 당신이 비서라면, 상사를 어떻게 보좌하겠습니까?
10. 대학 시절 동안 어떤 동아리 활동이나 봉사 활동을 해보았습니까?
11. 가장 성취감을 느꼈던 경험에 대해서 설명해보세요.
12. 회사에 입사해서 가장 해보고 싶은 일은 어떤 것이 있습니까?
13. 비서의 역할에 대해서 설명해보세요.
14. 비서가 되기 위해 가장 중요한 자질은 무엇이라고 생각합니까?
15. 0년 후 본인은 회사에서 어떤 일을 하고 있을 것 같습니까?
16. 본인은 어떤 비서가 되고 싶습니까?
17. 최근 신문이나 뉴스에서 가장 관심 있었던 내용은 무엇입니까?
18. 사람들과 좋은 인간관계를 유지하기 위한 방법은 무엇이라고 생각합니까?
19. 공증팀업무를 알고 있는지요?
20. 송무팀업무에 대해 알고 있는지요?
21. 미디어학부는 무엇을 배우는 곳인가요? 전공을 선택한 이유는?
22. 법원을 다녀오고 밖에 다니는 일이 많을텐데 괜찮은가요?

23. 인생에 있어 실패를 해본 경험과 성공을 해본 경험은 무엇인가?
24. 연봉은 얼마 정도를 생각하고 있나요? 주변 로펌비서 친구들은 얼마나 받던가요?
25. 술은 잘 먹는지요?
26. 법률회사에서의 비서가 무슨 일을 하는지 아는가?
27. 나꼼수 등 언론에 대해 알고 관심이 있는가?
28. 별도로 학원을 다니며 공부해야 한다면 할 수 있는가?(송무 전반적인 것에 대해)
29. 비서과에서는 어떤 식으로 수업을 하는가?
30. 사람들과 금방 친해지는가?
31. 마지막으로 하고 싶은 말은?
32. 비서가 되기 위해 어떤 준비를 했는가?
33. 입사 후 맡게 될 업무를 아는지?
34. 입사 후 회사와 맞지 않는다는 생각이 들면 어떻게 하겠는가?
35. 좌우명은 무엇인가?
36. 월 100만원밖에 주지 않는다면?
37. 우리 회사 홈페이지에 들어가서 무슨 느낌을 받았는지요?
38. 신입사원이 되어서 배우고 싶은 것은?
39. 신입사원이 갖춰야 할 기질이 무엇인지?
40. 주 5일 내내 한 달 동안 야근을 시킨다면?
41. 자신이 변호사라면 어떤 비서와 일을 하고 싶은가?
42. 비서라는 직업의 장 · 단점은 무엇이라고 생각하는가?
43. 몇 번째 면접인지요?
44. 인간관계를 할 때 중요시하는 부분은?
45. 부모님은 어떤 분이신가?
46. 노력한 것보다 낮은 평가를 받았을 경우 어떻게 하겠는가?
47. 존경하는 사람은?
48. 상사 혹은 동료와의 의견충돌이 있다면?

49. 자신과의 약속은 얼마나 지키는가?
50. 사내 대인관계에서 가장 중요한 것이 무엇이라 생각하는가?
51. 본인에게 가장 큰 영향을 끼친 사람은 누구인가?
52. 좌우명이 무엇인가?
53. 전공을 살리지 못한 이유는?
54. 결혼과 육아는 어떻게 하실 계획입니까?
55. 우리가 당신을 채용해야 하는 이유는 무엇입니까?
56. 타 지원자에 비해 당신의 경쟁력은 무엇이라고 생각합니까?

3. NCS 기반 능력 중심 채용

최근 공기업을 중심으로 NCS 기반 채용이 급속히 확산되고 있는 가운데 채용 방식이 탈(脫)스펙의 직무 능력 중심으로 급속하게 변화하고 있다. NCS 기반 채용은 기존의 자격증과 스펙 등을 전혀 보지 않고 오로지 직무역량만을 평가하는 채용 방식이다. 이는 현 정부 들어 능력중심사회를 구현하고자, '학벌이 아닌 능력중심사회 여건을 조성하기'가 국정과제로 선정되면서, 국가직무능력표준(NCS)이 개발되고, NCS 기반으로 현장 중심의 교육 과정을 개발하고, 직업교육훈련 및 자격제도를 개편하고, 능력 중심 인사관리 관행을 정착시키고자 함에 따른 것이다.

2015년 100여 개 공공기관을 시작으로 오는 2017년까지 모든 공공기관으로 확대 적용된다. NCS 기반 채용을 민간 부문까지 확산하기 위해서 정부에서는 공공기관부터 활용할 수 있도록 유도를 하고 있으며, 2015년 130개 공공기관에서 3천 명 정도를 능력 중심 채용으로 뽑았다. 이미 민간 부문에서도 몇몇 기업은 능력 중심 채용으로 완전히 바뀌었다.

우선 공공기관 중심으로 채용에 있어 NCS가 기반이 되면서 앞으로 민간 부문에도 정착하게 될 채용문화를 이해하고 이에 대비할 필요가 있다. 그렇다고 NCS 기반의 능력 중심 채용이 기존의 채용 방식과 판이하게 다른 것이 아니다. 결국 NCS 기반의 채용은 요즘 보이고 있는 일반적인 채용 트렌드인 역량 중심 채용, 직무 중심 채용과 맥을 같이한다고 볼 수 있다. 즉, 스펙과 '알고 있는 것' 위주에서 실제 직무를 수행할 수 있는 능력을 보다 정확하게 검증하기 위한 채용이라 할 수 있다. 다만 지원자 입장에서 채용에 대한 정확한 정보를 제공받고, 해당 직무에 대해 명확하게 이해할 수 있도록 하고, 취업에 대한 무분별한 스펙쌓기를 지양하고, 희망직무에 꼭 필요한 능력을 갖출 수 있도록 하는 데 의의가 있다.

따라서 NCS 기반 능력 중심 채용에 대한 이해는 로펌뿐만 아니라 일반 기업 취업 대비에 매우 유용할 것이다.

'NCS 도입' 자기소개서 경험 충분히 표현…

IBK기업은행 하반기 200명 채용

"IBK기업은행 하반기 채용부터 NCS가 본격 도입된다. 서류, 필기, 면접 전형 과정에서 바뀐 부분을 확인하고 준비하는 것이 좋다."

IBK기업은행 인사담당자가 15일 건국대에서 채용설명회를 진행했다. 현장에서 인사담당자는 "신입행원 채용 시 IBK기업은행의 핵심가치인 '신뢰와 책임, 창조적 열정, 최강의 팀웍'을 중요하게 여긴다"고 말했다.

IBK기업은행은 이번 하반기부터 국가직무능력표준(NCS) 기반의 채용 전형을 시행한다. 기존의 학력, 학점, 연령, 어학, 자격증 제한 없이 지원 가능한 스펙 초월 채용은 유지된다. 인사담당자는 "이번 하반기 채용 이슈는 NCS 도입이다. 서류부터 면접까지 변화된 유형을 정확히 파악해서 준비해야 한다"고 말했다.

NCS는 자기소개서부터 적용된다. 인사담당자는 "본인이 은행 직무에 필요한 능력을 갖췄다는 점을 보여주면 된다. 연관된 경력을 문항에 맞춰 작성할 것"이라고 말했다. IBK기업은행이 은행원으로 필요로 하는 능력은 '대면 상담능력' '제안 및 협상 능력' 'IT 및 정보 활용능력' 등이다.

대외 활동, 아르바이트 등 은행업무에 도움되는 경험은 가능한 모두 기재하는 것이 좋다. 인사담당자는 "경험을 통해 본인이 얻은 것을 구체적으로 작성해라. 자기소개서는 글을 잘 쓰는 것이 아니라, 본인의 경험을 바탕으로 갖춘 능력을 표현하는 것이다"고 말했다.

자기소개서 작성 팁도 전했다. 인사담당자는 "본인이 부족한 부분을 돌이켜 보고, 전략적으로 작성하는 것이 좋은 평가를 받는다. 문장을 길게 쓰지 않아야 평가자가 이해하기 쉽다. 누구나 한번 보고 이해할 수 있도록 쉽게 써라"고 말했다.

필기시험은 NCS 기반의 직업기초능력평가 방식으로 출제된다. 총 90분 동안 90문항을 푼다. 의사소통, 수리, 문제 해결, 자기계발, 대인관계, 정보, 조직이해, 직업윤리 등 총 8개 직업기초능력 영역에서 출제된다. 인사담당자는 "기존과 달리 지문이 길다. NCS 샘플 문제를 참고해 문제 유형에 익숙해질 것을 권한다. 이해력을 중심으로 문제를 풀면 좋은 결과가 있을 것이다"고 말했다.

면접은 기존 형식을 유지한다. 1박 2일간 집단토론, 팀 프로젝트, 도전 PT 등으로 이뤄진다. 인사담당자는 "은행인으로 어떤 사람이 적합한가를 생각하고 도전하면 합격될 확률이 높다"고 말했다.

IBK기업은행은 하반기 신입행원 채용인원은 200명이다.

[캠퍼스잡앤조이 2015.09.24.]

가. 국가직무능력표준(NCS)의 이해

1) NCS 도입 배경

국가직무능력표준(NCS: National Competency Standard)은 산업현장에서 직무를 수행하기 위해 요구되는 능력(지식, 기술, 태도)을 국가가 산업부문별, 수준별로 체계화한 것(자격기본법 제2조)이다. 이는 특정 직무 종사자의 직무수행 명세서이자 산업현장이 요구하는 인재양성지침서로서 역할을 한다.

NCS를 도입하게 된 배경은 '능력중심사회의 구현'에 있다. 대학생들이 취업에서 스펙을 중요한 요소로 인식하여 더 많고 더 높은 스펙쌓기에 몰입하면서 과도한 스펙을 쌓는 데 많은 시간과 비용, 노력을 낭비하고 있다. 또한 기업 입장에서는 신입사원 재교육에 지나친 시간과 비용이 소요된다는 것이다. 2013년 경총 조사에 따르면 대졸 신입사원 재교육 기간 및 소요비용은 18.3개월, 1인당 5,959만 원이 드는 것으로 나타났다.

따라서 NCS는 기존의 알기만 하는 지식 위주의 교육, 과도한 스펙쌓기 위주의 취업시장 대비, 학력에 따른 연봉 차별 등 학벌 중심 사회를 타파하고 지식이 아닌 할 줄 아는 교육, 꼭 필요한 분야에서의 일 기반 학습, 능력 중심 인사관리 문화가 정착되는 능력 중심 사회로 가기 위한 것이라 할 수 있다.

2) NCS 분류체계

2013년부터 NCS 개발을 시작하여 2015년 대분류 24개, 중분류 77개, 소분류 226개, 세분류 857개 NCS가 개발되어 있으며(표 1), 계속 개발 중에 있다.

〈표 1〉 NCS 분류체계

	대분류	중분류	소분류	세분류
	계	77	226	857
1	사업관리	1	1	3
2	경영 · 회계 · 사무	4	11	25
3	금융 · 보험	2	9	35
4	교육 · 자연과학 · 사회과학	3	5	13
5	법률 · 경찰 · 소방 · 교도 · 국방	2	4	15
6	보건 · 의료	2	7	33
7	사회복지	1	5	13
8	문화 · 예술 · 디자인 · 방송	3	8	55
9	운전 · 운송	4	7	26
10	영업 · 판매	3	7	17
11	경비 · 청소	2	3	6
12	이용 · 숙박 · 여행 · 오락 · 스포츠	4	12	42
13	음식서비스	1	2	8
14	건설	8	24	102
15	기계	9	27	113
16	재료	2	7	34
17	화학	4	10	31
18	섬유 · 의복	2	7	22
19	전기 · 전자	3	22	67
20	정보통신	3	11	63
21	식품가공	2	4	20
22	인쇄 · 목재 · 가구 · 공예	2	4	23
23	환경 · 에너지 · 안전	6	17	48
24	농림어업	4	12	42

각 NCS 검색을 통해 첫째, 해당 직무와 직무에 필요한 자격요건을 명확하게 이해하고, 둘째 자신과 직무의 적합성을 판단할 수 있으며, 셋째 취업에 대비하여 필요한 자격요건을 갖추는 데 있어 대비하는 데 도움이 될 수 있다.

NCS 검색 방법

(1단계) NCS 통합포털사이트(www.ncs.go.kr)에 접속 후, 웹페이지 로그인

(2단계) 각 기관에서 채용하고자 하는 모집 분야에 맞는 NCS를 찾기 위해, NCS 검색 메뉴 내 분야별 검색창에 접속하여 대분류 → 중분류 → 소분류 → 세분류의 순으로 NCS 검색

- 효율적인 NCS 검색을 위해 사전에 해당 기관 채용 모집 분야와 NCS 분류체계를 맵핑하여 획득하고자 하는 NCS 파악–NCS 통합포털사이트(ncs.go.kr)를 방문, NCS 분류체계를 확인하여 해당 기관의 모집 분야별 직무와 일치(유사)하는 NCS를 검색한 후,

(3단계) 필요정보 파악–획득한 NCS 내 능력단위, 능력단위 요소, 수행준거, KSA(지식, 기술, 능력) 등을 분석하여 채용 시 필요한 능력 파악

나. 비서 NCS

1) 직무 정의

비서 NCS에서 정의하고 있는 비서 직무는 상사와 조직을 위하여 충성심과 상호 신뢰를 바탕으로 기밀유지 및 비서윤리를 준수하고, 조직과 경영 전반에 관한 지식, 사무정보기술, 의사소통능력을 갖추어 경영진을 전문적으로 보좌하는 일이다.

2) 능력단위와 능력단위별 능력단위 요소

NCS는 해당 직업에서 요구하는 능력단위의 집합으로 구성되어 있다. 각 능력단위는 여러 개의 능력단위 요소들로 구분되고 각 능력단위 요소의 직무능력 수준이 제시되어 있다. 능력단위와 능력단위 구성 요소 항목은 NCS 홈페이지에서 확인 가능하다.

비서 NCS의 능력단위는 경영진 지원업무, 경영환경 동향분석, 경영진 일정관리, 출장관리, 응대업무, 보고업무, 경영진 문서작성관리, 회의의전관리, 비서 사무정보관리, 국제업무지원, 경영진 예결산관리 총 11개로 구분되어 있다. 각 능력단위는 여러 개의 능력단위 요소들로 이루어져 있는데, 예를 들어 경영진 지원업무 능력단위는 경영진 출퇴근 업무지원하기, 사무환경관리하기, 경영진의 신상정보관리하기, 명함관리하기, 경조사 관련 업무하기 등의 능력단위 요소로 세분화된다. 또한 각 능력단위 요소를 수행하는 데 필요한 직무능력수준이 제시되어 있다(표 2).

〈표 2〉 비서 NCS의 능력단위와 능력단위별 능력단위 요소

순번	능력단위(수준)	능력단위 요소	수준
1	경영진 지원업무(3)	경영진 출퇴근 업무지원하기	3
		사무환경관리하기	3
		경영진의 신상정보관리하기	3
		명함관리하기	3
		경조사 관련 업무하기	3
2	경영환경 동향분석(6)	조직 내부환경 파악하기	4
		조직 외부환경 파악하기	5
		경영진 동향분석하기	6
3	경영진 일정관리(4)	경영진 일정 계획하기	3
		경영진 일정 조율하기	4
		경영진 일정표 작성하기	4
		예약업무하기	3
4	출장관리(4)	경영진 출장 전 준비하기	4
		경영진 출장 중 업무하기	4
		경영진 출장 후 업무하기	4
5	응대업무(3)	경영진 전화 연결하기	3
		경영진 부재 중 응대하기	3
		내방객 응대 준비하기	3
		내방객 선별 · 응대하기	3
		내방객 방문 후 업무하기	3
6	보고업무(3)	경영진의 업무 지시받기	3
		메시지 전달하기	3
		경영진에게 보고하기	3
7	경영진 문서작성관리(5)	문서기획하기	5
		문서작성하기	4
		문서관리하기	4
		전자문서 관리하기	4

8	회의 의전관리(6)	회의기획하기	5
		회의지원하기	4
		회의종료 후 업무하기	4
		의전업무하기	6
9	비서 사무정보관리(3)	정보 검색하기	3
		정보 기기 관리하기	3
		정보 보안 유지하기	3
10	국제업무지원(7)	영문서 작성하기	4
		사무영어회화 구사하기	4
		통 · 번역하기	7
		국제행사 지원하기	7
11	경영진 예 · 결산관리(3)	비서실 예산운영관리하기	3
		경비처리하기	3
		회계관리시스템 활용하기	3

비서의 직무능력 수준은 3~7수준까지 있다. 3수준은 직무경험 1~4년차 사원직급, 4수준은 직무경험 4~5년차 주임직급, 5수준은 6~7년차 대리직급, 6수준은 7~12년차 과장/차장직급, 7수준은 13~15년차 부장직급에 해당된다(표 3).

〈표 3〉 비서의 직무능력수준

직능수준 \ 세분류	직급	직무경험	비고
7	부장	13~15년	
6	과장/차장	7~12년	보통 대졸 이상
5	대리	6~7년	
4	주임	4~5년	
3	사원	1~4년	

3) 능력단위 구성 요소

각 능력단위 구성 요소 항목은 능력단위 코드, 능력단위명, 능력단위 정의, 능력단위 요소, 수행준거 및 지식 · 기술 · 태도, 작업상황, 평가지침으로 이루어져 있다. 예를 들어, 비서 NCS의 능력단위 중 경영진지원업무의 능력단위 구성 요소는 다음과 같다.

〈표 4〉 능력단위 요소와 수행준거

능력단위 요소	수행준거
0202030101_13v1.1 경영진 출퇴근 업무지원하기	1.1 상사 출근 전에 업무일지의 수행업무점검표에 따라 당일 비서가 수행할 업무리스트를 작성하고 업무계획을 세울 수 있다. 1.2 상사가 결재할 문서, 일정표, 간행물, 우편물, 신문의 내용을 확인한 후 문서의 중요도와 우선순위에 따라 순서대로 제공할 수 있다. 1.3 상사가 출근 후 상사의 일정표와 요청에 따라 지시업무를 수행하며 수행업무 상황을 업무일지에 정확하게 작성할 수 있다. 1.4 상사의 퇴근 전에 익일일정표를 정리한 후 이에 따라 비서의 업무를 계획하고 일정표를 상사, 기사, 관계자에게 제공할 수 있다.
	[지 식] • 비서업무일지 작성법 • 상사일정표 작성법(일일/주간/월간) • 사무업무관리 지식 • 직장예절 규범
	[기 술] • 컴퓨터 활용 정보관리기술 • 업무용 소프트웨어 활용능력 • 일정표 작성 기술 • 결재 상신능력

	[태 도] • 상황에 맞는 정확한 판단력 • 업무에 성실하게 임하는 자세 • 적극적인 경청 태도
0202030101_13v1.2 사무환경 관리하기	2.1 상사의 업무 효율성을 높이기 위해 사무실 환경점검표를 작성하고 이에 따라 사무환경을 쾌적하게 관리할 수 있다. 2.2 상사집무실과 비서가 관리하는 사무실 안의 사무비품, 용품, 사무기기들을 관리 방법에 따라 유지하고 관리할 수 있다. 2.3 상사의 업무와 선호도에 따라 필요한 간행물 목록을 작성하고, 이에 따라 구독신청과 갱신할 수 있다.
	[지 식] • 비서의 사무환경관리 방법 • 사무비품 사용 방법 • 회사의 사무비품 구매 방법 • 회사의 간행물 신청 방법 • 문서관리원칙
	[기 술] • 사무비품대장 작성능력 • 자료 우선순위 · 중요도 선별기술 • 간행물 관리능력
	[태 도] • 적극적인 사무환경관리 자세 • 업무수행에 필요한 책임감 • 자료를 정확하게 분석하려는 자세
	3.1 상사의 기본 인적사항에 관련된 개인 정보를 신상카드에 작성하고 관리할 수 있다. 3.2 상사의 회사업무에 관련된 정보를 작성하고 변경사항이 생길 때마다 수정하여 최신의 상태로 관리할 수 있다. 3.3 상사의 건강과 관련된 정보를 입수하여 정리한 후, 이에 따라 관련된 업무수행 시 참고할 수 있다. 3.4 상사의 신상카드 정보에 따라 상사의 공식 · 비공식 모임, 가족 모임에 관련된 업무를 상사의 요구대로 지원할 수 있다.

<table>
<tr><td rowspan="3">0202030101_13v1.3
경영진의 신상정보
관리하기</td><td>[지 식]
• 상사 신상카드 작성 방법
• 이력서 작성법
• 금융업무 지식
• 건강관리 관련 지식
• 골프 관련 지식</td></tr>
<tr><td>[기 술]
• 정보관리능력
• 문서작성 기술
• 업무용 소프트웨어 활용능력</td></tr>
<tr><td>[태 도]
• 정확한 신상 관련 자료관리 노력
• 신상정보 기밀 유지관리 노력
• 주어진 업무수행에 대한 책임감</td></tr>
<tr><td rowspan="4">0202030101_13v1.4
명함관리하기</td><td>4.1 명함관리 방법에 따라 상사와 관련된 명함을 수집하고 정리하여 보관할 수 있다.
4.2 상사가 필요 시 보관된 명함을 적시에 사용할 수 있도록 상사에게 제공할 수 있다.
4.3 명함을 데이터베이스로 정리한 후 주기적으로 갱신하여 최신의 주소록을 유지하고 상사에게 정확한 정보를 제공할 수 있다.</td></tr>
<tr><td>[지 식]
• 컴퓨터 정보관리 지식
• 실용 한자
• 명함관리 방법
• 문서관리원칙</td></tr>
<tr><td>[기 술]
• 업무용 소프트웨어 활용능력
• 정보관리능력
• 명함정리도구 활용능력</td></tr>
<tr><td>[태 도]
• 정확한 명함관리 유지
• 신속한 정리 태도</td></tr>
</table>

0202030101_13v1.5 경조사 관련 업무하기	5.1 경조사 규정에 따라 상사와 관련된 사내 · 외 경조사가 발생된 경우 시기에 맞추어 업무 지원할 수 있다. 5.2 연하장과 선물을 보내는 경우, 회사의 규정과 상사의 요구에 따라 물품을 조사하고 구매업무를 수행할 수 있다. 5.3 경조사와 선물에 관련된 정보를 데이터베이스화 하고 수시로 갱신하여 활용할 수 있다.
	[지 식] • 경조사 관련 기초지식 • 회사의 경조사 규정 • 컴퓨터 데이터베이스 지식 • 경조사 관련 단자 실용 한자
	[기 술] • 정보관리능력 • 업무용 소프트웨어 활용 기술 • 실용 한자 활용능력
	[태 도] • 경조사관리 시기, 절차에 대한 정확한 판단력 • 신속한 경조사 준수 의지 • 격식에 맞는 예의 바른 태도

◉ 적용범위 및 작업상황

[고려사항]

• 능력단위 요소의 '경영진 출퇴근업무 지원하기'는 다음과 같은 내용을 포함한다.
  – 비서의 업무일지에 업무점검표(오늘 해야 할 업무)를 작성하여 수시로 갱신할 수 있다.
  – 사무실 환경점검표에서 사무실은 비서가 관리하는 상사실, 회의실, 탕비실 등을 의미하며, 점검목록표를 작성하고 이곳에서 필요한 비품과 용품, 기기 등을 구매하며 관리할 수 있다.
  – 상사의 일정표는 일일일정표, 주간일정표, 월간일정표 등을 포함한다.
  – 상사의 신상카드에 포함되는 개인정보는 가족관계, 신체정보, 자산, 여권, 취미, 금융정보, 선호 식당, 개인취향, 거래은행, 건강검진 등을 포함한다.
  – 상사의 회사업무정보는 업무 이력, 경력, 학력, 수상경력, 보유멤버십 등을 포함한다.
  – 상사의 건강과 관련된 정보는 금기식품, 기피식품, 복용약, 건강검진 등을 포함한다.

– 경영진 신상정보 관리하기에서는 상사의 모든 정보에 대해서 기밀 유지를 원칙으로 한다.

• 능력단위 요소 '명함관리하기'는 다음과 같은 내용을 포함한다.
  – 명함은 받는 즉시 관련 내용(미팅내용, 인상착의 등) 기재와 함께 정리하여 스캐너를 이용하여 보관할 수 있다.
  – 명함의 데이터베이스는 추후 다양한 용도의 주소록으로도 활용하고 필요 시 상사에게 제공할 수 있다.
• 능력단위 요소 '경조사 관련 업무하기'는 다음과 같은 내용을 포함한다.
  – 경조사 규정에 따라 화환을 신속하게 관련 업체에 주문하고 필요 시 부조를 작성해서 드릴 수 있다.

[자료 및 관련 서류]

• 상사 신상카드 • 비서의 업무일지 • 상사 일정표 • 사내 행동강령
• 사무비품대장 • 사무비품 구매절차 • 사내 경조사규정 • 사무실 환경점검표
• 간행물 목록표 • 간행물 신청절차 • 경조사 단자 봉투 양식
• 명함관리 데이터 양식

[장비 및 도구]

• 컴퓨터 • 프린터 • 복사기 • 문서작성도구 • 사무용 데이터베이스 소프트웨어
• 결재함 • 명함 정리도구[명함 스캐너, 명함첩, 명함 정리 케이스]
• 사무 환경 비품[전화기, 가습기, 냉장고, 공기 청정기, 전자레인지, 정수기, 차실용품]

◉ 평가지침

[평가 방법]

• 평가자는 능력단위 '경영진 지원업무'의 수행준거에 제시되어 있는 내용을 평가하기 위해 이론과 실기를 나누어 평가하거나 종합적인 결과물의 평가 등 다양한 평가 방법을 사용할 수 있다.
• 피 평가자의 과정평가 및 결과평가 방법

평 가 방 법	평 가 유 형	
	과 정 평 가	결 과 평 가
A. 포트폴리오		
B. 문제해결 시나리오		
C. 서술형시험		✔

D. 논술형시험		
E. 사례연구		✔
F. 평가자 질문		✔
G. 평가자 체크리스트		
H. 피평가자 체크리스트		
I. 일지/저널	✔	
J. 역할연기		
K. 구두발표		✔
L. 작업장평가		
M. 기타		

[평가 시 고려사항]

- 수행준거에 제시되어 있는 내용을 성공적으로 수행할 수 있는지를 평가해야 한다.
- 평가자는 다음 사항을 평가해야 한다.
  - 비서 업무일지 작성
  - 출퇴근 업무관리 항목 이해 수준평가
  - 상사 신상카드 작성

NCS 기반 채용 사례

(1) 한국토지주택공사

한국토지주택공사(LH, 사장 이재영)는 전직원 임금피크제를 통한 인건비 절감 재원을 활용해 130명을 신규 채용한다고 19일 밝혔다. 채용형 청년인턴으로 선발 후 인턴기간을 거쳐 선발인원의 90% 내 · 외를 정규직으로 임용한다.

LH는 또 NCS(국가직무능력표준)를 채용 전과정(서류 · 필기 · 면접)에 도입해 스펙보다는 직무역량으로 열정과 잠재력을 가진 인재를 선발할 방침이다. 서류전형은 NCS 기반 자기소개서 평가, 어학성적 및 자격증 등 가산점에 따라 선발하고, 필기전형은 전공시험 대신 NCS 기반 평가 Tool(직업기초능력)을 활용해 필기시험을 실시할 예정이다. 면접전형은 실무 · 인성면접 2단계로 진행되며 면접위원에 외부 전문가가 참여할 계획이다.

(2) 포스코

포스코는 2015년 하반기부터 국가직무능력표준(NCS) 기반의 채용을 한다. 지원단계에서는 기존의 전공 중심에서 직군별 모집으로 달라진다. 자기소개서에는 직무에세이도 포함된다. 기존 인성검사에 포스코직무적성검사(PAT=POSCO Aptitude Test)를 추가했다. 면접에서도 직무적합성을 평가한다. 현장 중심의 문제 해결력을 지닌 인재를 뽑고자 직무역량 중심의 채용시스템을 도입하는 것이다.

최근 대학의 학부전공 통합 추세를 반영하고 현업에서 필요한 융합형 인재를 뽑기 위해 기술계도 전공 제한 없이 직군별로 모집한다. "판매를 하려면 세일즈 기법뿐 아니라 공정기술도 알아야 한다"며 "전공이 아닌 직군별 채용을 하는 이유는 기술 · 마케팅영역이 혼재하는 회사 업무를 수행할 인재를 뽑기 위해서"라고 밝혔다.

다. NCS 기반 능력 중심 채용 이해

NCS 기반 능력 중심 채용은 학점, 토익 등 스펙이 아닌 기업에서 요구하는 실제 직무능력 만을 보고 채용하는 시스템이다. 앞으로 사회적 파급효과가 큰 대기업과 공공기관을 중심으로 능력 중심 사회 확산 분위기 조성을 위한 능력 중심 채용시스템을 구축하도록 되어 있다.

1) 도입배경

그간 정부기관과 민간을 중심으로 스펙초월 채용 및 능력 중심 인사관리의 필요성이 강조되었으나 이를 구체화하기 위한 마땅한 기준이 없었다. 따라서 산업현장 기반의 NCS를 활용하는 NCS 기반 능력 중심 채용 도입은 직무수행에 꼭 필요한 능력을 선발에 활용함으로써 불필요한 스펙쌓기에 몰입하는 잘못된 채용문화를 개선하고 능력 중심 사회를 위한 여건을 조성하기 위한 것이다.

구체적으로 NCS 기반 능력 중심 채용 목적은,

- 기업 · 공공기관은 일자리(직무)에 필요한 직무능력(NCS)을 채용공고를 통해 사전에 공개함으로써, 취업준비생이 미리 준비할 수 있도록 한다.
- 취업준비생은 기업 및 공공기관의 채용공고를 사전에 올바르게 인지하여 기관에서 원하는 인재가 갖추어야 할 직무능력(지식 · 기술 · 태도 등)을 갖추도록 하여 무분별한 스펙쌓기 지양을 유도하고자 한다.
- 취업준비생은 자신이 원하는 직무에 꼭 필요한 능력 배양을 통해 불필요한 스펙쌓기에 따른 시간적 · 금전적 비용을 줄이도록 한다.
- 지원자가 원하는 기관의 수행직무를 사전에 숙지하고 입사함으로써 직무에 대한 보람과 긍지, 몰입도를 높여 지속적인 자기계발을 유도하도록 하는 것이다.

〈그림 8〉 NCS 기반 능력 중심 채용의 내용

목적	모집직무별 각 평가 요소를 구체화하고 그 요건을 규명하여 입사지원자들에게 자신이 지원한 분야에서 수행해야 할 직무내용을 사전에 안내해주는 역할
기능	지원자는 해당 직무를 지원함에 있어 자신과의 적합성 및 자격 여부를 판단하고, 기관은 조직과 지원직무에 부합하는 적격자를 선발
구성	채용공고문은 NCS 분류체계, 채용기관의 주요 사업 내용, 직무개요와 함께 해당 직무 내 세부 수행 직무 소개, 주요 업무 내용, 직무요건으로 구성
효과	기관은 해당 직무를 수행하는 데 필요한 자격 및 필요능력을 구체화할 수 있으며, 이를 통해 채용 방법 및 과정에서의 공정성, 신뢰성 확보

2) NCS 기반 능력 중심 채용의 개념

NCS 기반의 능력 중심 채용은 채용 대상 직무를 NCS 기반으로 분석하고, 이를 활용하여 해당 직무에 맞는 능력(직업기초능력+직무수행능력)을 갖춘 인재를 선발하는 채용 방식(불필요한 Over 스펙 대신 필요한 On 스펙)이다. 실제 구직자들이 취업을 해서 직무현장에서 바로 활용할 수 있는 직업능력을 선발기준으로 활용하는 것을 의미한다.

NCS는 직업인의 공통 역량인 의사소통능력, 수리능력, 문제해결능력 등 직업기초능력과 해당 직무를 수행하기 위해 필요한 직무수행능력을 제시하고 있다.

직업기초능력은 직업인이 공통으로 갖추어야 할 능력으로 10개 영역 34개 하위영역이다(표 5). 직무수행능력은 NCS로써 2015년 현재 대분류 24개, 중분류 77개, 소분류 276개, 세분류 857개로 체계화되어 있다.

비서/사무행정 NCS의 분류체계는 다음 〈표 6〉과 같다.

〈표 5〉 직업기초능력

대영역	하위영역
의사소통능력	문서이해능력, 문서작성능력, 경청능력, 언어구사력, 기초외국어능력
수리능력	기초연산능력, 기초통계능력, 도표분석능력, 도표작성능력
문제해결능력	사고력, 문제처리능력
자기개발능력	자아인식능력, 자기관리능력, 경력개발능력
자원관리능력	시간자원관리능력, 예산관리능력, 물적자원관리능력, 인적자원관리능력
대인관계능력	팀웍능력, 리더십능력, 갈등관리능력, 협상능력, 고객서비스능력
정보능력	컴퓨터활용능력, 정보처리능력
조직이해능력	국제감각능력, 조직체제이해능력, 경영이해능력, 업무이해능력
직업윤리	근로윤리, 공동체윤리
기술능력	기술이해능력, 기술선택능력, 기술적용능력

〈표 6〉 비서/사무행정 NCS 분류체계

대분류	중분류	소분류	세분류
02. 경영 · 회계 · 사무	2. 총무 · 인사	3. 일반사무	01. 비서
			02. 사무행정

라. NCS 기반 능력 중심 채용 프로세스

NCS 기반의 능력 중심 채용의 기본 원리는 해당 직무에서 요구하는 능력 요소를 〈그림 4〉와 같은 개별 채용절차에서 검증하는 것이다. NCS 기반 채용공고를 한 후 일반적 채용전형 단계인 '서류전형 → 필기전형 → 면접전형'과 일치하는 '능력 중심의 입사지원서 → 능력 중심 필기전형 → 능력 중심 면접'으로 진행된다. 각 단계별 선발기법은 다음과 같다.

- 1단계 서류전형: NCS 기반 입사지원서, 직무능력소개서(경력기술서, 경험기술서) 등
- 2단계 필기전형: 직업기초능력평가, 직무수행능력평가 등
- 3단계 면접전형: 실기평가, 시뮬레이션 평가, 경험면접, 상황면접, 발표면접, 토론면접, 창의면접 등

〈그림 9〉 NCS 기반 능력 중심 채용 프로세스

NCS 기반 채용공고	모집분야별 NCS 매핑을 통해 직무특성에 맞는 능력 요소를 NCS 직무기술서에서 추출하여 활용하므로, 직무에 필요한 능력 요소를 지원자에게 분명하게 전달함.
↓	
NCS 기반 입사지원서	개인 신상 중심의 정보는 배제하고, 지원직무와 관련된 능력 요소 관련 경험이나 정보를 작성하도록 지원서를 제시
↓	
NCS 기반 필기평가	NCS의 주요 능력 요소와 수준체계를 활용하여 직업기초능력 및 직무수행능력의 핵심 요소를 평가할 수 있는 문항을 개발하여 적용함
↓	
NCS 기반 면접평가	다양한 면접도구를 구조화하여 직업기초능력과 직무수행능력을 평가하되, 각 기업의 특성과 현황, 핵심역량 등을 접목하여 현장에 맞게 적용
↓	
최종 결정	각 단계별 결과를 수합하여 객관화된 최종 결과 산출 및 채용 의사결정

능력 중심 채용의 요건은 첫째, 선발 대상 직무의 구체화, 둘째 직업기초능력의 강조, 셋째 직무수행능력의 구체화, 넷째 직무수행능력 중심 선발평가이다. 이에 따라 기존 채용이 서류, 필기, 면접 채용단계별로 NCS 기반 능력 중심 채용으로 바뀌게 된다.

〈그림 10〉 NCS 기반 능력 중심 채용 단계별 내용

채용단계	기존 채용	NCS 기반 능력 중심 채용
서류전형	• 학력, 가족사항, 불필요한 스펙 등 이력을 기재하고, 성장 과정, 지원동기 등 일률적인 자기소개서를 자성하여 차별 요소가 다수 존재하고 직무연관성 미흡	• 직무와 무관한 자전적인 기재사항 최소화, 직무관련성이 높은 사항 기재 • 교내 · 외 활동경험, 인터 등 근무경험, 직무 관련 자격증 등 • 해당 직무에서 기본적으로 갖추어야 하는 능력 관련 지원자 경험 등을 기술
필기시험	• 인성 및 일반적 인지능력(언어, 수리능력 등에 대한 지필검사 시행) • 전공 필기시험	• 공통적 능력 외에 직무별 능력 중 지필 형태로 평가 가능한 능력평가 • (예시)(일반사무)사무행정, (정보기술운영)IT시스템 관리
면접시험	• 질문내용이 단편적이고 직무수행과 무관한 내용을 다수 포함하는 등 비체계적인 면접을 진행	• 직무능력과 관련된 경험(경험면접), 업무수행 과정에서 발생 가능한 상황에 대한 대처 방법(상황면접), 특정 직무 관련 주제에 대한 의견(PT) 등을 중심으로 구조화된 면접 진행

1) NCS 기반 능력 중심 채용공고문

기업 · 공공기관은 직무에 필요한 직무능력(NCS)을 채용공고를 통해 사전에 공개함으로써 입사지원자가 미리 준비할 수 있도록 하고 있다.

기존의 일반적인 채용공고문은 채용계획 및 지원 방법을 알리는 목적으로 채용분야 및 인원, 응시자격, 우대사항, 채용절차 및 추진일정, 기타 유의사항 등을 제시하고 있다. 반면 NCS 기반 능력 중심 채용공고문은 지원자가 직무를 이해하고 자신의

적합성을 판단할 수 있도록 돕는 목적으로 직무내용 및 직무수행에 필요한 인적 요건에 대해 명시하고 있다.

공개내용은 채용일정, NCS 직무기술서를 활용하여 직군·직무별 업무내용 및 필요능력을 사전에 공개한다. NCS 기반 채용을 도입하고자 하는 기관에서는 입사지원자들의 혼란을 최소화하기 위하여 최소 6개월~1년 전 해당 내용을 해당 기관 홈페이지 등을 통해 사전 공개 및 지속적으로 게시하도록 하여 입사지원자들의 직무탐색 및 입사 후 개인 경력개발(CDP) 등에 도움이 되도록 하고 있다.

채용공고문은 NCS 분류체계, 채용기관의 주요 사업내용, 직무개요와 함께 해당 직무 내 세부 수행직무 소개, 주요 업무내용, 직무요건으로 구성되어 있다.

〈그림 11〉 NCS 기반 채용 공고문 예시

[NCS 기반 채용 직무 설명자료: 행정]

<table>
<tr><td rowspan="4">①</td><td rowspan="4">채용분야</td><td rowspan="4">행정</td><td rowspan="4">분류
체계</td><td>대분류</td><td colspan="3">02.경영,회계,사무</td></tr>
<tr><td>중분류</td><td>01.기획사무</td><td colspan="2">02.총무인사</td></tr>
<tr><td>소분류</td><td>01.경영기획</td><td>01.총무</td><td>03.일반사무</td></tr>
<tr><td>세분류</td><td>01.경영기획</td><td>01.총무</td><td>02.사무행정</td></tr>
<tr><td></td><td>공단주요사업</td><td colspan="6">• 능력개발, 자격검정, 외국인고용지원, 해외취업/국제교육협력, 숙련기술진흥/기능경기대회, 국가직무능력 표준(NCS)</td></tr>
<tr><td rowspan="2">②</td><td>핵심책무</td><td colspan="6">• [경영기획] 경영목표를 효과적으로 달성하기 위한 전략을 수립하고 최적의 자원을 효율적으로 배분하도록 경영진의 의사결정을 체계적으로 지원
• [총무] 조직의 경영목표를 달성하기 위하여 자신의 효율적인 관리, 임직원에 대한 원활한 업무지원 및 복지지원, 대내 · 외적인 회사의 품격유지를 위한 제반업무를 수행
• [사무행정] 문서관리, 문서작성, 데이터관리, 사무자동화관리운용 등 조직 내부와 외부에서 요청하거나 필요한 업무를 지원하고 관리</td></tr>
<tr><td>직무수행내용</td><td colspan="6">• [경영기획] 사업환경 및 경영실적분석, 경영방침 및 계획, 예산 및 사업별 투자관리 등
• [총무] 사업계획수립, 행사지원, 부동산, 비품, 차량운영, 용역, 총무문서, 총무보안관리, 복리후행 및 업무지원 등
• [사무행정] 문서작성, 관리 및 데이터관리, 회의운영 지원 등</td></tr>
<tr><td></td><td>전형방법</td><td colspan="6">• 직무능력평가 → 직무능력면접 → 인턴선발 → 인턴근무기간평가 → 최종정규직 전환</td></tr>
<tr><td rowspan="2"></td><td rowspan="2">일반요건</td><td colspan="3">연령</td><td colspan="3">공고문 참조</td></tr>
<tr><td colspan="3">성별</td><td colspan="3">무관</td></tr>
<tr><td rowspan="2"></td><td rowspan="2">교육요건</td><td colspan="3">학력</td><td colspan="3">무관</td></tr>
<tr><td colspan="3">전공</td><td colspan="3">무관</td></tr>
<tr><td></td><td>필요지식</td><td colspan="6">• [경영기획] 내 · 외부 환경분석 기법, 사업별 핵심성과 평가기준 및 전략기술 등
• [총무] 개인정보보호법, 계약 및 구매 관련 법, 단체협약, 도로교통법, 매매 및 임차 표준계약서, 보안정보시스템 운영기준, 복리후생관련</td></tr>
</table>

	필요지식	법, 부동산관련법, 사내 인력관리규정, 소방 및 시설물관련법, 자산관리규정, 차량관리규정, 협상방법론 등 • [사무행정] 업무처리 지침 개념, 문서기안 절차 및 규정, 전자정보관리 및 보안 규정, 회의운영 방법 등
③	필요기술	• [경영기획] 사업기획 등 보고서 작성 기술, 문제예측 및 대응방안능력, 분석기법 및 통계 프로그램 운영기술, 의사결정능력 등 • [총무] 견적서 분석 및 계약서 작성 기술, 문서작성능력, 문제해결능력, 법규해석능력, 벤처마킹 기술, 대인관계능력, 장부정리 및 재고관리능력, 행사 및 협상기술 • [사무행정] 데이터베이스 관리능력, 문서분류 및 관리능력, 사무기기 활용능력, 회의내용 이해 및 처리능력 등
	직수수행태도	• [공통] 객관적인 판단 및 논리적인 분석 태도, 사업파악 및 개선의지, 투명하고 공정한 업무수행의 청렴성, 문제해결에 적극적인 의지, 창의적인 사고 노력, 의사결정 판단 자세, 주인의식 및 책임감 있는 태도, 경영자원 절약 자세, 수용적 의지 및 관찰 태도, 다양한 정보수집을 하려는 태도, 고객 지향적인 사고, 데이터 특성 및 분석 기술, 업무규정 준수, 상호 업무협조 노력, 회의 처리 태도, 안전수칙 준수, 상황판단력과 관찰력이 있는 자세 등
	필요자격	• 경영 및 행정관리 전문지식 및 경험 보유자
	직업기초능력	• 의사소통능력, 조직이해능력, 수리능력, 문제해결능력, 자기개발능력, 자원관리능력, 정보능력, 대인관계능력, 기술능력, 직업윤리

참고사이트: www.ncs.go.kr 홈페이지 → NCS.학습모듈 검색

① NCS의 분류체계에 따라 대분류 → 중분류 → 소분류 → 세분류 내용임.

② 채용기관의 주요 사업내용 소개 및 주요 직무내용 제시 → 주요 직무내용은 NCS 세분류의 능력단위를 기준으로 작성

③ 직무요건: 직무수행에 필요한 지식, 기술, 직무수행태도, 필요자격 및 직업기초능력을 NCS 능력단위 요소를 참조하여 작성

2) NCS 기반 능력 중심 채용: 서류전형

NCS 기반의 채용에서 첫 번째 단계인 서류전형은 NCS 기반 입사지원서, NCS 기반 직무능력소개서, NCS 기반 자기소개사 등으로 구성된다.(그림 12)

〈그림 12〉 NCS 기반 능력 중심 채용: 서류전형 선발 내용

NCS 기반 입사지원서	NCS 기반 직무능력소개서	NCS 기반 자기소개서
• 인적사항 –지원자 식별 및 관리하기 위한 최소 정보 • 교육사항 –NCS 교육훈련사항 • 자격사항 –NCS 관련 자격사항 • 경력 및 직무 관련 –NCS 관련 경력과 직무 관련 사항	• 경험기술서 –입사지원서에 기술한 직무 관련 경험내용을 상세히 기술 –본인이 수행한 활동내용, 조직이나 활동에서의 역할, 활동결과에 대한 작업 • 경력기술서 –입사지원서에 기술한 직무 관련 경험내용을 상세히 기술 –본인이 수행한 직무와 관련된 활동/경험/수행 내용 및 역할/구체적 행동/주요 성과에 대해 작성	• 자기소개서 도출 –지원동기(조직/직무) –조직적합성(핵심가치/인재상) –직무적합성(직무역량) ※자기소개서를 직무와 관련한 내용으로 질문형식 작성 가능

가) NCS 기반 입사지원서

NCS를 기반으로 한 입사지원서는 그 목적에 따라 인적사항, 교육사항, 자격사항, 경력사항 혹은 경험의 네 가지 항목으로 구성된다.

- 인적사항: 지원자를 식별, 관리하기 위한 최소한의 정보로 구성
- 교육사항: 직무수행에 필요한 능력(NCS 세분류명 기입)을 갖추고 있는가를 평

가하기 위한 항목으로 학교교육이나 직업교육 혹은 기타교육 등 직무에 대한 지원자의 관심과 노력을 판단하는 척도로 활용한다. 기타교육은 학교와 학교 이외의 기관에서 개인이 이수한 교육 과정 중 지원직무와 관련이 있다고 생각되는 교육내용을 의미한다(예: 교양, 전공, 사이버교육, 기타훈련 등).

- 자격사항: NCS 세분류별로 제시되어 있는 자격현황을 참고하여 지원자가 해당 직무를 수행하는 데 필요한 능력을 가지고 있는지 판단하는 데 활용하며, 반드시 해당 직무와 관련 있는 자격만을 명시한다. 입사지원서에서는 직무수행에 필요한 자격을 사전에 제시하여 지원자 입장에서 해당 직무를 수행하는 데 어떤 기술이 요구되는지를 미리 알 수 있는 기회를 제공한다.
- 경력사항 혹은 경험: 직무와 관련된 경력이나 경험 여부를 평가하기 위한 항목으로 경력 혹은 경험사항은 직무능력소개서에 구체적으로 작성하도록 하며 서류전형 및 면접전형 시 활용이 가능하다. 경력은 금전적 보수를 받고 수행한 활동을 의미하고, 경험은 금전적 보수를 받지 않고 수행한 활동으로 교육 과정 내 수행평가 및 과제 수행 활동, 팀 프로젝트, 연구회 활동, 온라인 커뮤니티 활동 등 다양한 활동을 의미한다.

〈그림 13〉 NCS 기반 능력 중심 채용 입사지원서 예시

1. 인적사항

* 인적사항은 필수항목으로 반드시 모든 항목을 기입해 주십시오.

<table>
<tr><td>지원구분</td><td>신입 ( ) 경력 ( )</td><td>지원분야</td><td></td><td>접수번호</td><td></td></tr>
<tr><td>성명</td><td>(한글)</td><td>생년월일</td><td colspan="3">(월/일)</td></tr>
<tr><td>현주소</td><td colspan="5"></td></tr>
<tr><td rowspan="2">연락처</td><td>(본인휴대폰)</td><td rowspan="2">전자우편</td><td rowspan="2" colspan="3"></td></tr>
<tr><td>(비상연락처)</td></tr>
</table>

[예시1] 일반 사무행정

※구체적인 매핑은 기업 · 공공기관의 관련 직무별로 달리 정할 수 있음

2. 교육사항(모집대상 직무와 연관이 있는 학교교육이나 직업교육 혹은 기타교육을 의미하며, NCS 기반 채용공고 직무설명자료의 관련 교과목 참조하여 입사지원자에게 제시)

* 학교교육이나 직업교육 혹은 기타교육 등 직무와 관련된 교육사항 내용을 기입해 주십시오.

학교교육이나 직업교육 혹은 기타교육 등
• [경영기획업무] 관련 학교교육이나 직업교육 혹은 기타교육 과목을 이수한 경험이 있습니까? 예 ( ) 아니오 ( )
• [경영평가업무] 관련 학교교육이나 직업교육 혹은 기타교육 과목을 이수한 경험이 있습니까? 예 ( ) 아니오 ( )
• [사무행정업무] 관련 학교교육이나 직업교육 혹은 기타교육 과목을 이수한 경험이 있습니까? 예 ( ) 아니오 ( )
• [지원기관의 직무 관련 업무] 지원하고자 하는 기관의 주요 업무 관련 학교교육이나 직업교육 혹은 기타교육 과목을 이수한 경험이 있습니까? 예 ( ) 아니오 ( ) (예: 도로공사 – 도로 관련 교과, 소비자보호원 – 소비자 관련 교과, 인력공단 – 인력개발 관련 교과 등)
• [사업행정에 필요한 직업기초능력] 직업기초능력 34개 하위 영역 중 문서이해능력, 문서작성능력, 정보능력, 사고력 등 관련 학교교육이나 직업교육 혹은 기타교육 과목을 이수한 경험이 있습니까? 예 ( ) 아니오 ( )

* '예'라고 응답한 항목에 해당하는 내용을 아래에 기입해 주십시오. 해당 직무를 수행하는데 도움

이 되었거나 도움이 될 것이라고 판단되는 교육과목(직업기초능력 포함)을 이수한 경험이 있으면 모두 적어 주십시오.

예시) 과목 1. 문헌정보학 입문 → 문서이해능력, 문서작성능력, 과목 2. 한국어 의미의 이해 → 문서이해 및 문서작성능력, 과목 3. 철학개론 → 사고력

학교교육		직업교육		기타교육	
교과목명	학점(내신 등급)	교과목명	이수시간(h)	교과목명	이수시간(h)

※ 지원직무와 전공이 관련이 있으면 좋지만 연관성이 적으면 지원직무와 관련된 학교교육과 직업교육을 미리 수강해야 함.

3. 직무능력 관련 자격 사항(NCS 내 환경분석의 자격현황 참고)

* 자격은 직무와 관련된 자격을 의미합니다. 코드를 확인하여 해당 자격증을 적확히 기입해 주십시오.

직무 관련 자격

※자격에는 국가기술자격, 개별법에 의한 전문자격, 국가공인 민간자격, 기타자격이 포함됩니다.

*위의 자격목록에 제시된 자격증 중에서 보유하고 있는 자격증을 아래에 기입해 주십시오.

코드	발급기관	취득일자	코드	발급기관	취득일자

* 그 외 [직무 혹은 직무 관련 지식]에 관련된 자격증은 아래에 기입해 주십시오.

자격증명	발급기관	취득일자	자격증명	발급기관	취득일자

※ 지원직무와 관련이 있는 자격증일 경우에만 기재 가능

4. 경력 혹은 경험사항(지원하는 직무와 연관성 있는 경력 혹은 경험사항을 제시하도록 안내)

* 4-1) 경력은 금전적 보수를 받고 일정기간 동안 일했던 이력을 의미합니다. 아래의 지시에 따라 해당되는 내용을 기입해 주십시오.

• 기업조직에 소속되어 [경영기획업무] 관련 업무를 수행한 경험이 있습니까? 예 (   )   아니오 (   )

• 기업조직에 소속되어 [경영평가업무] 관련 업무를 수행한 경험이 있습니까? 예 (　　)　아니오 (　　)
• 기업조직에 소속되어 [사무행정업무] 관련 업무를 수행한 경험이 있습니까? 예 (　　)　아니오 (　　)
• 기업조직에 소속되어 [지원기관의 직무 관련 업무] 관련 업무를 수행한 경험이 있습니까? 예 (　　)　아니오 (　　)

근무기간	기관명	직위/역할	담당업무

* 그 외의 경력사항은 아래에 기입해 주십시오.

근무기간	기관명	직위/역할	담당업무

* 자세한 경력사항은 경력 및 경험기술서에 작성해 주시기 바랍니다.
* 4-2) 경험은 직업 외적인(금전적 보수를 받지 않고 수행한) 활동을 의미하며, 교육 과정 내 수행평가, 과제수행경험, 산학, 팀 프로젝트, 연구회, 동아리/동호회, 온라인 커뮤니티, 재능기부 활동 등이 포함될 수 있습니다. 아래의 지시에 따라 해당되는 내용을 기입해 주십시오.

• [경영기획업무] 관련 교육 과정 내 수행평가, 과제수행경험 및 기타 활동경험이 있습니까? 예 (　　)　아니오 (　　)
• [경영평가업무] 관련 교육 과정 내 수행평가, 과제수행경험 및 기타 활동경험이 있습니까? 예 (　　)　아니오 (　　)
• [사무행정업무] 관련 교육 과정 내 수행평가, 과제수행경험 및 기타 활동경험이 있습니까? 예 (　　)　아니오 (　　)
• [지원기관의 직무 관련 업무] 관련 교육 과정 내 수행평가, 과제수행경험 및 기타 활동경험이 있습니까? 예 (　　)　아니오 (　　)

* '예'라고 응답한 항목에 해당하는 내용을 아래에 기입해 주십시오.

교육 과정 내 수행평가, 과제수행경험 등		기타 활동경험	
수행평가 내용	과제내용	소속조직	주요역할

* 자세한 사항은 경력 및 경험기술서에 작성해 주시기 바랍니다.

나) NCS 기반 직무능력소개서

NCS 기반 직무능력소개서는 입사지원서에서 작성한 경력 혹은 경험사항에 대해 당시 맡았던 역할 및 주요 수행업무, 성과에 대해 자세히 기술하도록 한다.

〈그림 14〉 NCS 기반 능력 중심 채용 직무능력소개서 예시

경험기술서 예시
• 입사지원서에 기술한 직무 관련 기타 활동에 대해 상세히 기술해 주시기 바랍니다. • 구체적으로 본인이 수행한 내용, 소속 조직이나 활동에서의 역할, 활동 결과에 대해 작성해주시기 바랍니다. (글자 수는 해당 기관의 사정에 따라 자유롭게 제한 가능

경험기술서 예시
• 입사지원서에 기술한 경력사항에 대해 상세히 기술해 주시기 바랍니다. • 구체적으로 직무 영역, 활동/경험/수행내용, 본인의 역할 및 구체적 행동, 주요 성과에 대해 작성해주시기 바랍니다. (글자 수는 해당 기관의 사정에 따라 자유롭게 제한 가능

다) NCS 기반 자기소개서

NCS 기반 자기소개서는 자기 일대기를 기술하는 방법이 아닌 해당 지원자의 조직 및 직무 지원동기 및 조직적합성(핵심가치/인재상), 직무적합성(직무역량), 직업기초능력을 평가하기 위한 질문 문항으로 구성된다.

〈그림 15〉 NCS 기반 능력 중심 채용 자기소개서 예시

자기소개서 예시(적성은 3줄 이내)
최근 5년 동안에 수행한 직무 중에서 최상의 직무수행능력 발휘를 한 경험이 있으면 간략하게 기술하세요.(A사 예)
직무수행을 통하여 문제해결능력을 발휘한 경험이 있으면 서술해주시오.(B사 예)
입사 관련 관련 직무 분야와 연계하여 우리 회사에서 어떠한 능력을 발휘할 수 있는가를 기술해 주십시오.(C사 예)
귀하의 능력에 대한 장·단점을 고려하여, 향후 우리 회사를 통하여 어떠한 역할을 할 것인가를 기술해 주세요.(D사 예)

3) NCS 기반 능력 중심 채용: 필기평가

NCS 기반 필기평가는 NCS에서 정의하고 있는 직업기초능력과 직무수행능력을 측정하는 시험을 지칭하며, 지원자의 직무능력을 객관적으로 측정하기 위한 것이다. 이는 해당 직무의 입직자가 갖춰야 할 직무능력을 갖추고 있는지를 측정하는 데 초점을 둔다. 즉 '무엇을 아는가'보다는 '직무를 수행할 수 있는가'를 평가하는 것이다.

기존 인 · 적성검사의 아는 것을 묻는 지식 위주의 평가에서 탈피하여 직무 상황에서 발생하는 문제를 해결할 수 있는 능력 등을 갖고 있는지를 중점적으로 평가하게 된다.

〈그림 16〉 기존 인 · 적성검사와 NCS 기반 평가 차이

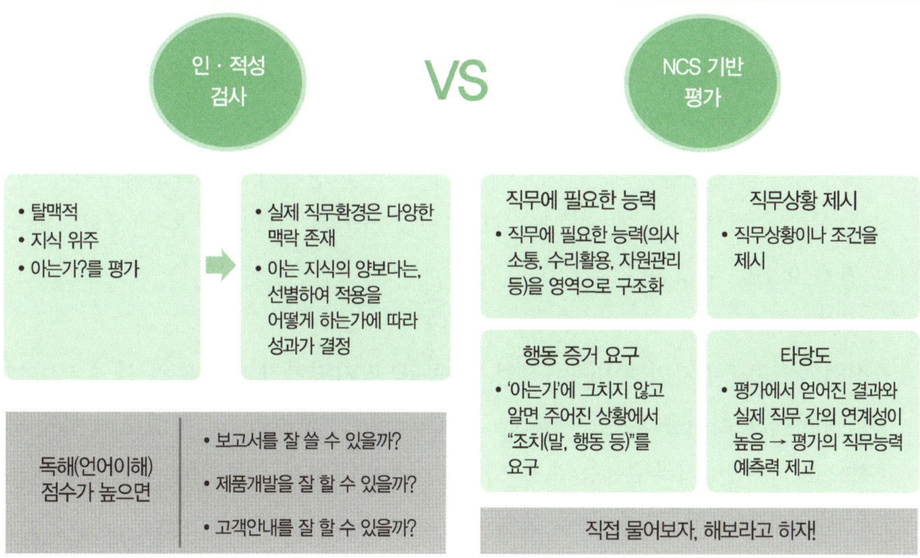

출처: NCS 사이트.

가) 직업기초능력 필기평가

직업기초능력평가 문항은 탈맥락적이고 추상적인 지식평가를 지양하고 직무 맥락에 기반하여 과제를 제시함으로써 '무엇을 아는가'보다는 '직무를 수행할 수 있는가'를 평가하는 데 초점을 둔다. 기관별로 각 기관 특성에 맞는 직무상황을 제공하고 평가한다. 단, 기존의 인 · 적성 수준의 평가문항이 아닌, 개인의 직무상황에서 기본적으로 갖추어야 할 직업기초능력을 평가할 수 있는 문항이어야 한다.

- 문항구성: 개별 직업기초능력을 각각 평가할 수도 있고, 여러 능력들을 묶어서 평가(cross-sectional approach)할 수도 있다.
- 기존의 인 · 적성검사와의 차이: 아는 것을 묻는 지식 위주의 평가에서 탈피하여 직무상황에서 발생하는 문제를 해결할 수 있는 능력 등을 갖고 있는지를 중점적으로 평가하게 된다.

나) 직무수행능력 필기평가

직무수행능력 필기평가는 성과와 연계되거나 성과를 창출하는 직무 관련 경험 및 지식 · 기술 등의 요소를 직무 난이도에 따라 측정 및 평가가 가능하도록 문항을 만들어 실시하는 검사이다. 직업기초능력평가 및 기존에 시행되어 온 전공시험과는 다른 평가 요소로 구성된다.

- 직업기초능력평가와 차별성: 직업기초능력 필기평가가 대부분의 산업 분야에서 공통적으로 사용되는 능력(core competency, key skills)을 측정하는 것을 목적으로 한다면, 직무수행능력 필기평가는 선발하고자 하는 직무에서 차별적으로 사용되는 지식 · 기술 등을 측정하는 것을 목적으로 한다.
- 기존 전공시험과 차별성: 직무수행능력 필기평가와 기존 전공시험 간의 차이는 평가문항에 들어 있는 내용이 선발 대상 직무에서 실제 사용되고 있는 지식과 기술인지 아닌지의 여부에 있다. 따라서 검사개발 시 실제 현업에 종사하는 직

무전문가가 참여하게 된다.

4) NCS 기반 능력 중심 채용: 면접평가

NCS 기반 면접평가는 일상적이고 단편적인 대화 중심의 면접과 인상, 외모 등 다른 외부 요소의 영향을 받는 면접이 아니라, 직무 관련 역량에 초점을 둔 구체적인 질문 목록에 기반하여 질문을 하게 된다. 직무능력을 평가할 수 있는 질문들로 구성이 된다. 예를 들어, 선발하고자 하는 직무능력이 필요한 과거의 경험을 질문하거나 특정 상황을 제시하고 지원자의 행동을 관찰하고 평가함으로써 실제 상황의 행동을 예상한다.

가) 직업기초능력 면접평가

NCS 기반 직업기초능력의 면접평가는 해당 직무의 수행 시 요구하는 기초 소양(직업기초능력)을 평가하기 위한 도구이다. 직업기초능력 기반 면접평가는 직업인이 공통적으로 갖추어야 할 10개 영역의 기초능력을 평가하기 위한 면접질문으로 구성된다.

면접질문 예시

평가 영역	면접질문
문제해결능력	• 귀하가 아이디어를 내서 어떤 문제를 개선했거나 해결한 사례가 있다면 소개해 주세요.
자기개발능력	• 귀하가 어떤 조직이나 단체에 들어가서 그 조직에 빨리 적응하기 위해서 했던 활동이나 노력했던 경험을 설명해 주겠습니까? • 최근에 자기개발을 위해서 어떤 활동이나 노력한 사례에 대해서 설명해 주겠습니까?

윤리의식	• 조직의 원칙과 절차를 철저히 준수하여 업무를 수행하여 성과를 향상시킨 경험에 대해 구체적으로 말씀해 주십시오. • 조직의 규칙이나 원칙을 신경쓰면서 성실하게 일했던 경험에 대해 구체적으로 말씀해 주십시오. • 다른 사람의 실수를 바로잡고 원칙과 절차대로 집행하여 성공적으로 업무를 마무리한 경험에 대해 구체적으로 말씀해 주십시오.

나) 직무수행능력 면접평가

직무수행능력 면접평가는 NCS의 세분류(직무)별 능력단위와 기업의 환경 및 실제 직무여건을 분석하여 개발되며, 실제 직무수행과 관련한 지식, 기술, 태도를 객관적으로 평가할 수 있는 문항들로 구성된다.

면접질문 예시

능력단위	능력단위 요소	면접문항		
		상황면접	경험면접	추가질문 (구조화된 질문)
문서관리 (사무행정)	문서수발신	회사 내에는 다양한 종류의 공문서들이 있다. 이를 체계적으로 분류하지 않으면 분실 등 관리에 어려움이 발생할 수 있음에 따라 공문서를 보다 효율적으로 보관하면서, 쉽게 찾을 수 있는 방법이 있다면 무엇이 있는지?	취업준비를 위한 정보를 쉽게 검색하거나, 취득한 정보를 쉽게 찾기 위해 정보를 관리한 경험이 있는가?	본인이 경험한 효과적인 정보관리 방법을 설명해 주신다면?

롯데그룹 능력 중심 채용 사례

롯데그룹의 능력 중심 채용은 신입사원 채용 시 On-Spec에 기초한 서류 심사로 스펙을 전혀 보지 않겠다는 것이 아니라 직무에 필요한 능력만 순수하게 평가하기 위해 불필요한 스펙은 배제하는 채용을 하겠다는 것이다. 또한 직무적합성 및 인성에 대해 검증하고 명확한 기준과 프로세스에 의거한 개인별 역량을 평가하겠다는 것이다. 이는 무분별한 스펙쌓기를 지양하고 직무능력 중심 평가를 하겠다는 NCS 기반 채용과 맥을 같이하는 채용 방식으로 기업에서 활용하고 있는 직무 중심, 역량 중심 채용방식이라 할 수 있다.

이를 위해 지원서 항목에 사진, 외국어 성적, 자격사항, 자격증, 경력 및 사회경험(수상경력, 동호회 및 동아리경험)란을 삭제하였다. 단, 외국어 성적 및 자격증의 경우 필요직무에 한하여 기재하도록 하고 있다.

또한 채용 홈페이지에 상세 직무소개를 통해 채용 대상 직무내용 및 필요역량에 대해 명시하고 있다.

또한 직무적합도(인성) 및 직무수행에 필요한 기초능력을 검증하기 위해 L-TAB(인 · 적성검사)를 실시한 후 회사별 · 직무별 필요역량을 검증하기 위해 역량면접, 프레젠테이션 면접, 토론면접, 인성면접 등 다양한 형태의 역량 검증 도구를 활용하여 직무별 필요역량 보유 여부를 검증한다. 면접 시 지원자의 인적사항 및 자기소개서를 바탕으로 면접을 진행하는데, 출신학교, 전공, 학점 등 학력 관련 사항을 블라인드 처리하여 학력에 대한 선입견을 차단하고 지원자의 경험과 전문성 및 잠재역량을 집중 평가하게끔 하고 있다.

NCS 관련 Site 안내

국가직무능력표준
National Competency Standards

NCS 국가직무능력표준 홈페이지 http://www.ncs.go.kr

직업기초능력, 직무에 대한 정보

스펙초월 능력중심채용
Onspec Competency Based Recruitment

NCS 스펙초월 능력중심채용 http://onspec.ncs.go.kr

채용공고문, 입사지원서, 직무능력소개서, 자기소개서, 직업기초능력 문항, 직무수행능력 문항에 대한 정보

마. NCS 기반 채용 대비 전략

최근 공기업 등에 급속히 확산하고 있는 NCS 기반 채용에 따라 공기업의 채용 방식이 기존의 자격증과 스펙 등을 전혀 보지 않고 오로지 직무역량만을 평가하는 脫스펙의 직무능력 중심으로 급속하게 변화하고 있다.

NCS 기반 채용이 2017년 모든 공공기관으로 확대 적용되면서, 앞으로 민간 부문에도 정착하게 될 직무 · 역량 중심 채용문화를 이해하고 이에 대비할 필요가 있다. NCS 기반의 능력 중심 채용은 요즘의 일반적인 채용 트렌드인 역량 중심 채용, 직무 중심 채용과 맥을 같이하는 것이다. '알고 있는 것' 위주에서 실제 직무를 수행할 수 있는 능력을 보다 정확하게 검증하기 위한 채용이라 할 수 있다. 다만 지원자 입장에서 채용에 대한 정확한 정보를 알고 해당 직무에 대해 명확하게 이해할 수 있도록 하고 취업에 대한 무분별한 스펙쌓기를 지양하고 희망직무에 꼭 필요한 능력을 갖출 수 있도록 하고자 하는 것이다. 회사 입장에서는 직무를 실제 할 줄 아는 사람을 뽑을 수 있게 하기 위한 것이라 할 수 있다.

그렇다면 NCS 기반 채용에 맞추어 어떤 준비를 하여야 할까?

첫째, 채용공고와 함께 제공되는 직무기술서를 꼼꼼하게 확인하여 직무내용에 대해 명확히 이해하고 직무기술서에서 요구하는 직무역량에 맞추어 입사지원서를 작성하여야 한다. NCS 입사지원서는 기존의 취업지원서와는 완전히 다르게 최소의 인적사항정보를 요구하는 대신, 지원하는 직무와 관련된 경력과 경험과 함께 지원하는 직무 분야를 얼마나 잘 이해하고 있는지와 다양한 활동과 직무경험을 통해 실제 직무능력을 얼마나 보유하고 있는지를 중심으로 작성해야 한다.

둘째, 직무기술서에서 요구하는 직업기초능력과 직무역량에 맞추어 필기전형과 면접전형을 준비하여야 하는데, 이는 각 공공기관마다 다르므로 해당 공공기관의 채용프로세스에 따라 준비를 하여야 한다. NCS 기반 필기전형과 면접전형의 샘플문제는 NCS 홈페이지(onspec.ncs.go.kr)에서 확인할 수 있다.

우선 직무분석이 선행되어야 한다. NCS 홈페이지에서 비서 NCS를 확인 후 직무내용과 필요한 지식, 기술, 태도와 직업기초능력을 확인하여 이들을 중심으로 취업에 대비하도록 한다. 직무분석 후에는 희망 기업에 대해서도 분석해야 한다. 해당 회사 홈페이지나 기사 등을 통해 정보를 입수하고 업계 동향에 대해서 이해하고 있어야 한다. 요즘은 채용 회사의 60% 정도가 회사에 대해 얼마나 관심을 갖고 있는지와 알고 있는지를 중요하게 여긴다.

셋째, 공공기관을 중심으로 대기업에도 NCS 기반의 채용 방식의 활용을 유도하고 있는 상황이고, NCS 기반 채용은 요즘의 채용 트렌드를 반영하고 있어, 중소기업이나 기타 기업 취업 준비에 있어서도 공통되는 내용이라 할 수 있다. 즉, 직무와 관련된 경험을 쌓고 직무능력을 갖추도록 하는 등 직무 중심의 취업 준비 전략을 세우도록 한다.

넷째, 구직자의 새로운 채용시스템에 대한 불안을 해소하고 취업역량강화를 위해 NCS 기반 취업교육을 실시하고 있는 기관들이 있다. 예를 들어, 한경아카데미에서 실시하고 있는 NCS 취업교육은 NCS를 직접 개발한 전문가와, 기업채용전문가 등을 강사로 구성하여 실질적인 도움을 줄 수 있도록 구성한 것이 특징이다. 이러한 교육을 통해 정확한 NCS 채용정보를 얻을 수 있어서 NCS에 대한 막막함과 걱정을 떨쳐버리고, 기업이 원하는 직무역량을 미리 준비할 수 있게 될 것이다.

마지막으로 열정과 자신감을 보여줄 수 있도록 해야 한다. 기업은 스펙보다 잠재력이 있는 사람을 더 높이 평가한다. 마지못해 하는 사람과 열정을 갖고 임하는 사람의 차이는 극명하게 나타난다. 열정이 있는 사람은 늘 의욕이 충만하고 일을 즐길 뿐만 아니라 자신이 가진 모든 역량을 동원하여 노력하기 때문에 탁월한 성과를 낼 수밖에 없다.

또한 예의범절을 지켜야 한다. 아무리 뛰어난 인재라도 예의가 없다면 취업하기 힘들다. 인사하는 법과 앉아 있는 법, 표정, 말투, 존대어 등 기본예절을 잘 갖춘 것만으로도 취업하는데 있어 매우 유리하게 됨을 염두에 두도록 한다.

4. 로펌비서 경력관리

우리는 자신의 분야에서 프로페셔널만이 살아남을 수 있는 치열한 경쟁의 사회 속에 살고 있다. 따라서 끊임없이 자신의 가치를 높이고 자신의 이력을 전략적으로 관리해 가는 경력관리가 매우 중요하다. 경력이라 함은 한 사람의 인생 전체에 걸친 직무 관련 지위의 연속적 총체라 할 수 있다. 즉 개인이 시간이 지남에 따라 경험하는 직무와 관련한 모든 경험이다. 경력은 직업과 관련된 한 사람의 총체적인 이력으로써 사람들은 자신의 다양한 욕구를 만족시키기 위해 경력계획을 수립하고 이를 달성하기 위해 경력관리를 하게 된다. 경력관리는 자신의 가치를 높이고 자신을 경쟁력 있는 하나의 상품으로 다듬어가는 과정이라 할 수 있다. 경력관리를 통해 자신의 잠재능력을 향상, 발전시키고 그로 인해 성장과 발전의 욕구를 충족시킬 수 있다. 어느 직업이나 마찬가지로 로펌비서도 전문직으로서의 경력을 쌓고 자신의 능력을 개발하기 위해서 경력을 관리하는 것이 필수적이다.

가. 자기개발

경력관리의 시작은 효율적인 자기개발이다. 요즘은 어떤 분야에서든 전문성과 경쟁력을 가지지 못하면 살아남기 어려운 무한경쟁시대에 살고 있다. 법률 분야 또한 이러한 변화에서 예외가 아니다. 로펌비서는 비서직뿐만 아니라 로펌 조직에 근무하는 구성원으로서 글로벌・전문화된 지식과 능력, 태도가 절실히 요구되고 있다. 자신의 분야에서 전문가로서 입지를 다지기 위해서 필요한 것은 끊임없는 노력으로 인한 자기개발이다. 지속적인 자기개발을 통해 자신의 가치를 높이고 근무 기간 동안에는 최고의 평가를 받을 수 있도록 하며 현재에 안주하지 않고 자신의 직무와 관련된 역량을 쌓아가도록 해야 한다.

또한 자신의 직무와 관련된 분야의 사람들과 교류를 지속적으로 하는 것은 업계와 직무에 대한 정보뿐만 아니라 자기개발에 도움이 되는 유용한 정보와 이직을 하는 데 도움이 된다. 직무와 관련된 단체, 모임, 세미나 등에 적극적으로 참여하여 인간관계의 폭을 넓히고 자기 개발하는 데 자극제가 될 수 있도록 한다.

나. 법률사무원

로펌비서로 근무하면서 법률 분야에 계속적인 관심과 열정이 있다면 로펌에서 로펌비서로서 업무경력을 쌓아 나가면서 다양한 법률 분야의 전문가로 발돋움할 수 있는 기회를 찾을 수도 있다. 입사한 로펌에 계속 근무하면서 국내 소송업무를 배워 송무 전문가가 되거나 특히 국제업무, 기업법무, 등기업무 등 보다 세분화되고 전문적인 분야를 다루는 패러리걸로 일하는 방법도 있다. 법률사무원을 양성하는 교육 프로그램을 이수하면 도움이 될 것이다.

국내에 진출한 외국계로펌에 경력비서나 패러리걸로 입사할 수도 있다. 또한 로펌비서로 일하다 공부를 더 하고자 한다면 로펌에서 법률실무를 익힌 뒤 로스쿨에 입학하여 법조인이 될 수도 있고, 만일 국내 4년제 법과대학 졸업을 했다면 미국 로스쿨 L.L.M. 과정을 이수한 후 미국변호사시험에 응시하여 미국변호사 자격증을 얻는 길도 있다.

다. 로펌 내 타부서로의 전환

로펌에는 비서와 패러리걸 뿐만 아니라 빌링팀, 인사팀, 총무팀, 송무팀, 문서관리팀, 경영지원팀 등 변호사, 변리사, 회계사, 고문 등 전문가들의 업무를 지원하고 로펌 조직을 관리하는 일반 관리 부서들이 있다. 로펌 내에서는 비서로 일하다가 일반 관리 부서로 소속을 바꾸어 일하는 경우들이 흔히 있으므로 관련 부서에서의 업무역량과 전문성을 키워 로펌 사무 전문가로서 성장할 수 있다. 특히 외국계 로펌의 경우 규모가 크지 않아 일반적인 인사, 총무, 회계 등 전반적인 로펌 관리 업무를 총괄하는 오피스 매니저(office manager)로서의 역할을 담당하는 선임비서가 될 수 있다.

라. 외국계로펌

외국계로펌은 국내 대형 로펌의 비서보다는 전문비서로서의 역량을 키우기 쉽다는 장점이 있다. 외국 로펌은 전문비서로서의 역량과 외국어능력을 더 중시한다. 특히 원어민 수준의 외국어를 구사할 수 있는 로펌 경력비서라면 외국 로펌으로의 이직은 수월할 것이다. 또한 외국계로펌에서의 오피스 매니저 경력은 비서에게 사무실의 전반적인 관리 지원업무를 요구하는 일반 외국계 기업비서 진출에도 매우 유리하다.

법률시장 완전 개방 이후 상당수 중소형 국내 로펌들이 외국 로펌에 흡수될 것이란 우려가 지배적이다. 1998년 법률시장을 개방한 독일은 영·미계 로펌이 진출하면서 자국 로펌이 흡수 합병돼 현재 5대 로펌 중 1곳만 토종 로펌이다. 반면 외국 로펌에 토종 로펌이 먹힐 것이란 걱정이 기우에 불과하다는 의견도 있다. 우리나라와 법제가 비슷한 일본은 1987년 법률시장 개방 이후 자국 로펌이 강한 분야에 집중하여 외국 로펌의 공세를 효과적으로 막아냈다. 이처럼 법률시장 개방 이후 어떠한 상황이 되건 간에 외국계로펌의 진출이 갈수록 늘어나고 국내 로펌과 공동으로 처리할 수 있게 되면 글로벌 감각이 뛰어난 비서들에 대한 수요가 많아지고 유능한 로펌비서의 몸값이 높아질 것이다. 따라서 외국계로펌 입사를 통한 경력관리에 대해 관심을 가질 필요가 있으며, 국내 로펌 입사 후 국내 로펌에서의 경력과 외국어 감각을 갖추도록 경력관리를 하도록 한다.

마. 로펌비서로서의 장점 활용

로펌에 근무하게 되면 법률지식과 실무에 대해 많이 접할 수 있어 법률전문가로서 능력을 개발할 수 있는 기회가 좋다. 퇴근시간이 비교적 정확하고 업무 중에 법률관련 공부를 할 수 있는 여건을 만들 수 있으며, 전문가들 곁에서 보면서 배울 점이 많기 때문에 자기개발에 대한 자극제가 되는 곳이다. 단점은 변호사 중심의 조직이기 때문에 자신의 능력이 뛰어나다고 해도 어느 정도 한계는 있다. 비서직은 누군가에 대한 지원업무에 대한 사명감을 갖고 도움이 됨으로써 유능한 보좌인으로서 인정받는 직종이다. 따라서 로펌비서는 변호사 외 전문가집단과 비교하며 스스로 스탭에 불과하다는 생각이 들면 만족감을 갖고 일하기가 어렵다. 변호사와 비서는 함께 일하는 파트너라고 생각해야 한다. 자신이 주도적이고 주목받고 업무에서 탁월한 능력을 인정받고자 하는 사람에게는 비서직에 적합하지 않은 편이다.

부 록

1. 용어 정리
2. 국내 로펌 순위
3. 글로벌 로펌 순위

1. 용어 정리

국문	영문	정의
가압류	provisional attachment	장래에 자신의 재산을 보호 받을 수 없는 상황이 현저히 예상되는 경우 채무자의 재산을 압류하는 것.
가주소	temporary residence	거래의 편의상 당사자의 의사에 의해 설정되는 주소를 말한다.
가처분	temporary injunction	금전 이외의 특정한 지급을 목적으로 하는 청구권을 보전하기 위하거나, 또는 다투어지고 있는 권리 관계에 관하여, 임시의 지위를 정함을 목적으로 하는 재판, 긴급을 요하는 사건에 대해 빠른 시간 안에 법원의 결정을 구하는 제도로서 정식 재판과 달리 심문 없이 서류만으로도 결정을 내릴 수 있다.
각하	dismissal	원고의 소장(訴狀)이나 상소인의 상소장(上訴狀) 및 기타 당사자나 관계인의 소송(절차)상의 신청을 부적법하다 판단하여 재판절차로 이행되지 못하게 하는 재판을 말한다.
감경	reduction	본래 정하여진 형벌보다 가벼운 형벌에 처하는 것이다.
검증	inspection	법관이나 수사관이 자기의 감각으로 어떤 대상의 성질이나 상태 따위를 인식하여 증거를 조사하는 일.
결정(決定)	decision	법원이 행하는 판결 · 명령 이외의 재판.
공시	public notice	일정한 내용을 공개적으로 게시하여 일반에게 널리 알림.
공증인	public notary	당사자나 관계자의 부탁을 받아 민사에 관한 공정 증서를 작성하며, 사서 증서에 인증(認證)을 주는 권한을 가진 사람.

공탁	court deposit	법령의 규정에 따라 금전이나 유가증권 따위를 공탁소에 맡겨 두는 일.
과실	negligence	부주의로 인하여, 어떤 결과의 발생을 미리 내다보지 못한 일.
관보	official gazette	정부가 일반에게 널리 알릴 사항을 실어 발행하는 기관지.
구속	arrest, detention	행동이나 의사의 자유를 제한하거나 속박함.
공시송달	service by public notice	민사 소송법에서, 당사자의 주거 불명 따위의 사유로 소송에 관한 서류를 전달하기 어려울 때에 그 서류를 법원 게시판이나 신문에 일정한 기간 동안 게시함으로써 송달한 것과 똑같은 효력을 발생시키는 송달 방법.
권한	authority	어떤 사람이나 기관의 권리나 권력이 미치는 범위.
금고	imprisonment	형법상의 자유형의 하나. 교도소에 가두어 두기만 하고 노역은 시키지 않는다.
기각	dismissal	소송을 수리한 법원이, 소나 상소가 형식적인 요건은 갖추었으나, 그 내용이 실체적으로 이유가 없다고 판단하여 소송을 종료하는 일.
기간	term, period	어느 일정한 시기부터 다른 어느 일정한 시기까지의 사이.
대리권	power of attorney	대리인의 법률 행위가 곧바로 본인에게 효력을 발생하도록 본인이 대리인에게 부여한 지위 또는 자격.
대리인	agent	대리를 할 수 있는 지위에 있는 사람. 의사능력이 있는 사람이어야 하며 대리인이 한 행위의 효과는 본인에게 귀속된다. 민법에는 법정대리인과 임의대리인이 있으며, 민사소송에는 소송대리인, 형사소송에는 변호인이 있다.

대차대조표	balance sheet	기업이 결산 때에 재정 상태를 한눈에 볼 수 있게 도식화한 표. 기업의 자산을 부채와 자본으로 비교할 수 있도록 양쪽으로 나뉘어 있다.
등기	registration	국가 기관이 법정 절차에 따라 등기부에 부동산에 관한 일정한 권리관계를 적는 일 또는 적어 놓은 것. 부동산에 관한 권리 변동의 요건이 된다.
등기부	registry	부동산에 관한 권리관계를 적어 두는 공적 장부(公的帳簿). 토지 등기부와 건물 등기부의 두 가지가 있다.
등본	certified copy	원본의 내용을 전부 베낀 서류.
만기	maturity	미리 정해둔 기한이 다 참.
미성년자	minor	민법상 만 19세 미만의 자(혼인한 자는 19세 미만이어도 성년에서 제외된다) cf. 형사법에서는 14세 미만을 미성년으로 간주한다.
민법	Civil Code	개인의 권리와 관련된 법규를 통틀어 이르는 말.
민사소송	civil action, civil procedure	사법(司法) 기관이 개인의 요구에 따라 사법적(私法的)인 권리관계의 다툼을 해결하고 조정하기 위하여 행하는 재판 절차.
배당	distribution	일정한 기준에 따라 나누어 줌.
배서	endorsement	민법에서, 채권양도(債權讓渡)의 의사표시를 증권의 뒷면에 기재하는 일. 교부(交付)와 함께 채권양도의 성립 요건 또는 효력 발생 요건이 되며, 배서인(背書人)의 서명(署名)이나 기명날인(記名捺印)이 반드시 있어야 한다.
법인	juridical person	자연인이 아니면서 법에 의하여 권리능력이 부여되는 사단과 재단. 법률상 권리와 의무의 주체가 될 수 있다.

법정대리인	legal representative	본인의 위임을 받지 않고도 법률의 규정에 의하여 당연히 대리할 권리가 있는 사람. 미성년자에 대한 친권자나 후견인 따위이다.
변론	argument	소송 당사자나 변호인이 법정에서 주장하거나 진술함. 또는 그런 주장이나 진술.
보증	guaranty	채무자가 채무를 이행하지 아니할 경우에, 채무자를 대신하여 채무를 이행할 것을 부담하는 일.
보험	insurance	재해나 각종 사고 따위가 일어날 경우의 경제적 손해에 대비하여, 공통된 사고의 위협을 피하고자 하는 사람들이 미리 일정한 돈을 함께 적립하여 두었다가 사고를 당한 사람에게 일정 금액을 주어 손해를 보상하는 제도.
본점	principal office	영업의 본거지가 되는 점포.
부담	burden	어떠한 의무나 책임을 짐.
부동산	immovables, real property	움직여 옮길 수 없는 재산. 토지나 건물, 수목 따위이다.
부본	duplicate	원본과 동일한 내용의 문서. 원본의 훼손에 대비하여 예비로 보관하거나 사무에 사용하기 위하여 만든다.
불법행위	torts	고의나 과실에 의하여 타인의 권리를 침해하여 손해를 발생시키는 행위. 손해배상 책임과 더불어 채권 발생의 2대 원인이 된다.
불복	complaint	남의 명령 · 결정 따위에 대하여 복종 · 항복 · 복죄(服罪) 따위를 하지 아니함.
불이행	default, breach	약속이나 계약 따위를 실행하지 아니함.
사기	fraud	나쁜 꾀로 남을 속임.
사단법인	incorporated association	법률에 의하여 법률적인 권리와 의무의 주체로 인정을 받은 법인.
사문서	private document	사인(私人)이 권리, 의무 또는 사실 증명에 관하여 작성한 문서.

상계	setoff	채무자와 채권자가 같은 종류의 채무와 채권을 가지는 경우에, 일방적 의사 표시로 서로의 채무와 채권을 같은 액수만큼 소멸함. 또는 그런 일.
상환	reimburse	갚거나 돌려줌.
서명	signature	본인 고유의 필체로 자신의 이름을 제3자가 알아볼 수 있도록 씀.
서증	documentary evidence	재판에서 문서를 증거로 삼는 방법.
소멸시효	extinctive prescription	권리자가 자신의 권리를 행사할 수 있음에도 불구하고 일정 기간 동안 권리를 행사하지 아니하는 경우에 그 권리를 소멸하는 제도.
소유권	ownership	물건이 가지는 사용 가치나 교환 가치의 전부를 지배할 수 있는 완전 물권이다.
손실	loss	잃어버리거나 축가서 손해를 봄. 또는 그 손해.
손해	damage	물질적으로나 정신적으로 해를 입음.
송달	service of process	소송에 관련된 서류를 일정한 방식에 따라 당사자나 소송 관계인에게 보내는 일.
수권	authorization	일정한 자격, 권한, 권리 따위를 특정인에게 부여하는 일.
수표	check	은행에 당좌예금을 가진 사람이 소지인에게 일정한 금액을 줄 것을 은행 등에 위탁하는 것.
승계	succession	다른 사람의 권리나 의무를 이어받는 일.
승계인	successor	다른 사람의 권리와 의무를 이어받은 사람.
시효	prescription	어떤 사실 상태가 일정한 기간 동안 계속되는 일. 그 상태가 진실한 권리관계에 합치하느냐는 묻지 않고 그 상태를 진실한 권리관계로 인정하여 일정한 법률의 효과를 인정한다.
신탁	trust	일정한 목적에 따라 재산의 관리와 처분을 남에게 맡기는 일.

실용신안	utility model	실용상의 편리를 위하여 물품의 형상, 구조 따위에 새로운 기술적 고안을 하는 것. 발명과 의장으로 구별된다.
실효	nullification	효력을 잃음.
양도	note	권리나 재산, 법률에서의 지위 따위를 남에게 넘겨줌.
위법	illegal	법률이나 명령 따위를 어김.
위임	delegate	당사자가 타인에게 사무처리를 맡기고 이를 승낙함으로써 성립하는 계약.
유가증권	negotiable instruments	사법상 재산권을 표시한 증권. 권리의 발생, 행사, 이전이 증권으로 이루어지는 것으로 어음, 수표, 채권, 주권, 선하증권, 상품권 따위가 있다.
유언	will	자기의 사망으로 인하여 효력을 발생시킬 것을 목적으로 하여 행하는 단독의 의사 표시. 만 17세 이상이면 누구나 할 수 있다. 유언의 방식으로는 자필증서, 녹음, 공정증서, 비밀증서, 구수(口授)증서 따위가 있다.
유한회사	limited liability corporation	50인 이하의 유한책임사원으로 조직되는 회사. 사원들은 자본에 대한 출자 의무를 부담하며 회사 채무에 대해서는 출자액의 한도 내에서만 책임을 진다.
이사회	board of directors	회사의 업무 집행에 관한 의사를 결정하는 기관. 이사 전원으로 구성된다.
이의	objection	민법에서, 타인의 행위에 대하여 반대 또는 불복의 의사를 표시하는 일.
인수	acceptance	물건이나 권리를 건네받음.
임명	appointment	일정한 지위나 임무를 남에게 맡김.

재단법인	incorporate foundation	일정한 목적에 바친 재산을, 개인 소유로 하지 아니하고 독립된 것으로 운영하기 위하여 법률적으로 구성된 법인.
저당권	mortgage	채무가 이행되지 않을 경우에 채권자가 저당물에 대하여 일반 채권자에 우선하여 변제를 받을 수 있는 권리.
점유	possession	물건이나 영역, 지위 따위를 차지함.
정관	articles of incorporation	법인의 목적, 조직, 업무 집행 따위에 관한 근본 규칙. 또는 그것을 적은 문서.
정족수	quorum	합의체가 의사(議事)를 진행하고 결정하는 데에 필요한 최소한의 출석 인원.
주의의무	duty of care	어떤 행위를 함에 있어서 일정한 주의를 하여야 할 법률상의 의무.
중재	arbitration	제삼자가 분쟁 당사자 사이에 들어 분쟁을 조정하고 해결하는 일.
증거	evidence	법원이 재판의 기초가 될 사실을 인정하기 위하여 필요로 하는 재료.
증언	testimony	증인이 사실을 진술함. 또는 그런 진술.
증인	witness	소송법에서, 법원 또는 법관에 대하여 소송 당사자가 아니면서 법원의 신문(訊問)에 대하여 자기가 경험한 사실을 진술하는 사람.
지연이자	default interest	기한 안에 이행하여야 할 채무나 납세 따위를 지체하였을 때 밀린 날짜에 따라 치르는 이자.
징역	penal servitude	죄인을 교도소에 가두어 노동을 시키는 형벌. 자유형 가운데 가장 무거운 형벌이다.
채권	contractual right	재산권의 하나. 특정인이 다른 특정인에게 어떤 행위를 청구할 수 있는 권리이다.
채무	contractual duty	재산권의 하나. 특정인이 다른 특정인에게 어떤 행위를 하여야 할 의무를 이른다.

청산	liquidation	회사, 조합 따위의 법인이 파산이나 해산에 의하여 활동을 정지하고 재산관계를 정리하는 일. '씻어 냄', '정리함'으로 순화.
청약	offer, subscription	일정한 내용의 계약을 체결할 것을 목적으로 하는 일방적 · 확정적 의사 표시.
추심	collection	찾아내어 가지거나 받아 냄.
취하	withdraw	신청하였던 일이나 서류 따위를 취소함.
탈퇴	retirement	관계하고 있던 조직이나 단체 따위에서 관계를 끊고 물러남.
특허	patent	특별히 허락함. 특허권(공업소유권의 하나).
파산	bankruptcy	채무자가 그 채무를 완전히 갚을 수 없는 상태에 빠졌을 경우에, 그 채무자의 총재산을 나누어 모든 채권자에게 공평히 갚도록 하는 것을 목적으로 하는 재판의 절차. 채권자의 신청에 의하여 법원이 선고하면 선고된 후는 파산법에 규정된 절차에 의하여 집행된다.
해지	termination	계약 당사자 한쪽의 의사 표시에 의하여 계약에 기초한 법률관계를 말소하는 것.
해태	laches	어떤 법률 행위를 할 기일을 이유 없이 넘겨 책임을 다하지 아니하는 일.
허위	false	진실이 아닌 것을 진실인 것처럼 꾸민 것.
형	punishment, permit	형벌(범죄에 대한 법률의 효과로서 국가 따위가 범죄자에게 제재를 가함).
화해	compromise	민사상의 분쟁을 재판 이외에 당사자 간에 해결하는 일.
합병	merger, consolidation	둘 이상의 기구나 단체, 나라 따위가 하나로 합쳐짐.

출처: 네이버 지식백과, 두산백과, 민사소송법, 형사소송법 교과서.

2. 국내 로펌 순위

영국의 법률 매체인 '챔버스앤파트너스'가 발표한 2015년 국내 분야별 로펌 순위는 다음과 같다.[1)]

	업무 분야	1등급	2등급	3등급	4등급
1	금융 (Banking & Finance)	김앤장, 광장, 세종	태평양	율촌	지평, 화우
2	자본시장 (Capital Markets)	김앤장, 광장	태평양, 세종	율촌	화우
3	공정거래 (Competition/M&A)	김앤장, 광장, 율촌	태평양, 세종, 화우	지평	
4	회사법/M&A (Corporate/M&A)	김앤장	율촌	화우	바른, 지평
5	기업형사 (Dispute Resolution: White-Collor Crime)	김앤장, 광장, 세종	광장, 세종, 율촌	화우	
6	송무 (Dispute Resolution: Litigation)	김앤장, 태평양	태평양, 바른, 율촌	화우	지평
7	국제중제 (Dispute Resolution: Arbitration)	김앤장, 광장	광장, 세종	율촌	
8	노동(Employment)	김앤장, 광장	세종, 율촌	태평양, 화우	

1) 김진원(2015.2.27.). 리걸타임즈. http://www.lawnb.com.access.ewha.ac.kr/lawinfo/print_view.asp?cid=1E95DE4FCD1C4B50A2DF393DDE58B507

9	보험(Insurance)	김앤장, 광장	태평양, 세종, 율촌	세경, 화우	
10	지적재산권 (Intellectual Property)	김앤장, 광장	태평양, 율촌, 조&파트너스	다래, 세종, 화우	
11	국제무역 (International Trade)	광장, 세종	김앤장, 태평양	리인터내셔널	
12	부동산(Real Estate)	김앤장	태평양, 광장, 율촌	리인터내셔널, 화우	
13	구조조정/파산 (Restructuring/Insolvency)	세종	세종	율촌	
14	해상(Shipping)	김앤장, 광장, 태평양	태평양, 청해, 정동국제	지평, 선율, 화우	
15	선박금융 (Shipping: Finance)	김앤장, 광장	세종, 율촌		
16	조세(Tax)	김앤장, 율촌	광장	태평양, 세종, 화우	
17	방송통신기술(TMT)	김앤장, 광장	태평양	세종, 율촌	

3. 글로벌 로펌 순위

2015년도에 조사된 2014년 매출 기준 세계 로펌 순위이다.2)

Rank	Name	Revenue	Headquarters
1	Latham &Watkins	$2.612b	No Official HQ
2	Baker &McKenzie	$2.540b	USA (Chicago, IL)
3	DLA Piper USA	$2.481b	USA (Chicago)
4	Skadden, Arps, Slate, Meagher &Flom	$2.315b	USA (New York, NY)
5	Kirkland &Ellis	$2.150b	USA (Chicago)
6	Clifford Chance	$2.077b	UK (London)
7	Allen &Overy	$1.970b	UK (London)
8	Linklaters	$1.954b	UK (London)
9	Freshfields Bruckhaus Deringer	$1.916b	UK (London)
10	Jones Day	$1.850b	USA (Cleveland, OH)
11	Norton Rose Fulbright	$1.815b	UK (London)
12	Hogan Lovells	$1.780b	UK (London) USA (Washington, DC)
13	Sidley Austin	$1.754b	USA (Chicago)
14	White &Case	$1.503b	USA (New York)

2) http://abovethelaw.com/2015/04/the-2015-am-law-100-revenues-rising-profits-popping-and-a-new-1-firm/2/

| 참고문헌 |

- 국세청 홈페이지, 과세전적부심사청구 처리절차 검색, http://nts.go.kr/info/info_06_03_02_02.asp
- 국세청 홈페이지, 과세전적부심사청구서의 진행상황 검색, http://www.nts.go.kr/cal/cal_09.asp
- 국세청 홈페이지, 불복청구 진행상황 전체 흐름도 검색, http://www.nts.go.kr/cal/cal_09_pop.html
- 국세청 홈페이지, 심사청구 검색, http://nts.go.kr/info/info_06_03_06_01.asp
- 국세청 홈페이지, 이의신청 검색, http://nts.go.kr/info/info_06_03_04_01.asp
- 김재홍. (2014.4.11.). [법률시장 완전개방 긴급진단] ② 핵심 쟁점은?. 법률신문. https://www.lawtimes.co.kr/Legal-News/Legal-News-View?Serial=83430
- 김진원(2008). 한국의 로펌. 서울: 리걸타임즈
- 고윤정(2014). 법률비서의 직무 및 역량 측정도구 개발을 위한 기초연구, 이화여자대학교 석사학위논문.
- 대한민국 법원 전자민원센터
- http://help.scourt.go.kr/nm/main/index.html
- 대한민국 법원 나홀로 소송
- http://pro-se.scourt.go.kr/wsh/wsh000/WSHMain.jsp
- 미국 직업정보 분류체계 http://www.onetonline.org
- 법무부 홈페이지, 외국법자문법률사무소 설립인가 현황 검색, http://www.moj.go.kr/HP/COM/bbs_03/ListShowData.do
- 법무부 홈페이지, 외국법자문사법 개정 공청회 검색, http://www.moj.go.kr/HP/COM/bbs_03/ListShowData.do〈5BC6EDC1FD5DBFDCB1B9B9FDC0DAB9AEBBE7B9FD20B0B3C1A4BEC820B0F8C3BBC8B82E687770〉
- 이규칠(2015), 법률실무를 위한 형사소송실무, 중앙법률사무교육원.
- 이성진(2015.3.17). 법률시장 3단계 개방, 주요 쟁점은. 법률저널. http://www.lec.co.kr/news/articlePrint.html?idxno=36132.
- 이시윤(2015), 신민사소송법, 박영사.
- 이용건 · 정지선(2014.7.17.), 외국로펌 국내 M&A 싹쓸이…OB맥주등 대형 딜 자문 주도,

매일경제, http://news.mk.co.kr/newsRead.php?year=2014&no=1003212.
- 이재상 · 조균석(2015), 형사소송법, 박영사.
- 이현정(2015.4.27.), 토종로펌 역발상…빗장 풀린 법률시장 해외로 눈돌려 살길, 매일경제, http://news.mk.co.kr/newsReadPrint_2013.php?year=2015&no=398561.
- 이형원(2015.3.17), 법률시장 3단계 개방과 외국법자문사법 개정안, 법률신문, https://www.lawtimes.co.kr/Legal-News/Legal-News-View?serial=91777.
- 이홍표(2014.11.21.), [대한민국 베스트 로펌] 김앤장 1위…광장 · 태평양 '2위 각축전', 한국경제매거진, http://news.naver.com/main/tool/print.nhn?oid=050&aid=0000035825.
- 임석빈 · 황정희(2014), 진로설계와 입사전략, 서울: 신영사.
- 임순현(2014.11.20.), "법률시장 개방은 기회"… 도약 꿈꾸는 중소로펌들, 법률신문, https://www.lawtimes.co.kr/Legal-News/Legal-News-View?Serial=88775.
- 장성호(2012.7.15.), 英 · 美 로펌 3곳 국내업무 시작…롭스앤그레이 · 쉐퍼드 멀린 · 클리포드 챈스, 한국경제, http://www.hankyung.com/news/app/newsview.php?aid=2012071569561.
- 정유정 · 최애경(2007). 한국 법률비서의 역량 중요도에 관한 연구, 비서학논총, 16(1), 63~84.
- 조상희(2014.12.21.), 법률시장 순차 개방 앞둔 국내 로펌 대응전략은.. 대형 "몸집불리기" 중형 "전문성 강화", 파이낸셜뉴스, http://www.fnnews.com/print/201412211702297956.
- 조계숙 · 최애경(2011), 로펌비서실무, 서울: 대영문화사.
- 조세심판원 홈페이지, 조세심판 진행상황 검색, http://www.tt.go.kr/mUser/search/myDemList.do
- 조세심판원 홈페이지, 조세심판원 의견진술서 검색, http://www.tt.go.kr/mUser/pleading/atendanceList.do
- 조세심판원 홈페이지, 조세심판원 행정소송 검색, http://www.tt.go.kr/mUser/guide/administrationList.do
- 최승록(2008), 한국로펌의 중국 법률서비스시장 진출 전략에 관한 연구, 인하대학교 석사학위논문.
- 한병호(2015), 법률실무를 위한 민사소송실무, 중앙법률사무교육원.
- 황미선(2010), 한국 법률비서의 직무분석에 관한 연구, 이화여자대학교 석사학위논문.
- 황정희(2002), 법률비서의 직무분석에 관한 연구, 이화여자대학교 석사학위논문.
- 황정희(2011), HRM 관점에서 본 비서직 채용 실태, 인적자원관리연구, 18(3), 151~177.

- http://www.ncs.go.kr
- 서울법률비서원 http://www.legalsec.kr

- 중앙법률사무교육원 홈페이지 http://www.linklaw.co.kr/
- 대한법률학원 http://www.seelaw.co.kr/
- 한국팔로워십센터 http://www.secretary.ac/
- 한국비서협회 http://www.kaap.org/default/
- 이화여자대학교 국제회의센터 https://www.ewhaconvention.net
- 서울지방변호사회 https://www.seoulbar.or.kr
- 로앤비 http://www.lawnb.com/

저자약력

조현정

이화여자대학교 경영학사(경영대학 경영학과)
이화여자대학교 문학석사(국제사무학전공)
서울대학교 교육학박사(인적자원개발전공)
김앤장 법률사무소 비서
현) 신안산대학교 국제비서과 교수
 이화여자대학교 국제사무학과 객원교수
 한국비서학회 이사

주요 논문

- 기업비서의 무형식학습 활동과 상사비서 교환관계, 임파워먼트, 직무특성 및 직무효능감의 인과적 관계
- 수행비서의 역할과 직무에 관한 연구
- 미 · 중 · 일 3개국의 비서, 비서교육 및 비서학 연구현황에 대한 비교연구
- 목회자사모의 DACUM 직무분석과 교회비서와의 비교연구
- 시대구분에 따른 전문대학 비서과 역사적 사건 고찰

황정희

성신여자대학교 문학사(사범대학 사회교육과)
이화여자대학교 교육학석사(비서교육전공)
성신여자대학교 경영학박사(인사조직전공)
법무법인 율촌 대리
나사렛대학교 대우교수
현) 백석예술대학교 경영행정학부 교수
 한국비서학회 이사, 한국지방자치학회 이사, 한국생산성본부 SMAT 명예강사, 한국서비스경영교육연구소 이사, (사)천안발전연구원 이사

주요 저서 및 논문

- 진로설계와 입사전략(2014)
- 법률비서의 직무분석에 관한 연구
- 조직 신뢰와 상사 신뢰의 형성과 결과 프로세스
- 상사-비서 교환관계, 조직 동일시, 조직 기반 자기 존중감 간 관계
- HRM 관점에서 본 비서직 채용실태
- 전문대학생의 진로결정수준, 고용가능성, 진로준비행동 간 관계 외 다수

고윤정

명지대학교 법학사
이화여자대학교 문학석사(국제사무학전공)
현) 국내 대형 로펌 과장

주요 논문

- 법률비서의 직무 및 역량 측정도구 개발을 위한 기초 연구

권아름

이화여자대학교 경제학사(사회과학대학 경제학과)
김앤장 법률사무소 비서
현) 이화여자대학교 국제사무학 대학원 재학중

로펌비서 탐색과 취업전략

2018년 8월 15일 1판 1쇄 인쇄
2018년 8월 20일 1판 1쇄 발행

저자와의
협의하에
인지생략

저 자 | 조현정 · 황정희 · 고윤정 · 권아름

발행인 | 이수영
발행처 | 도서출판 청람
서울시 마포구 독막로 288(대흥동, 세양상가 109호)
전 화 | 02)3272-2601~2
팩 스 | 02)3272-2603
홈페이지 | www.crbooks.co.kr
이메일 | crbooks@daum.net
등 록 | 2000.8.26 제6-0509호

ISBN 978-89-5972-649-3 93320 [정가 19,000원]